2022 辽宁沿海经济带发展研究报告

——基于东北海陆大通道的辽宁
沿海经济带高质量发展研究

李大庆　王　乐　高冰蕊　李庆满　著

中国财经出版传媒集团
中国财政经济出版社

图书在版编目（CIP）数据

2022 辽宁沿海经济带发展研究报告/李大庆等著
. -- 北京：中国财政经济出版社，2023.9
ISBN 978 - 7 - 5223 - 2521 - 7

Ⅰ.①2… Ⅱ.①李… Ⅲ.①沿海经济－经济带－经济发展－研究报告－辽宁－2022 Ⅳ.①F127.31

中国国家版本馆 CIP 数据核字（2023）第 182591 号

责任编辑：彭 波　　责任印制：史大鹏
封面设计：卜建辰　　责任校对：徐艳丽

中国财政经济出版社 出版

URL：http：//www.cfeph.cn
E - mail：cfeph@cfeph.cn

社址：北京市海淀区阜成路甲 28 号 邮政编码：100142
营销中心电话：010 - 88191522
天猫网店：中国财政经济出版社旗舰店
网址：https：//zgczjjcbs.tmall.com
北京财经印刷厂印刷 各地新华书店经销
成品尺寸：170mm×240mm 16 开 12.25 印张 211 000 字
2023 年 9 月第 1 版 2023 年 9 月北京第 1 次印刷
定价：68.00 元
ISBN 978 - 7 - 5223 - 2521 - 7
（图书出现印装问题，本社负责调换，电话：010 - 88190548）
本社质量投诉电话：010 - 88190744
打击盗版举报热线：010 - 88191661 QQ：2242791300

前 言

辽宁沿海经济带位于我国东北沿海地区，毗邻渤海和黄海，包括大连、丹东、锦州、营口、盘锦和葫芦岛6个沿海城市，是东北主要出海通道和对外开放的重要窗口，是东北亚地区极具潜力的国际航运中心，是支撑东北全面振兴的重要区域。

2021年9月，国务院批复同意《辽宁沿海经济带高质量发展规划》，标志着辽宁沿海经济带开发开放进入新的历史阶段。在辽宁省委、省政府的坚强领导下，辽宁沿海经济带六个城市凝心聚力、握指成拳，在经济发展、园区建设、产业升级、对外开放、科技创新、基础设施建设等各个领域取得了显著成效，为辽宁振兴发展和东北全面振兴作出了重要贡献。

早在2019年8月25日，《中共中央、国务院关于支持东北地区深化改革创新推动高质量发展的意见》（中发〔2019〕37号文）就明确提出："加快中蒙俄经济走廊建设，加强与蒙东地区开展重点区域合作，探索建立合作机制，推动锡（林郭勒）赤（峰）朝（阳）锦（州）等陆海通道建设。"2021年12月，辽宁省第十三次党代会强调全力打造对外开放新前沿，畅通海陆大通道，提出了"一主轴、两支撑"的东北海陆大通道建设框架。东北海陆大通道以辽宁沿海经济带港口群为海陆衔接枢纽，以大连、沈阳、锦州、长春、哈尔滨等城市为产业组织中心和货物集结枢纽，协同构建产业发展大通道，纵贯我国东北地区，联通东北亚，辐射全球。辽宁省和内蒙古自治区政府都将建设海陆通道写入了“十四五”规划。东北海陆大通道建设为辽宁沿海经济带高质量发展提供了新条件、新机遇和新要求。

《2022 辽宁沿海经济带发展研究报告》详细梳理了 2009～2022 年辽宁沿海经济带发展实际，主要从产业协同发展的视角研究了东北海陆大通道框架下辽宁沿海经济带高质量发展问题。全书的主要内容如下：

第一章 辽宁沿海经济带发展现状。从辽宁沿海经济带开发开放战略简介出发，介绍了辽宁沿海经济带开发开放的进展，分析了辽宁沿海经济带发展存在的问题。本章负责人为王乐。

第二章 基础理论和案例借鉴。根据内容需要，对“点—轴”理论、高质量发展理论和协同理论进行了梳理；介绍了西部陆海新通道发展案例。本章负责人为高冰蕊。

第三章 辽宁对东北海陆大通道的探索与实践。介绍了东北海陆大通道的发展背景、探索与实践历程、东北海陆大通建设中存在的问题。本章负责人为高冰蕊。

第四章 东北海陆大通道与辽宁沿海经济带高质量发展。主要探讨了东北海陆大通道的地位与作用、东北海陆大通道框架下辽宁沿海经济带高质量的战略定位、空间布局和发展重心。本章负责人为王乐、李庆满。

第五章 基于东北海陆大通道的辽宁沿海经济带高质量发展路径。主要以产业协同的视角，从八个方面，探讨了东北海陆大通道框架下辽宁沿海经济带高质量发展的路径。本章负责人为李大庆、李庆满。

研究生李思瑾、方瑶、杨子一、董家良、张岩松等参与了校对工作。由于时间仓促和自身水平局限，本书研究成果可能存在一定偏误，希望有关部门、专家学者、广大读者给予批评指正。

作者
2023 年 7 月于渤海大学

目录

第一章　辽宁沿海经济带发展现状 …… 1

一、辽宁沿海经济带开发开放战略简介 …… 1

二、辽宁沿海经济带开发开放进展情况 …… 14

三、辽宁沿海经济带发展存在的问题 …… 51

第二章　基础理论和案例借鉴 …… 53

一、基础理论 …… 53

二、案例借鉴——西部陆海新通道发展案例 …… 66

第三章　辽宁对东北海陆大通道的探索与实践 …… 79

一、东北海陆大通道的发展背景 …… 79

二、东北海陆大通道的探索与实践历程 …… 85

三、东北海陆大通道建设过程中存在的问题 …… 90

第四章　东北海陆大通道与辽宁沿海经济带高质量发展 …… 94

一、东北海陆大通道的联通和协同功能 …… 94

二、辽宁沿海经济带高质量发展的战略定位和空间布局 …… 96

三、辽宁沿海经济带高质量发展的重心 …… 97

第五章　基于东北海陆大通道的辽宁沿海经济带高质量发展路径 …… 123

一、以海陆通道为牵引，构建产业发展新格局 …… 123

二、以临港产业为基础，推进制造业协同发展 …… 132

三、发挥大连带动效应，打造黄渤海科创走廊 …………………… 139
四、聚焦四大重点领域，推动服务业联动发展 …………………… 147
五、加快产业互联互通，构筑黄渤海“数智湾区” ………………… 156
六、增建高能级开放平台，打造产业发展新引擎 ………………… 165
七、实施一体化“双碳”方案，激发绿色发展新动能 …………… 172
八、强化组织和政策支撑，探索产业协同新机制 ………………… 181

第一章

辽宁沿海经济带发展现状

辽宁沿海经济带是我国东北地区唯一的沿海地带，地处环渤海地区重要位置，是东北经济区与京津冀都市圈的结合部，与日本、韩国、朝鲜隔海隔江相望，与俄罗斯、蒙古国陆路相通，在东北亚经济合作中具有关键“节点”地位。辽宁沿海经济带包括大连、丹东、锦州、营口、盘锦和葫芦岛6个沿海城市，陆域面积5.65万平方公里，海岸线长2920公里，海域面积6.8万平方公里，区位优势显著、战略地位突出、资源禀赋优良、发展潜力巨大。

党中央、国务院高度重视辽宁沿海经济带的开放和发展，习近平总书记多次到辽宁沿海经济带城市考察调研，作出一系列重要指示。2009年7月，国务院批复《辽宁沿海经济带发展规划》，标志着辽宁沿海经济带上升为国家战略。2021年9月，国务院批复同意《辽宁沿海经济带高质量发展规划》，标志着辽宁沿海经济带发展进入新阶段。在辽宁省委、省政府的坚强领导下，辽宁沿海经济带6个城市凝心聚力、握指成拳，在经济发展、园区建设、产业升级、对外开放、科技创新、基础设施建设等各个领域取得了显著成效，为辽宁振兴发展和东北全面振兴做出了重要贡献。

一、辽宁沿海经济带开发开放战略简介

辽宁沿海经济带城市的经济合作可以追溯到1985年，截至目前先后经历了地方先行探索阶段、上升为国家战略阶段和高质量发展新阶段三个时期。

（一）地方先行探索阶段（1985 ~2008 年）

1. 沿海城市合作的源起

1985 年 2 月，由大连、丹东、营口、盘锦、锦州五市组成的辽宁沿海城市经济技术协作联合体成立，并在大连棒棰岛宾馆举行了联合体议定书签字仪式。联合体成立的目的是加强各市经济合作，加快沿海地区的对外开放，促进区域经济共同发展。葫芦岛建市后也加入联合体，内陆城市朝阳在联合体成立 20 周年时加入。联合体先后成立了港口物流、交通运输、对外开放和生态环境、产业发展等分会，有效推进了成员城市和企业之间的经济合作。

2. 辽宁省提出"五点一线"战略

2005 年，在国家实施振兴东北老工业基地和扩大沿海对外开放战略的背景下，辽宁省委、省政府提出了打造"五点一线"沿海经济带的战略构想。"五点"是指大连长兴岛经济技术开发区、辽宁（营口）沿海产业基地、辽西锦州湾沿海经济区（包括锦州西海工业区和葫芦岛北港工业区）、丹东临港产业园区、大连花园口经济区等 5 个重点区域。"一线"是指辽宁将建设 1443 公里滨海公路，联接位于黄海和渤海沿岸的"五点"。"五点一线"战略以沿海地区开发区或园区为依托，在各个层面编制了一系列规划，大力完善基础设施建设，加大招商引资力度，积极探索经济增长、统筹协调、环境友好的新发展道路。目标是把"五点一线"建设成为辽宁乃至东北地区对外开放的前沿地带，提升承接外来投资和国际产业转移的能力，推动沿海与内地的良性互动。

3. 辽宁沿海经济带建设得到国家层面重视

2007 年，国家发展和改革委员会、国务院振兴东北地区等老工业基地领导小组办公室根据《中共中央、国务院关于实施东北地区等老工业基地振兴战略的若干意见》和《中华人民共和国国民经济和社会发展第十一个五年规划纲要》，编制了《东北地区振兴规划》。规划中提出，努力打造沿海经济带。以大连为龙头，以长兴岛、营口沿海、锦州湾、丹东和花园口"五点一线"为重点，优化港口布局，大力发展临港产业、高技术产业、现代服务业，逐步建设成为国内一流、特色突出、竞争力强的产业集聚带。

2008年7月，为进一步推动辽宁沿海经济带开发开放，由全国政协经济委、九三学社中央、辽宁省政协联合主办，大连市政协承办的辽宁沿海经济带政协研讨会在大连召开。会议建议，将辽宁沿海经济带的开发建设上升为国家战略。

（二）上升为国家战略阶段（2009~2020年）

1. 国务院批复《辽宁沿海经济带发展规划》

2009年7月1日，国务院常务会议原则通过《辽宁沿海经济带发展规划》，标志着辽宁沿海经济带发展上升为国家战略。该规划期限为2009~2020年，是辽宁沿海经济带这一时期发展的指导性文件，也是编制相关规划的重要依据。

《辽宁沿海经济带发展规划》共10章31节，阐明了辽宁沿海经济带的发展基础与重大意义，明确了总体要求和战略定位，对空间布局、产业发展、城乡发展、社会事业、基础设施、开放合作、资源环境等各项工作进行了详细部署，并提出了详细的保障措施。规划指出，进一步加快辽宁沿海经济带发展，关系到国家发展全局，具有重要的战略意义。辽宁沿海经济带要立足辽宁，依托环渤海，服务东北，面向东北亚，建设成为东北地区对外开放的重要平台、东北亚重要的国际航运中心、具有国际竞争力的临港产业带、生态环境优美和人民生活富足的宜居区，形成我国沿海地区新的经济增长极。

在空间布局方面，进一步提升大连核心地位，强化大连—营口—盘锦主轴，壮大渤海翼（盘锦—锦州—葫芦岛渤海沿岸）和黄海翼（大连—丹东黄海沿岸及主要岛屿），强化核心、主轴、两翼之间的有机联系，形成“一核、一轴、两翼”的总体布局框架。在产业发展方面，要推进产业结构优化升级，做强具有基础优势的先进装备制造业和原材料工业，做大高技术产业，加快发展现代服务业和现代农业，利用信息技术改造提升传统优势产业，提高产品质量，逐步形成以先进制造业为主的现代产业体系。在城乡发展方面，要坚持走新型城镇化道路，构建以特大城市为龙头、大城市为主体、中等城市及各类中小城镇有序发展的网络化城镇体系，以发展县域经济为载体，加快社会主义新农村建设，促进城乡之间公共资源均衡分配和生产要素自由流动，加快形成城乡经济社会一体化发展新格局。在社会事业方面，要以解决事关人民群众切身利益的现实问题为出发点，加快发展各项社会事业，逐步推进基本公共服务均等化。在基础设施建设方面，要求规划基础设施建设，完善现代综合交通运输体系、高效清洁稳定的能源保障体系、水资源开发配置和防洪减灾体系、高速安全覆盖城乡的信息网络体系，增强区域发展的支撑能力。在开放合作方面，要进一步拓展对外开放的广度和深度，全面加强国际国内区域经济合作，着力构建东北地区对外开放的重要平台，加快形成内外联动、互利共赢、安全高效的开放型经济体系。在资源环境方面，要高度重视资源节约、环境保护和生态建设，倍加珍惜水资源和土地等资源，强化渤海环境治理和保护，实行科学合理、严格完善的管理制度，推进资源节约型和环境友好型社会建设，增强区域可持续发展能力。

2. 习近平总书记多次到辽宁考察并作重要指示

2009 年 7 月 6 日至 8 日，时任中共中央政治局常委、中央书记处书记、国家副主席习近平先后到辽宁大连、营口、鞍山、沈阳等地调研。他强调：国务院原则通过《辽宁沿海经济带发展规划》，对于加快辽宁沿海经济带发展、促进东北老工业基地振兴具有重要战略意义。辽宁各级党委、政府要抓住和用好这个机遇，解放思想，实事求是，与时俱进，开拓创新，在科学发展观指导下进一步把发展这篇大文章做好。

2013 年 8 月 28 日至 31 日，中共中央总书记、国家主席、中央军委主席习近平到辽宁考察。习近平总书记在大连船舶重工集团海洋工程有限公司考察时强调：海洋事业关系民族生存发展状态，关系国家兴衰安危，要顺应建设海洋强国的需要，加快培育海洋工程制造业这一战略性新兴产业，不断提高海洋开发能力，使海洋经济成为新的增长点。习近平总书记在考察中国一重大连加氢反应器制造有限公司等企业时强调：老工业基地很多企业浴火重生的实践说明，无论是区域、产业还是企业，要想创造优势、化危为机，必须敢打市场牌、敢打改革牌、敢打创新牌。要抓住新一轮世界科技革命带来的战略机遇，发挥企业主体作用，支持和引导创新要素向企业集聚，不断增强企业创新动力、创新活力、创新实力。习近平总书记在大连高新技术产业园区的东软集团（大连）有限公司考察时，听取产业园区负责人关于自主创新的情况汇报，察看虚拟五轴爬行机器人、车用氢燃料电池系统、智能矿山安全控制物联网系统等最新研发产品，了解东软信息化产品研发应用情况，并同正在远程医疗管理系统视频连线的北京中日友好医院院长通话。习近平总书记指出：高新区是科技的集聚地，也是创新的孵化器，关键要把“高”和“新”两篇文章做实做好。习近平总书记在此次调研中强调，要突出大连东北亚国际航运中心、东北亚国际物流中心、区域性金融中心的带动作用，进一步建成产业结构优化的先导区、经济社会发展的先行区。“两先区”“三个中心”重要指示精神体现了习近平总书记对大连振兴发展的高度重视和殷切希望，为大连市和辽宁沿海经济带的发展指明了方向。

2018 年 9 月 25 日至 28 日，中共中央总书记、国家主席、中央军委主席习近平在东北三省考察，主持召开深入推进东北振兴座谈会。他强调，东北地区是我国重要的工业和农业基地，维护国家国防安全、粮食安全、生态安全、能源安全、产业安全的战略地位十分重要，关乎国家发展大局。新时代东北振兴，是全面振兴、全方位振兴，要从统筹推进“五位一体”总体布局、协调推进“四个全面”战略布局的角度去把握，瞄准方向、保持定力，扬长避短、发挥优势，一以贯之、久久为功，撸起袖子加油干，重塑环境、重振雄风，形成对国家重大战略的坚强支撑。习近平总书记就深入推进东北振兴提出 6 个方面的要求：

一是以优化营商环境为基础，全面深化改革。要坚定改革信心，在谋划地区改革发展思路上下功夫，在解决突出矛盾问题上下功夫，在激发基层改革创新活力上下功夫。要重点从有利于深化供给侧结构性改革、有利于加快培育经济增长新动能、有利于激发各类市场主体活力、有利于增强人民群众获得感、有利于调动保护广大干部群众积极性等方面完善改革思路，做实改革举措，释放改革活力，提高改革效能。要多方面采取措施，创造拴心留人的条件，让各类人才安心、安身、安业。

二是以培育壮大新动能为重点，激发创新驱动内生动力。要依靠创新把实体经济做实、做强、做优，坚持“凤凰涅槃”“腾笼换鸟”，积极扶持新兴产业加快发展，尽快形成多点支撑、多业并举、多元发展的产业发展格局。

三是科学统筹精准施策，构建协调发展新格局。要培育发展现代化都市圈，加强重点区域和重点领域合作，形成东北地区协同开放合力。要以东北地区与东部地区对口合作为依托，深入推进东北振兴与京津冀协同发展、长江经济带发展、粤港澳大湾区建设等国家重大战略的对接和交流合作，使南北互动起来。

四是更好支持生态建设和粮食生产，巩固提升绿色发展优势。要贯彻绿水青山就是金山银山、冰天雪地也是金山银山的理念，落实和深化国有自然资源资产管理、生态环境监管、国家公园、生态补偿等生态文明改革举措，加快统筹山水林田湖草治理，使东北地区天更蓝、山更绿、水更清。要充分利用东北地区的独特资源和优势，推进寒地冰雪经济加快发展。

五是深度融入共建“一带一路”，建设开放合作高地。要加快落实辽宁自由贸易试验区重点任务，完善重点边境口岸基础设施，发展优势产业群，实现多边合作、多方共赢。

六是更加关注补齐民生领域短板，让人民群众共享东北振兴成果。要确保养老金按时足额发放，确保按时完成脱贫任务，完善社会救助体系，保障好城乡生活困难人员基本生活。要加大东北地区公共基础设施领域的投资力度，支持东北地区轨道交通、集中供热、网络宽带等城市基础设施建设。

3.《辽宁沿海经济带发展规划》的实施成效

在党中央、国务院的领导下和各方共同努力下，辽宁沿海经济带在产业转型升级、体制创新、开放合作、基础设施建设等方面取得重要进展和积极成效。

2020 年，辽宁沿海经济带六市实现地区生产总值 1.2 万亿元，较 2008 年增长 119.6%；实现进出口总额 705.3 亿美元，占全省的比重为 74.7%；沿海 6 个港口实现货物吞吐量 8.2 亿吨，集装箱吞吐量 1311 万标箱，较 2008 年分别增加 3.3 亿吨、567.1 万标箱，分别占全国的 5.6%、5.0%。（数据使用：《辽宁沿海经济带高质量发展规划》）

辽宁沿海经济带各城市传统优势产业不断优化升级，新材料、电子信息、生物医药等新兴产业加速发展。恒力石化（大连）2000 万吨/年炼化一体化项目建成投产，2020 年实现产值超 900 亿元。国产首艘航母、30 万吨超大智能原油船等大国重器在大连问世。

重点领域改革得到深化，营商环境明显改善。营口、盘锦等地民营经济贡献度超 80%。辽宁自贸试验区 123 项试点任务落地实施，其中进境粮食检疫全流程监管、集装箱码头股权整合新路径等创新成果在全国推广。

基础设施建设成效显著。港口资源整合实现突破，辽港集团挂牌运营，以大连港为中心、营口港为骨干、其他港口共同发展的沿海港口群基本形成，港口集疏运体系建设不断加强。“辽满欧”“辽蒙欧”“辽海欧”交通运输国际通道开通运营，全长 1443 公里的滨海公路全线贯通，哈大、盘营、沈丹高铁及丹大铁路建成通车，大连机场旅客吞吐量突破 2000 万人次/年，锦州、营口机场投入使用，大连新机场前期工作有序推进。

沿海城市协同发展取得进展。2018 年 10 月，营口、盘锦两市率先开展协同发展工作，签订了《关于推进营口盘锦两市协同发展的实施意见》提出合作事项 27 项，分别经两市常务会议审议通过，并以营政发〔2018〕25 号、盘政发〔2018〕13 号正式文件印发，由两市相关部门共同推进落实，19 项工作取得了实质性进展。2019 年，为深化协同发展，营盘两市共同研究制定了《盘锦营口石化产业协同发展实施方案》。2019 年 6 月，营口锦州两市党政领导在锦州举行了“锦州市与营口市协同发展协议签约仪式”，共同起草了《营口市与锦州市协同发展协议要点》，共包括 13 项合作内容。《协议要点》也分别经两市政府常务会议审议通过并正式印发，由两市相关部门共同执行，两市在复制自贸区制度创新案例、医疗、农产品、文化、旅游等方面取得初步成效。

总体来看，在这一时期，《辽宁沿海经济带发展规划》得到了有效贯彻落实，沿海城市发展日新月异，经济社会发展不断迈上新台阶。

（三）高质量发展新阶段（2021 年至今）

1. 国务院批复《辽宁沿海经济带高质量发展规划》

2021 年 9 月 8 日，国务院批复同意《辽宁沿海经济带高质量发展规划》，9 月26 日，国家发展改革委正式印发《辽宁沿海经济带高质量发展规划》（以下简称《规划》），标志着辽宁沿海经济带发展进入新阶段。《规划》共 11 章 36 节，规划期为 2021 ~2030 年，注重体现新发展理念，注重体现辽宁发展战略要求，注重体现沿海特色，注重体现区域协同发展。

在 2009 年的《辽宁沿海经济带发展规划》中，辽宁沿海经济带的战略定位是“立足辽宁，依托环渤海，服务东北，面向东北亚，建设成为东北地区对外开放的重要平台、东北亚重要的国际航运中心、具有国际竞争力的临港产业带、生态环境优美和人民生活富足的宜居区，形成我国沿海地区新的经济增长极。”在《辽宁沿海经济带高质量发展规划》中，将辽宁沿海经济带的发展定位确定为“东北地区产业结构优化的先导区、经济社会发展的先行区、引领东北开放合作的新高地、东北亚重要的国际航运中心、东北亚海洋经济发展合作区”，更加凸显了辽宁沿海经济带作为东北地区唯一沿海地带的重要作用，给辽宁沿海经济带赋予了更加光荣的历史使命。辽宁省和沿海六市应该高度重视这一重大转变，必须紧跟中央部署，解放思想，转变观念，充分准备，勇担重任。

在五大发展定位中，引领东北开放合作的新高地是指，“充分发挥东北地区出海通道和门户枢纽作用，构建内外联动、互利共赢、安全高效的开放型经济体系，打造富有活力的开放高地，提升东北地区整体对外开放水平和东北亚国际合作水平。发挥地理邻近优势和辽宁—江苏、大连—上海等对口合作机制作用，深度对接融入京津冀协同发展、长三角一体化发展等区域重大战略，积极承接国内外产业转移，加强南北互动”。东北亚重要的国际航运中心是指，“以大连港为中心，加强统筹协同，释放港口整合效应，提升航运服务水平，建设协同发展、绿色高效的世界级港口集群。促进辽宁沿海港口资源与东北腹地运输资源整合，推进港口集疏运体系建设，大力发展公海铁多式联运，开辟融入东北亚经贸格局的陆海物流新通道，形成对腹地经济发展的重要支撑”。“通道”是这两大定位的共同核心关键词，也是辽宁沿海经济带区位优势、战略地位和资源禀赋的综合体现。辽宁省和沿海六市必须对自身的“通道”角色进行充分认知，充分打好“道”的基础，全力形成“通”的格局，为整个东北地区和东北亚区域的物资流通服好务，成为区域经济的加速器。

《辽宁沿海经济带高质量发展规划》提出了 2021～2030 年将要完成七项重点任务：一是加快动能转换，夯实高质量发展基础；二是坚持创新发展，增强高质量发展动力；三是全面深化改革，充分释放高质量发展活力；四是推进协调发展，凝聚高质量发展合力；五是推动绿色发展，绘就高质量发展底色；六是加快开放发展，拓展高质量发展空间；七是促进共享发展、实现高质量发展为根本目的。其中第四项任务和第六项任务不但涉及辽宁沿海经济带的内部变革，还关系到与外部的互动和协作，对辽宁沿海经济带的协同发展和对外提出了更高的要求。第四项任务要求“加强与东北其他地区协同合作，推动长（春）白（山）通（化）丹（东）、锡（林郭勒）赤（峰）朝（阳）锦（州）等陆海通道建设，促进沿海地区与内陆地区互动发展”。“大力发展公海铁多式联运，拓展港口腹地纵深，满足东北腹地货物运输需求，服务东北地区经济发展”。“强化港口与临港产业、物流园区对接，鼓励沿海六市共同参与港航资源开发等基础设施建设，推进港口、产业、城市融合发展，增强港口集群辐射带动作用”。第六项任务要求“加强交通运输国际通道建设，推动中欧班列（沈阳）高效稳定运营，构建国际多式联运物流体系，提升通道服务水平”。“加强锦州港、珠恩嘎达布其口岸后方铁路运输通道能力建设，稳步推进营口港俄罗斯别雷拉斯特物流中心项目建设运营”。上述任务重点突出，措施明确，沿海六市必须加千方百计加快落实。

《辽宁沿海经济带高质量发展规划》是新时期辽宁沿海经济带高质量发展的指导性文件。通过规划的贯彻落实，有利于推动沿海六市经济发展质量变革、效率变革、动力变革，培育和形成区域经济发展新动力源；有利于引领带动辽宁和东北地区产业转型升级，优化区域产业链布局，提升维护“五大安全”能力，推动东北全面振兴；有利于加强与东北腹地良性互动，带动东北地区转身向海，更好参与东北亚区域经济合作，打造我国面向东北亚全面开放新前沿，服务构建以国内大循环为主体、国内国际双循环相互促进的新发展格局。

2. 习近平总书记在二十大前夕到辽宁考察

2022 年 8 月 16 日至 17 日，在党的二十大召开前夕，中共中央总书记、国家主席、中央军委主席习近平到辽宁考察。在锦州考察期间，习近平总书记在辽沈战役纪念馆回顾了东北解放战争历史和辽沈战役胜利进程，在东湖森林公园听取辽宁省防汛工作和加强生态环境修复保护情况介绍。习近平总书记对锦州作出了“英雄城市”“咽喉之地”“锦州不错”的评价定位，勉励锦州在东北振兴中要“走得更快”，这是习近平总书记对辽宁沿海经济带的节点城市在新发展阶段的关心和肯定。

3. 辽宁省推进“一圈一带两区”区域协调发展战略

为了促进辽宁沿海经济带和辽宁省内陆地区协同发展，实现辽宁全面振兴全方位振兴新突破，辽宁省委、省政府立足新发展阶段，践行新发展理念，提出在“十四五”时期加快构建沈阳、大连“双核”牵引的“一圈一带两区”的发展格局。“一圈”即沈阳现代化都市圈，包括沈阳、鞍山、抚顺、本溪、阜新、辽阳、铁岭 7 市以及沈抚示范区。“一带”即辽宁沿海经济带，包括大连、丹东、锦州、营口、盘锦、葫芦岛 6 市。“两区”即辽西融入京津冀协同发展战略先导区和辽东绿色经济区，其中，辽西先导区包括阜新、朝阳、葫芦岛 3 市，辽东绿色经济区包括岫岩县、凤城市、宽甸县、本溪县、桓仁县、抚顺县、新宾县、清原县、西丰县 9 县（市）。

辽宁省委、省政府高度重视“一圈一带两区”战略的推进实施。辽宁省第十三次党代会将加快推进“一圈一带两区”区域协调发展作为辽宁振兴发展的一项重大战略任务，明确了发展方向和工作重点，提出要强化省级统筹，加强总体设计，完善工作推进机制，发挥各地比较优势，形成各展所长、协同共进的发展局面。《辽宁省国民经济和社会发展第十四个五年规划和二〇三五年远景目标纲要》也提出，加快构建“一圈一带两区”区域发展格局。2022 年 1 月 31 日，辽宁省政府印发《辽宁省推进“一圈一带两区”区域协调发展三年行动方案》（以下简称《方案》）。

《方案》指出，辽宁沿海经济带的战略定位是建设东北地区产业结构优化先导区和经济社会发展先行区、东北亚重要国际航运中心和海洋经济发展合作区，打造国家开放合作新高地。作为“双核”之一的大连市要以创建东北亚海洋强市和打造对外开放新前沿为目标，以建设海陆大通道为引领，舞好龙头，加快提升自贸片区“五自由一便利”水平，深入推动制度性开放，加快建设智慧、绿色、高效国际性枢纽港，建设亚太对流枢纽、创新策源中心、东北亚经贸合作中心，在畅通循环、实现更高层次对外开放上作出示范。辽宁沿海经济带要做足沿海开放大文章，加快“两先区”建设，加强产业分工协作，做大做强海洋经济、临港经济，高水平参与东北亚区域合作，打造面向《区域全面经济伙伴关系协定》（RCEP）国家的产业和贸易集聚区、东北亚重要的国际航运中心、引领东北开放合作的新高地，带动东北腹地转身向海，以高质量发展推动辽宁、东北振兴取得新突破。

《方案》要求，辽宁沿海经济带要打造对外开放新前沿，畅通海陆大通道。发挥港口资源和腹地运输资源优势，以海铁联运为主要方式，以大连港为枢纽、营口港为骨干，以大连—沈阳—满洲里—欧洲、大连—沈阳—霍尔果斯—欧洲运输通道为主轴，以长（春）白（山）通（化）丹（东）、锡（林郭勒）赤（峰）朝（阳）锦（州）等运输通道为支撑，联通蒙俄和欧洲铁路干线，连接沿线口岸，形成综合交通运输网络。完善海陆通道集疏运体系，建设中欧班列沿海集结中心，优化运营组织，创新物流模式，提升通道整体运行效率和服务能力。整合优化既有交通运输资源，补齐通道内铁路、公路、物流园区（场站）等设施能力短板，推进大连、营口、丹东等国家物流枢纽及口岸设施建设。加强港口基础设施建设，完善港口集疏运体系，支持锦州港扩能建设辽西蒙东枢纽港。加快推进规则标准“软联通”，深化通关便利化，推动多式联运“一单制”，为国内东部靠北地区及日韩货物通过辽宁港口北上、西进通达欧洲等国家和地区，提供更加便利快捷高效的服务。

4. 辽宁省出台《辽宁全面振兴新突破三年行动方案（2023～2025年）》

2023 年 2 月，中国共产党辽宁省第十三届委员会第五次全体会议在沈阳举行。全会坚持以习近平新时代中国特色社会主义思想为指导，全面贯彻落实党的二十大精神，深入学习贯彻习近平总书记关于东北、辽宁振兴发展的重要讲话和指示批示精神，审议通过了《辽宁全面振兴新突破三年行动方案（2023～2025年）》（以下简称《方案》）。《方案》明确了指导思想，6 项基本原则和 1 个总体目标、8 个分项目标、10 个方面新突破、50 项重点任务以及 5 项保障措施。

《方案》以习近平新时代中国特色社会主义思想为指导，全面贯彻党的二十大精神，深刻领悟“两个确立”的决定性意义，增强“四个意识”、坚定“四个自信”、做到“两个维护”，深入贯彻落实习近平总书记关于东北、辽宁振兴发展的重要讲话和指示批示精神，扎实推进中国式现代化，坚持稳中求进工作总基调，完整、准确、全面贯彻新发展理念，主动服务和融入新发展格局，着力推动高质量发展，更好统筹疫情防控和经济社会发展，更好统筹发展和安全，履行维护国家“五大安全”政治使命，着力补齐“四个短板”，扎实做好“六项重点工作”，持续做好结构调整“三篇大文章”，全面深化改革开放，纵深推进全面从严治党，以新气象新担当作为奋力实现全面振兴新突破，为全面建设社会主义现代化国家贡献辽宁力量。其中：

6 项基本原则，是坚持高质量发展，坚持解放思想、改革创新，坚持以人民为中心的发展思想，坚持统筹发展和安全，坚持目标导向，坚持发扬斗争精神。

1 个总体目标，是通过三年努力，维护国家“五大安全”能力显著提升，高质量发展迈上新台阶，结构调整步伐加快，创新能力显著增强，数字辽宁、智造强省建设成效明显，改革开放取得重大进展，营商环境实现根本好转，“一圈一带两区”建设加快推进，生态环境建设取得扎实成效，社会治理能力不断增强，人民生活品质持续改善，形成营商环境好、创新能力强、区域格局优、生态环境美、开放活力足、幸福指数高的振兴发展新局面，以中国式现代化辽宁实践推动全面振兴取得新突破。

8 个分项目标，是经济实力实现新跨越，创新能力实现新跃升，结构调整迈出新步伐，改革开放取得新成效，区域发展形成新格局，绿色发展取得新进展，民生福祉达到新水平，安全能力实现新提升。

实现新突破包括 10 个方面：一是积极扩大有效需求，在推动经济增长上实现新突破；二是加快产业结构调整，在建设现代化产业体系上实现新突破；三是强化科技教育人才支撑，在塑造发展新动能上实现新突破；四是深化重点领域改革，在推进体制机制创新上实现新突破；五是促进国企民企外企竞相发展，在培育壮大市场主体上实现新突破；六是提升开放合作水平，在打造对外开放新前沿上实现新突破；七是坚持农业农村优先发展，在全面推进乡村振兴上实现新突破；八是统筹“一圈一带两区”建设，在促进区域协调发展上实现新突破；九是推进美丽辽宁建设，在绿色低碳发展上实现新突破；十是不断增进民生福祉，在提高人民生活品质上实现新突破。

其中，第六项新突破“提升开放合作水平”要求强化开放意识，发挥区位优势，深度融入共建“一带一路”，着力推进高水平对外开放。重点任务包括深化重点区域国际合作，构建高能级开放合作平台，建设东北海陆大通道。第八项新突破“统筹‘一圈一带两区’建设”要求坚持区域、城乡、陆海统筹，突出沈阳、大连“双核”引领作用，率先实现全面振兴新突破，带动各地竞相发展，加快构建优势互补、高质量发展的区域经济布局。重点任务包括推进沈阳现代化都市圈一体化发展，高质量建设沿海经济带，建设辽西融入京津冀协同发展战略先导区，加快发展辽东绿色经济区，增强县域经济综合实力，建设海洋经济强省。

5. 沿海经济带各城市的协同行动

按照《辽宁沿海经济带高质量发展规划》《辽宁省推进“一圈一带两区”区域协调发展三年行动方案》《辽宁全面振兴新突破三年行动方案》等一系列文件和会议要求，辽宁沿海经济带各城市积极行动，分别制定了本市的高质量发展规划、贯彻落实“一圈一带两区”区域协调发展三年行动方案和全面振兴新突破三年行动方案，建立专项工作推进组，形成按任务、部门、节点进行调度的工作推进机制。同时，沿海六市协同共建，握指成拳，形成合力，切实把党中央、国务院及省委省政府决策部署变成高质量发展的生动实践。

2022 年 2 月，首届辽宁沿海经济带工作推进会议在大连召开。会议审议通过了《辽宁沿海经济带建设 2022 年工作要点》，举行了六项合作协议签约仪式。沿海六市共同签署《辽宁沿海经济带六城市协同推进优化营商环境框架协议》《辽宁沿海经济带六城市社会信用工作一体化共建框架协议》《辽宁沿海经济带六城市海洋环境保护、监测与治理合作框架协议》《辽宁沿海经济带六城市科技创新共享平台建设协议》；沿海六市与大连商品交易所签署《辽宁沿海经济带六城市大连商品交易所战略合作框架协议》，与辽港集团签署《辽宁沿海经济带六城市辽宁港口集团有限公司战略合作框架协议》。

沿海六市协同发展体制机制不断建立完善。首先，沿海六市建立了高效协同的三级联动机制，构建了联席会议制度，制定了《辽宁沿海经济带六城市联席会议章程》，明确了联席会议组织机构、职责任务和保障制度，各市设立沿海经济带办公室，构建了“上下联动、三级运作、统分结合、各司其职”的工作机制。2022 年 6 月，由大连市政府承办的辽宁沿海经济带六城市第一次联席会议成功举行。

其次，组建了实体化联席会议办公室。由大连市发起、沿海六市共商，共同组建辽宁沿海经济带六城市联席会议办公室。办公室主任由沿海六市常务副市长轮流兼任，轮值期半年；副主任由沿海六市发展改革委主任兼任。联席会议办公室日常工作人员由沿海六市联合选派。目前，各市选派工作人员已到大连市集中办公。

最后，共商协同联动重点领域。按照首届辽宁沿海经济带工作推进会议精神，沿海六市构建了“六六八”协同发展体系。第一个“六”是指六市共同探索提出了促进规划制定、产业发展、科技创新、开放合作、民生事业、制度创新的“六项协同机制”。第二个“六”是指在首届辽宁沿海经济带工作推进会议中，围绕优化营商环境、社会信用建设、海洋环境保护监测与治理、科技创新共享平台合作等相互之间签署的“六项合作协议”。“八”是指大连市向沿海五市发出的加快实现沿海六市旅游景区门票互惠，就医门诊及购药费用个人账户直接结算，跨地区、跨部门、跨层级数据共享和业务协同等“八项倡议”。

随着“六六八”协同发展体系的积极推进，辽宁沿海经济带在各个领域都表现出了前所未有的新活力。一是产业互嵌耦合步伐明显加快。“长兴岛—辽东湾—锦州湾”世界级石化及精细化工产业带加快建设；“黄渤两岸潮”辽宁沿海经济带文旅合作协议成功签署，沿海六市 119 家 A 级旅游景区实现门票互惠，“海上游辽宁”项目前期工作已启动。二是开放合作进一步深化。辽宁自贸试验区大连片区、营口片区联动不断强化；锦州市大力推进东北陆海新通道建设；辽港集团推出铁矿石组合港转水业务；大商所大宗商品仓单登记中心成功上线，2022 年支持沿海六市 20 家企业开展 22 个“企风计划”项目。三是科技研发创新平台实现共享。辽宁滨海实验室、辽宁黄海实验室正式揭牌；沿海各市与大连各高校合作建立十余个实质性产学研联盟；大连理工大学在营口设立研究院、中科院大连化物所在盘锦成立产业技术研究院。四是基本民生事业实现互通共享。医疗保障高效互通，大连与丹东、大连与锦州分别实现异地安置“两城一家”同等比例报销；辽宁沿海经济带大医学影像平台成功组建，成立覆盖六市 39 家医院的医学影像联盟。五是协同制度创新实现突破。大连牵头研发并上线运行“区域通办”系统，40 项高频事项实现“通办”，开设专窗及办理地点 148 个；各市签署《沿海经济带知识产权一体化发展协作协议书》；建立海洋生态环境共享机制，共同保障临界区域海洋环境质量；各市政协（含朝阳市）轮流承办辽宁沿海经济带政协研讨会，至今已连续成功举办 15 届，成为省政协重要的协商品牌。

当前，沿海六市均积极谋划具有战略性、全局性的跨区域重大项目和重点合作事项，主动融入和服务辽宁沿海经济带建设。辽宁沿海经济带的协同达到了前所未有的新高度，高质量协同发展正在不断走向深入。

二、辽宁沿海经济带开发开放进展情况

本部分将从经济发展、重点开发开放平台建设、产业升级、对外开放、科技创新、基础设施建设等方面对辽宁沿海经济带的开发开放进展情况进行介绍。

（一）经济发展

1. 地区生产总值

2009～2022 年辽宁沿海经济带各市地区生产总值、六市合计及占比见表 1－1。

表 1－1　2009～2022 年辽宁沿海经济带各市地区生产总值 单位：亿元，%

年份	辽宁省	大连	丹东	锦州	营口	盘锦	葫芦岛	六市合计	六市/全省
2009	12816	3252	435	561	672	684	423	6026	47.02
2010	13896	3556	485	632	776	811	465	6726	48.40
2011	16355	4121	564	732	905	993	508	7823	47.83
2012	17849	4505	628	801	1004	1056	536	8530	47.79
2013	19209	4903	681	876	1082	1076	570	9189	47.84
2014	20026	5182	714	919	1108	1104	607	9634	48.11
2015	20210	5400	677	912	1115	1016	629	9750	48.24
2016	20392	5648	689	885	1044	954	669	9888	48.49
2017	21693	6052	716	943	1170	1059	709	10649	49.09
2018	23511	6501	737	1030	1250	1176	764	11458	48.73
2019	24855	6990	768	1059	1322	1279	806	12223	49.18
2020	25011	7000	779	1063	1313	1284	766	12206	48.80
2021	27584	7826	854	1148	1403	1383	842	13457	48.78
2022	28975	8431	891	1202	1432	1394	871	14220	49.08
年均增速	6.48	7.60	5.68	6.04	5.99	5.63	5.70	6.83	—

数据来源：历年辽宁统计年鉴。

表 1 - 1 显示，辽宁沿海六市地区生产总值总量从 2009 年的 6026 亿元增长至 2022 年的 1.422 万亿元，2009 年至今的名义年均增速为 6.83%，高于全省同期平均水平。沿海六市地区生产总值总量占全省的比重从 2009 年的 47.02% 上升至 2022 年的 49.08%，份额进一步扩大。

沿海六市中，大连市地区生产总值遥遥领先，2022 年高达 8431 亿元；2009 年至今的名义年均增速为 7.60%，也高于其他五市。经计算可以发现，大连市地区生产总值占沿海六市总量的比例从 2009 年的 53.96% 上升至 2022 年的 59.29%，核心地位十分显著。营口、盘锦和锦州地区生产总值相对接近，2022 年均在 1200 亿元以上。丹东和葫芦岛地区生产总值相对较少，2022 年都在 800 亿元以上。除了大连以外的五市 2009 年至今的名义年均增速介于 5.63% ~6.04% 之间。

辽宁沿海六市地区生产总值总量及占全省比重的变化趋势如图 1 - 1 所示。

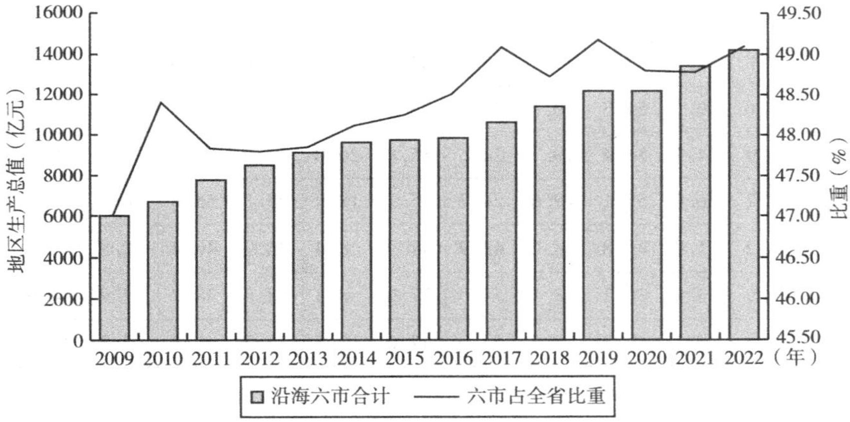

图 1 - 1 辽宁沿海六市地区生产总值总量及占全省的比重

图 1 - 1 显示，2009 年以来，辽宁沿海六市地区生产总值总量基本上呈现逐年上升趋势。其中，2009 ~ 2013 年增长相对较快，2014 ~ 2016 年相对平缓，2017 年至今继续快速增长（其中 2020 年受新冠疫情影响有所下滑）。

2009 年以来，辽宁沿海六市地区生产总值总量占全省的比重呈现波浪式上升趋势，在数值上介于 47.02% ~49.18% 之间，在全省经济体系中具有举足轻重的作用。其中，2010 年、2017 年、2019 年、2022 年处于波峰状态。

2. 三次产业比例

2009 ~2022 年，辽宁全省及沿海六市三次产业比例见表 1 - 2。

表 1－2　2009～2022 年辽宁全省及沿海六市三次产业比例　单位：%

地区	2009 年			2016 年			2017 年			2018 年		
	一产	二产	三产	一产	二产	三产	一产	二产	三产	一产	二产	三产
辽宁省	10.1	51.0	38.9	9.0	38.6	52.4	8.8	38.4	52.8	8.6	38.5	52.9
大连市	6.6	49.1	44.3	7.2	40.5	52.3	6.8	40.1	53.1	6.6	38.1	55.3
丹东市	19.5	42.5	38.0	17.8	26.2	55.9	17.6	26.8	55.6	18.5	26.2	55.3
锦州市	22.0	40.4	37.5	19.1	33.2	47.7	18.2	31.9	49.9	17.5	30.7	51.8
营口市	8.4	57.8	33.9	9.0	42.5	48.4	8.2	45.3	46.6	8.2	46.4	45.4
盘锦市	9.7	63.2	27.1	9.1	47.5	43.5	8.4	50.1	41.5	8.2	52.3	39.4
葫芦岛市	14.2	46.2	39.6	17.5	35.7	46.7	16.9	35.7	47.4	16.2	38.3	45.5
地区	2019 年			2020 年			2021 年			2022 年		
	一产	二产	三产	一产	二产	三产	一产	二产	三产	一产	二产	三产
辽宁省	8.8	38.1	53.1	9.1	37.4	53.5	8.9	39.4	51.6	8.9	40.6	50.5
大连市	6.6	40.2	53.3	6.6	40.1	53.4	6.6	42.2	51.3	6.7	44.0	49.3
丹东市	18.9	24.7	56.4	19.7	24.5	55.8	20.0	25.9	54.1	20.7	26.1	53.2
锦州市	18.7	26.2	55.1	19.6	24.7	55.7	18.5	25.8	55.6	18.5	25.8	55.6
营口市	8.2	45.0	46.8	8.2	43.9	47.9	8.4	45.2	46.4	8.8	44.4	46.8
盘锦市	7.9	53.8	38.3	8.1	54.9	37.0	8.4	52.9	38.7	7.9	54.9	37.2
葫芦岛市	16.5	37.1	46.3	18.4	34.0	47.6	17.5	36.7	45.8	17.8	37.4	44.8

数据来源：历年辽宁统计年鉴。

表 1－2 显示，辽宁沿海六市三次产业比例差异较大，大连、营口、盘锦第一产业所占比重相对较低，丹东、锦州和葫芦岛第一产业的比重相对较高。盘锦、大连和营口第二产业占比相对较高，葫芦岛、丹东和锦州第二产业占比相对较低。锦州、丹东、大连第三产业占比相对较高，营口、葫芦岛和盘锦第三产业占比相对较低。与 2009 年相比，2022 年沿海六市第二产业所占比重均呈现下降趋势，第三产业所占比重均呈现上升趋势，与辽宁全省发展趋势一致。

3. 人均可支配收入

辽宁全省及沿海六市 2009 年和 2022 年城镇及农村居民人均收入对比情况见表 1－3。

表 1－3　　辽宁全省及沿海六市 2009 年和 2022 年城镇及农村居民人均收入

单位：元

地区＼年份	2009 年		2022 年	
	城镇居民人均可支配收入	农村居民人均纯收入	城镇常住居民人均可支配收入	农村常住居民人均可支配收入
辽宁省	15761	5958	44003	19908
大连市	19014	10725	51904	24759
丹东市	12827	7295	35402	20902
锦州市	15386	6627	38403	20751
营口市	15858	7687	42977	22858
盘锦市	18563	8479	46485	23234
葫芦岛市	15305	5595	35524	16936

数据来源：辽宁省及沿海六市 2009 年和 2022 年国民经济和社会发展统计公报。

表 1－3 显示，与 2009 年相比，辽宁全省及沿海六市 2022 年城镇及农村居民人均收入均呈现大幅增长，人民生活水平显著提升，城乡之间差距缩小。

城镇常住居民人均可支配收入方面，2022 年沿海六市中最高的是大连，达到 51904 元，远高于全省平均水平；盘锦位列第 2，为 46485 元，也超过全省平均水平；营口位列第 3，为 42977 元，略低于全省平均水平，锦州、葫芦岛和丹东相对较低，未达到 4 万元。

农村常住居民人均可支配收入方面，2022 年沿海六市中有五个城市超过全省平均水平，依次为大连、盘锦、营口、丹东和锦州，均超过 2 万元，葫芦岛相对较低，为 16936 元，与全省平均水平相比较存在较大差距。

（二）重点开发开放平台建设

党中央和国务院对东北振兴和辽宁沿海经济带发展高度重视，赋予了一系列支持政策。辽宁沿海经济带是我国各项改革开放政策叠加最为密集的区域之一，各类重点开发开放平台齐备。

1. 国家级新区

2014 年 6 月，国务院批复设立大连金普新区。金普新区是全国第 10 个、东北地区第一个国家级新区。金普新区地处东北亚地理中心位置，背靠广袤的东北大地，濒临浩瀚的黄渤两海，是东北地区走向世界的海空门户，也是与东北亚国家经贸往来和开放合作的重要枢纽，在东北老工业基地振兴战略、国家“一带一路”倡议中，位置举足轻重，作用不可替代。

金普新区范围包括大连市金州区全部行政区域和普兰店市部分地区，总面积 2299 平方公里，是 19 个国家级新区中陆域面积最大的新区，常住人口 161 万。大连金普新区管理委员会与大连市金州区人民政府、大连经济技术开发区管理委员会合署办公。大连保税区管委会、普湾经济区管委会、金石滩国家旅游度假区管委会为市政府派出机关，委托新区管理。中国（辽宁）自由贸易试验区大连片区管委会为市政府派出机构，委托新区管理。

金普新区是我国北方重要的开放热土、活力源泉和对外窗口，也是大连乃至辽宁、东北改革开放事业的发源地。1984 年 10 月 15 日，被誉为“神州第一开发区”的大连经济技术开发区破土动工，拉开了东北地区改革开放的序幕。此后，这里又相继诞生了大连保税区、金石滩旅游度假区、出口加工区、保税物流园区、保税港区、自由贸易试验区，成为全国拥有国家级功能区最多、最全、最具发展活力的区域之一。

金普新区综合经济实力首位度优势明显，主要经济指标约占大连市的 1/3、辽宁省的 1/10。2022 年，金普新区实现地区生产总值 2779.3 亿元，同比增长 4.1%；一般公共预算收入 218 亿元，同比增长 6.5%；实际利用外资 14.23 亿美元，同比增长 24.9%，占大连市 70%；外贸进出口总额完成 2378 亿元，同比增长 2.05%，占大连市 49.6%。全区现有各类企业 5 万多家，其中外资企业 5000 多家，引进了包括美国英特尔、辉瑞制药、德国大众、日本佳能等来自世界近 70 个国家和地区的 60 多个世界 500 强企业投资建设的近 100 个项目。培育形成了装备制造、石油化工、电子信息、整车及零部件、港航物流等多个产业集群，初步构建起以工业为主导，以通用航空、新材料等新兴产业和金融、旅游、物流等现代服务业为补充的现代产业体系。金普新区是大连航运中心核心功能区，建有 10 万吨级集装箱、30 万吨级原油和矿石、大型粮食和汽车滚装等现代化专业泊位，有万吨级以上深水泊位 39 个，与世界 160 多个国家和地区的 300 多个港口有贸易往来，承担了东北地区 70% 以上的外贸货物运输和 90% 以上的外贸集装箱运输。多条高速公路、国省干道和铁路在此交汇，集疏运体系非常便利。位于金州湾的大连新机场正在加快建设，建成后每年进出港旅客将达到3000万人次以上。

在未来，金普新区将发展成为我国面向东北亚区域开放合作的战略高地、引领东北地区全面振兴的重要增长极、老工业基地转变发展方式的先导区、体制机制创新与自主创新的示范区、新型城镇化和城乡统筹的先行区。

2. 中国（辽宁）自由贸易试验区

2017年3月31日，国务院批复成立中国（辽宁）自由贸易试验区，该区是我国设立的第三批7个自由贸易试验区的其中之一。中国（辽宁）自由贸易试验区涵盖三个片区：大连片区59.96平方公里（含大连保税区1.25平方公里、大连出口加工区2.95平方公里、大连大窑湾保税港区6.88平方公里）；沈阳片区29.97平方公里；营口片区29.96平方公里。大连片区和营口片区均位于辽宁沿海经济带内。

中国（辽宁）自由贸易试验区大连片区是在大连保税区的基础上发展形成的。1992年5月，大连保税区经国务院批准设立，是我国最早成立的保税区之一。2000年4月，大连出口加工区经国务院批准设立，并作为我国首批出口加工区试点，开创了在保税区内建出口加工区的先河。2004年8月，大连区港联动试点获国家批准，大连保税物流园区封关运作，市委、市政府将大连保税区管辖范围扩大到大孤山半岛，使其成为大连国际航运中心核心功能区。2006年8月，大窑湾保税港区经国务院批准设立，是继上海洋山保税港区之后我国第二个保税港区，也是中国北方首个正式封关运作的保税港区，对大连乃至整个东北地区的对外开放中起到了龙头牵动作用。2010年4月，大连新市区管理体制改革全面启动，大连保税区成为新市区三大组团之一，行政管辖面积扩至251.3平方公里，成为全国面积最大的保税区。2015年8月金普新区挂牌成立，大连保税区与大连经济技术开发区、普湾经济区共同成为金普新区重要组成部分。2016年8月31日辽宁自贸试验区申办成功，2017年4月10日，中国（辽宁）自由贸易试验区大连片区正式挂牌，自贸区批复范围59.96平方公里。

中国（辽宁）自由贸易试验区大连片区位于大连金普新区南部城区，包含大连保税区（指老保税区1.25平方公里）、湾里综合保税区、大窑湾综合保税区、大窑湾、逍遥湾、双D港、中心工业区等重要片区。其中逍遥湾、双D港由大连经济技术开发区管辖，其他区域均由大连保税区管辖。

大连片区是大连东北亚国际航运中心、国际物流中心、国际贸易中心的核心功能区。自挂牌以来，大连片区率先全面完成《辽宁自贸试验区总体方案》确定的 119 项改革试点任务，累计推出 530 余项制度创新成果。其中国家级创新案例 5 项，辽宁省复制推广 89 项，国务院官网转载 18 项。2022 年，大连片区制度创新指数在全国 54 个片区中排名第 12 位。片区企业数量从挂牌前的 7000 余家增加到 4.5 万家，年均增幅超过 45%；企业活跃度从挂牌前的 44% 提升到 63%。大连片区抢抓 RCEP 机遇，建成启用全国首个 RCEP 国际商务区，吸引 RCEP 国家外商投资企业落户 104 家，同比增长 23.8%；吸引新落户外贸企业 1840 家，同比增长 12%。大连片区用全市 1/200 面积，集聚全市 1/8 企业和 1/6 外资企业，实现了全市 1/3 进出口总额。2022 年，片区被英国《金融时报》旗下 FDI 杂志评选为全球最佳自由贸易区第 2 名，排名较去年上升 1 位，并卫冕亚太冠军。

2023 年 6 月，从大连片区大窑湾集装箱码头首航的“地中海凯蒂”（MSC KATIE）轮到达法国南部地区，标志着自贸片区与辽港集团携手开通的今年首条远洋干线地中海西线取得首航成功。该航线配备 11 条 14000 标准箱大型集装箱船舶，周班运营，途经以色列、沙特等中东国家，挂靠意大利焦亚陶罗、拉斯佩吉亚和热那亚，以及法国福斯、西班牙巴塞罗那等多个欧洲主要港口，提供直达意大利第勒尼安地区和法国南部的海上运输服务，该航线填补了大连港至地中海西部航区直航服务空白，成功开辟了欧亚航运新通道，使东北地区与欧盟国家之间的贸易往来提供了更加高效和便捷。

中国（辽宁）自由贸易试验区营口片区位于营口主城区西部，实施范围 29.96 平方公里，依托于国家级高新技术产业开发区开发建设。营口片区的战略定位是“一个中心”“两个基地”“一个枢纽”，即围绕港口核心战略资源和营满欧大陆桥，建设区域性国际物流中心和高端装备制造、高新技术产业基地，构建国际海铁联运大通道的重要枢纽。2018 年，营口片区“以制度创新优化营商环境”典型经验受到国务院督查组表扬。截至 2022 年，累计推出创新政策 505 项、创新案例 226 项、全国复制推广创新经验 3 项、自贸试验区部际联席会推广 2 项、全省复制推广案例 59 项。营口片区的发展目标是发展成为法治环境规范、投资贸易便利、监管高效便捷、辐射带动突出的自贸试验区，努力构建辽宁乃至东北地区对外开放的新高地，成为制度创新和产业转型的先导区。

3. 海关特殊监管区域和保税监管场所

依据海关总署统计，截至2023年6月，全国共有171个海关特殊监管区域。其中，特殊综合保税区1个，综合保税区159个，保税区7个，保税港区2个，出口加工区1个，跨境工业区1个。

辽宁省共有5个海关特殊监管区域，分别是大连保税区、大连湾里综合保税区、大连大窑湾综合保税区、营口综合保税区、沈阳综合保税区。前4个区域均位于辽宁沿海经济带内，其中3个为综合保税区，综合保税区整合了原保税区、保税港区、保税物流园区等多种外向型功能区，是我国开放层次最高、优惠政策最多、功能最齐全、手续最简化的海关特殊监管区域之一，是国家开放金融、贸易、投资、服务、物流等领域的先导区、试验区和先行区。

1992年5月，国务院批复设立大连保税区，规划面积1.25平方公里，是我国最早成立的保税区之一。根据《国务院关于设立大连保税区的批复》要求，大连保税区要充分发挥毗邻大连大窑湾港的优势，积极为拓展转口贸易、过境贸易和加工出口服务，开展为贸易服务的加工整理、包装、储存、运输、商品展示等业务。需要说明的是，此处的“大连保税区”是指原国务院批复设立的海关特殊监管区域。而“大连保税区管理委员会”实际行政管辖面积为251.3平方公里，涵盖大连湾里综合保税区和大连大窑湾综合保税区这两个综合保税区。

大连湾里综合保税区的前身是大连出口加工区，2000年4月27日经国务院批准设立，是全国首批15个出口加工区试点之一。2020年5月17日，国务院批复大连出口加工区整合优化为大连湾里综合保税区，规划面积2.33平方公里，2021年10月通过海关总署验收。共2个区块组成。其中，A区规划面积1.15平方公里，前身为全国首批15个出口加工区试点之一的大连出口加工区；B区规划面积1.18平方公里，为大连英特尔项目园区。大连湾里综合保税区重点发展加工贸易、跨境电商、保税研发设计、保税检测维修等产业，打造具有区域影响力和竞争力的加工制造中心、研发设计中心、检测维修中心。

大连大窑湾综合保税区是由大窑湾保税港区转型升级而来，大窑湾保税港区2006年8月31日经国务院批准成立，规划6.88平方公里（含2004年国务院批准设立的大连保税物流园区面积，不再保留大连保税物流园区）。2020年8月30日，国务院批复设立大连大窑湾综合保税区，规划面积1.82平方公里，2021年10月通过海关总署验收。大连大窑湾综合保税区重点发展保税加工、保税物流、国际贸易、保税融资租赁等产业，打造具有区域影响力和竞争力的物流分拨中心、销售服务中心。

2017 年 12 月，营口综合保税区获国务院批复，规划面积 1.85 平方公里。营口综合保税区重点开展保税物流、保税加工、保税服务等业务。重点发展以镁、糖、粮食、农产品、氧化铝等为主的大宗商品贸易，以货运船舶代理、航运金融保险、机船检验检测等为主的港航服务业，以日用高端消费品、特色工业产品等为主的加工展示交易，以高端装备产能输出及高新技术产品材料引进等为主的双向投资，以跨境电商、供应链管理、集拼中转等为主的保税仓储物流等业务。

目前，盘锦、锦州、葫芦岛和丹东正在积极研究申报综合保税区，争取在未来几年内获得批复。

另外，截至 2023 年 6 月，辽宁省共有 4 个保税监管场所，分别是营口港保税物流中心（B 型）、盘锦港保税物流中心（B 型）、锦州港保税物流中心（B 型）、铁岭保税物流中心（B 型），其中前 3 个均位于辽宁沿海经济带内。保税物流中心 A 型，是指经海关批准，由中国境内企业法人经营、专门从事保税仓储物流业务的保税监管场所。保税物流中心 B 型是指经海关批准的，由中国境内一家企业法人经营，多家企业进入并从事保税仓储物流业务的海关集中监管场所。目前海关总署批准的保税物流中心中只有河北沧州肃宁、江苏南通如东洋口港、重庆万州、杭州富阳、河北高邑县冀中南等少数保税物流中心为 A 型，其他均为 B 型（截至 2023 年 6 月，全国保税物流中心 B 型共有 84 个）。

营口港保税物流中心（B 型）位于营口港鲅鱼圈港区 54 号、55 号集装箱泊位后方，占地面积 0.65 平方公里，距离码头仅 600 米。2008 年 12 月经海关总署、财政部、国家税务总局、国家外汇管理局联合批准设立，2009 年 9 月 16 日顺利通过国家验收，并正式封关运作，是东北地区第一家保税物流中心。

盘锦港保税物流中心（B 型）位于盘锦港区内，占地面积 0.5 平方公里。2014 年 10 月，海关总署、财政部、国家税务总局、国家外汇管理局联合下发文件，批准设立盘锦港保税物流中心。2016 年 10 月通过海关总署、财政部、国家税务总局和国家外汇管理局的联合验收，2017 年 8 月盘锦港保税物流中心正式封关运行。

锦州港保税物流中心（B 型）位于锦州港区内，占地面积 0.3075 平方公里，距码头泊位 300 米。2019 年 12 月经国家海关总署、财政部、国家税务总局和国家外汇管理局联合批准设立，2020 年 5 月项目开工建设，2021 年 1 月通过海关总署验收并封关运营。

保税物流中心（B型）具有保税仓储、全球采购和国际分拨配送、流通性简单加工和增值业务、转口贸易和国际中转等功能。通过保税物流中心建设，可以大力发展临港产业，培育临港物流企业集群，带动整个区域的物流产业发展和结构升级。对于贯彻落实“一带一路”倡议、加快东北振兴以及促进各市融入“一圈一带两区”区域发展格局具有重要意义。

4. 经济技术开发区和边境经济合作区

依据商务部统计，截至2023年6月，我国共拥有国家级经济技术开发区230个，边境经济合作区17个。辽宁省拥有国家级经济技术开发区9个，边境经济合作区1个。其中，位于辽宁沿海经济带内的有大连经济技术开发区、营口经济技术开发区、大连长兴岛经济技术开发区、锦州经济技术开发区、盘锦辽滨沿海经济技术开发区、旅顺经济技术开发区、丹东边境经济合作区。

大连经济技术开发区1984年9月经国务院批准成立，是我国第一个国家级经济技术开发区，被誉为“神州第一开发区”。大连经济技术开发区是金普新区经济发展的主阵地、主力军，是大连市经济增长的重要引擎。现已形成以装备制造、石油化工、电子信息、汽车及零部件、生物医药五大产业为主导的核心产业集群。在商务部公布的2022年国家级经济技术开发区综合发展水平考核评价中，大连经济技术开发区位列全国第15位、东北地区第1位，实际使用外资单项位列全国第8位。

营口经济技术开发区1992年10月经国务院批准设立，与营口市鲅鱼圈区实行“一套机构、两块牌子”的建制。营口经济技术开发区海陆通达、交通便捷。长大铁路、哈（尔滨）大（连）公路、沈（阳）大（连）高速公路、哈大高铁客运专线均从区内穿过。距营口机场40公里、沈阳桃仙国际机场180公里、大连周水子国际机场140公里。中国沿海十大港口之一的辽宁港口集团营口港坐落在开发区境内，是东北腹地最近、最便捷的出海通道。

长兴岛经济技术开发区成立于2005年，2009年7月随同辽宁沿海经济带上升为国家战略，被确定为“五点一线”的重点区域。2010年4月升级为国家级开发区。2012年3月，在国家《东北振兴“十二五”规划》列为东北三大对外开放重点地区之一。2014年9月，国务院批准长兴岛（西中岛）石化产业基地纳入国家石化产业规划布局，列入国家重点支持的七大石化产业基地，赋予“建设世界一流石化产业基地”任务。

锦州经济技术开发区成立于 1992 年 3 月，2010 年 4 月经国务院批准升级为国家级经济技术开发区；2014 年 8 月，由锦州经济技术开发区、龙栖湾新区、建业经济区合属成立锦州滨海新区（锦州经济技术开发区），2021 年 12 月，再次更名为锦州经济技术开发区（锦州滨海新区）。锦州经济技术开发区位于渤海之滨锦州湾畔，是京津冀与东北、蒙东经济圈交汇点、辽蒙欧重要出海口、辽宁沿海经济带开发的重点区域，也是锦州市对外开发开放的重要窗口。锦州经济技术开发区交通优势显著，拥有“两海港、一空港、一公路港”，锦州港是中国最北国际商港，稳定跻身亿吨大港行列；龙栖湾港规划建设万吨以上泊位 88 个，设计吞吐能力 2 亿吨；锦州湾机场为 4C 级民航机场，是辽西区域性中心机场；杏山国际公路港已入驻 25 家知名大型物流快递企业，全力打造辽西最大物流园区。

盘锦辽滨沿海经济技术开发区始建于 2005 年 12 月，2006 年 6 月纳入辽宁省沿海重点发展区域，2012 年 2 月被工信部批准为“国家级新型工业化产业示范基地（石油化工产业）”，2013 年 1 月晋升为国家级经济技术开发区。盘锦辽滨沿海经济技术开发区是辽宁省综合改革试验区，辽宁自贸试验区协同区。开发区立足盘锦资源型城市转型发展实践，充分发挥域内盘锦港、大连理工大学盘锦校区等优势资源，推动实施“港产城校”联动发展战略，着力发展石化及精细化工、特色装备制造、粮食物流加工、高新技术产业、旅游与现代服务业 5 大产业。

旅顺经济技术开发区成立于 1992 年，2013 年 11 月经国务院批准晋升为国家级经济技术开发区。地处辽东半岛最南端，北依东北三省广大腹地，南与山东半岛隔海相望，东临黄海，西濒渤海。目前园区已形成集港口、铁路、火车轮渡、高速公路、城市轻轨“五位一体”的综合交通运输体系，旅顺新港是国内客滚运输班轮航线最多的港区。开发区重点发展高端智能制造业、汽车关键部件产业及以信息技术、新材料、新能源等为主的战略性新兴产业和临港现代服务业。目前已有中远、中车等一批世界 500 强企业入驻。

丹东边境经济合作区 1992 年 7 月 7 日经国务院批准设立。辖区位于丹东市的东南部，沿中朝界河鸭绿江呈带状分布，是中国也是亚洲唯一一个同时拥有边境口岸、机场、高铁、河港、海港、高速公路的地区，是中朝贸易的集散地。目前，丹东边境经济合作区与丹东新区是“一套人马、两块牌子”，合作区正在积极打造 40 多公里沿江、沿海、沿边开放带，力争发展成为辽宁东部的经济社会发展新的增长极和对外开放的“桥头堡”。

辽宁省还批准设立了一批省级经济技术开发区，2021 年辽宁沿海经济带省级以上开发区主要经济指标情况见表 1－4。

表 1－4 2021 年辽宁沿海经济带省级以上开发区主要经济指标情况

序号	地区	省级以上开发区	类别	地区生产总值/亿元	固定资产投资/亿元	实际利用外资/万美元	进出口总额/亿元
1	大连	大连经济技术开发区	国家级	1400.2	290.3	107659	1550.0
2		大连长兴岛经济技术开发区	国家级	290.4	45.0	2527	883.4
3		大连旅顺经济技术开发区	国家级	109.2	23.3	1300	100.9
4		大连普兰店经济开发区	省级	47.2	22.3	998	40.9
5		大连普湾经济开发区	省级	66.0	31.8	5500	24.9
6		大连松木岛化工产业开发区	省级	49.5	22.4	200	8.1
7		大连北黄海经济开发区	省级	54.6	73.6	5352	7.2
8		大连太平湾经济开发区	省级	0.0	0.0	0	0.0
9		大连瓦房店轴承产业开发区	省级	47.0	13.5	2220	13.0
10	丹东	丹东边境经济合作区	国家级	85.0	43.0	264	39.3
11		丹东东港经济开发区	省级	87.6	22.0	300	15.1
12		丹东前阳经济开发区	省级	70.4	12.6	226	24.5
13		凤城经济开发区	省级	13.5	13.9	50	5.9
14		丹东金山经济开发区	省级	30.1	19.0	23	1.9
15		宽甸经济开发区	省级	26.6	6.2	10	1.0
16		丹东振安经济开发区	省级	9.5	2.7	20	0.9
17		丹东振兴经济开发区	省级	6.1	4.0	2	4.3
18	锦州	锦州经济技术开发区	国家级	170.0	92.6	800	114.0
19		锦州沟帮子经济开发区	省级	61.2	16.3	0	0.1
20		锦州七里河经济开发区	省级	40.2	19.2	55	7.7
21		锦州庞河经济开发区	省级	33.5	17.8	131	0.1
22		锦州大有经济开发区	省级	20.9	24.9	0	6.2
23		汤河子经济开发区	省级	40.5	22.0	100	8.8

续表

序号	地区	省级以上开发区	类别	地区生产总值/亿元	固定资产投资/亿元	实际利用外资/万美元	进出口总额/亿元
24	营口	营口经济技术开发区	国家级	387.8	70.2	3572	208.1
25		营口南楼经济开发区	省级	103.6	9.3	0	7.4
26		营口大石桥经济开发区	省级	30.1	5.9	24	24.5
27		营口沿海产业基地	省级	89.3	90.1	156	8.3
28		营口仙人岛经济开发区	省级	42.1	28.9	0	21.4
29		营口北海经济开发区	省级	32.5	17.0	0	0.6
30		营口辽河经济开发区	省级	10.7	6.2	0	1.1
31		营口核翼经济开发区	省级	0.0	0.0	0	0.0
32	盘锦	盘锦辽滨沿海经济技术开发区	国家级	193.7	115.4	23494	302.9
33		盘锦经济开发区	省级	111.2	34.2	1476	4.3
34		盘锦精细化工产业开发区	省级	75.6	15.3	0	7.3
35		盘锦新材料产业开发区	省级	23.5	12.1	635	1.1
36		盘锦临港经济开发区	省级	7.4	6.6	0	2.6
37		盘锦辽河口经济开发区	省级	69.0	15.3	830	0.5
38	葫芦岛	葫芦岛经济开发区	省级	13.2	7.2	337	3.2
39		葫芦岛八家子经济开发区	省级	6.9	3.7	3	0.2
40		葫芦岛杨家杖子经济开发区	省级	8.6	0.5	0	1.6
41		葫芦岛打渔山经济开发区	省级	7.6	5.1	0	0.7
42		兴城经济开发区	省级	5.0	1.3	700	0.4
合计				3977.2	1282.6	158964	3454.5

资料来源：调研资料。

表 1－4 显示，目前辽宁沿海经济带共拥有省级以上经济技术开发区 42 个，其中国家级 7 个，省级 35 个。由于四舍五入的原因，部分开发区的数据显示为 0，另外有少数开发区尚未开始进行统计。总体来看，开发区之间发展存在很大差异，一些开发区已经形成较大规模，而另一些开发区仍处于起步阶段。

5. 高新技术产业开发区

依据科学技术部统计，截至 2023 年 6 月，我国共有国家级高新技术产业开发区 168 家，另外苏州工业园享受国家高新区同等政策。辽宁省拥有国家级高新技术产业开发区 8 家，其中位于辽宁沿海经济带内的有 3 家，分别是大连高新技术产业园区、营口高新技术产业开发区、锦州高新技术产业开发区。

大连高新技术产业园区是 1991 年 3 月经国务院批准设立的首批国家级高新技术产业园区之一。辖区面积 153 平方公里，下辖凌水、龙王塘、七贤岭 3 个街道，区内及毗邻有大连理工大学、大连海事大学等 9 所高校，常住人口 30.68 万人。2013 年 8 月 29 日，习近平总书记视察大连高新区，深刻指出“高新区就是‘又要高、又要新’”，“创新驱动要从高新区开始”。大连高新区先后被授予“国家软件出口基地”“国家动漫游戏产业振兴基地”“海外高层次人才创新创业基地”“国家创新型特色园区”“全国知识产权保护体系建设示范单位”“国家新型工业化产业示范基地”“软件和信息服务国家新型工业化产业示范基地”等荣誉。

2016 年 4 月，国务院批复同意沈阳、大连 2 个国家高新技术产业开发区（统称沈大国家高新区）建设国家自主创新示范区。批复强调，要按照党中央、国务院决策部署，全面实施创新驱动发展战略，充分发挥沈大地区的区位和创新资源集聚优势，积极开展创新政策先行先试，激发各类创新主体活力，着力培育良好的创新创业环境，深入推进大众创业、万众创新，全面提升区域创新体系整体效能，打造东北亚科技创新创业中心，努力把沈大国家高新区建设成为东北老工业基地高端装备研发制造集聚区、转型升级引领区、创新创业生态区、开放创新先导区。

近年来，大连高新区不断优化产业布局，确立了充分发挥软件和信息技术服务业优势，同频推动数字技术在元宇宙、车联网、洁净能源、生命健康、文化旅游、智慧海洋、智能制造、数字贸易等八大领域的垂直应用，形成以数字技术为主导，“1+8”产业共同发展的现代产业体系。大连高新区着力构建“一城六区多园”发展格局：“一城”，即大连英歌石科学城，围绕以洁净能源为主线，向智能制造、生命健康、海洋工程、新一代信息技术等领域深度拓展的研究方向，加快建设具有国际影响力的创新策源中心。“六区”，即：凌水软件信息技术服务业区、七贤岭总部经济和商务区、小平岛科技服务区、黄泥川智能制造产业区、龙王塘休闲旅游区、龙头智能装备制造区。“多园”，即充分发挥高新区科技创新策源地的溢出效应，助推更多产业项目落地长兴岛分园、金普分园、甘井子分园、旅顺分园、瓦房店分园，实现融合发展。

截至 2022 年底，大连高新区拥有高新技术企业 1290 家，占全市 31%；科技型中小企业数量累计 2193 家，占全市 34%；雏鹰企业数量累计 630 家，占全市 51%；瞪羚企业数量累计 75 家，占全市 35%；独角兽类企业数量累计 8 家，占全市 100%。专精特新企业 54 家。2022 年，大连高新区实现地区生产总值 420.8 亿元，同比增长 5.0%，规模以上软件和信息技术服务业营业收入 285.5 亿元，同比增长 8.9%；规模以上工业总产值超过 100 亿元，规模以上工业增加值增长同比 5.1%。全年完成固定资产投资 115.2 亿元，同比增长 3.3%。一般公共预算收入 40.8 亿元。

营口高新区成立于 1992 年，1994 年 4 月获批省级高新区，2010 年 9 月成功晋升为国家级高新区。营口高新区规划控制面积 20.47 平方公里，区内下设“一城三园”，其中辽宁渤海科技城规划控制面积 15.5 平方公里，是辽宁省政府重点支持的全省唯一综合性科技特色产业基地。三园是站前工业园、西市工业园和卓异创新产业园。2017 年 3 月，国务院批准设立中国（辽宁）自由贸易试验区，高新区正式并入中国（辽宁）自由贸易试验区营口片区。

锦州高新技术产业开发区成立于 1992 年，同年被辽宁省政府批准为省级高新技术产业开发区，2015 年获国务院批复，正式升级为国家级高新技术产业开发区，目前与锦州松山新区实行一套人马两个牌子。锦州高新区加快打造“三园一城一业”重点产业空间布局，聚焦特色产业，明确产业方向，围绕生物医药及大健康产业园、电子信息产业园、数字经济产业园抓项目建设，围绕商业、住宅、教育、医疗、金融、文化等重要城市功能，加快科技生态新城布局。

2023 年 2 月，科技部火炬中心公布了 2022 年度国家高新区综合评价结果，在 169 个高新区（含苏州工业园）中，大连高新区排名第 29 名，营口高新区排名第 139 名，锦州高新区排名第 164 名，与发达地区相比存在较大差距。

2023 年 5 月，辽宁省高新区工作推进组办公室对全省 11 个省级高新区组织开展了 2022 年度绩效评价工作，其中 6 个省级高新区位于辽宁沿海经济带内。盘锦高新区、丹东高新区分别位列全省第 1、第 2 位，相对领先。长兴岛高新区、葫芦岛高新区分别位列全省第 5、第 6 位，相对居中。绥中高新区、七里河高新区分别位列全省第 10、第 11 位，相对靠后。

6. 重点开发开放平台的总体情况

综上所述，辽宁沿海经济带拥有国家级新区金普新区，中国（辽宁）自由贸易试验区大连片区和营口片区，4个海关特殊监管区域和3个保税监管场所，7个国家级经济技术开发区（含1个边境经济合作区）和35个省级开发区，3个国家级高新技术产业开发区和6个省级高新区，其中大连高新区是沈大国家自主创新示范区的主体之一。充分体现了国家层面对辽宁沿海经济带的高度重视，各项改革开放优惠政策叠加，支持力度前所未有。这些开发开放平台各有侧重，在辽宁全面振兴和东北振兴中发挥了至关重要的引擎作用。但是同时也要清醒地认识到，与发达地区相比，辽宁沿海经济带的重点开发开放平台在规模和质量上仍然存在很大差距，仍需继续加倍努力，追赶步伐不可停歇。

（三）产业升级

本节从各市角度，对辽宁沿海经济带的主导产业和转型升级进行简要介绍。

1. 大连市

大连市是我国重要的工业城市，产业门类齐全，基础雄厚。支柱产业包括石化产业、装备制造业和消费品工业等；战略性新兴产业有电子信息制造业、软件和信息服务业等；旅游业发展水平不断提升。

（1）石化产业。大连市是国家重要的石油炼化基地和化工产业基地之一。原油加工能力达到5270万吨，居国内城市首位。恒力、逸盛大化两户企业精对苯二甲酸（以下简称PTA）产能合计1700万吨/年，成为全球最大的PTA产业基地；恒力、福佳对二甲苯（以下简称PX）产能590万吨/年，居国内城市首位；催化剂、特种气体等精细化工领域国内优势突出，已形成石油炼制、石油化工、基础化工材料、轮胎、精细化工等门类齐全的产业体系。

目前，大连市已形成长兴岛（西中岛）石化产业基地、松木岛化工产业开发区、大孤山化工园区三大石化产业集群。通过推进重点企业强链、补链、延链，石化及精细化工产业实现了新旧动能加速转换，其中芳烃产业链已形成“炼油→PX→PTA→PET”的产业链条，高附加值精细化工领域不断拓展，产业规模进一步壮大。

（2）装备制造业。大连装备制造业历史悠久，基础雄厚，产业门类齐全，行业优势明显，是我国重要的装备制造产业基地，在大型船舶、机床、轴承、轨道交通、制冷设备等行业一直在全国占据重要的地位。我国第一艘航母、第一支大型船用柴油机曲轴、第一台大功率内燃机车、第一台核反应堆压力容器和核环吊、第一座海上钻井平台、第一台千吨级加氢反应器、第一台兆瓦级风电机组等重大装备均出自大连。

在船舶工业和海洋工程装备领域，大连市形成了集船舶和海工装备的研发、设计、建造、修理、配套及试验设施等为一体的工业体系，具备建造30万吨及以下各种类型船舶和海洋工程装备产品的能力，企业规模、经济总量、研发能力和新产品开发均处于全国领先水平。大连船舶重工集团有限公司隶属于中国船舶集团有限公司，是国内最大、国际知名的船舶制造企业，是汇聚了军工、民船、海洋工程装备、修/拆船、重工等五大业务板块的装备制造企业集团，公司成功开发并建造了VLCC、大型化学品船、大型集装箱船、大型滚装船、大型浮式生产储油轮、半潜式钻井平台、自升式钻井平台等多型高技术、高附加值船舶和海洋工程装备产品，以及多种型号军用舰船。大连中远海运川崎船舶工程有限公司是中远海运集团与日本川崎重工业株式会社、南通中远川崎船舶工程有限公司合资兴建的大型造船企业，主要建造20000TEU、大型散货船、VLCC油轮、VLOC矿砂运输船、6200PCC汽车运输船和LNG天然气运输船等大型高性能远洋船舶。大连中远海运重工有限公司是中远海运重工旗下修理改装、海洋工程改装和建造、特种船建造的核心企业。

在汽车整车及零部件制造领域，大连市汽车产业发展迅速，金普新区已成为"中国汽车零部件制造基地"，初步构建了以乘用车、商用车为主的整车及发动机、变速箱、汽车音响、汽车轮胎、汽车胶管、汽车钢板为核心的汽车零部件生产体系。在新能源汽车产业方面，大连市已具备新能源整车与核心零部件的制造与研发能力，部分技术已达到国际领先水平。在智能网联汽车产业方面，大连金普新区与百度Apollo等合作，计划打造世界一流的智能网联产业集群。目前，大连拥有一汽客车（大连）有限公司、东风日产大连分公司、奇瑞汽车大连分公司、大连比亚迪汽车有限公司、华晨客车（大连）有限公司5家整车生产及改装企业，此外还有包括大众一汽发动机（大连）有限公司、大连海纳新能源汽车零部件制造有限公司、新源动力股份有限公司等数百家汽车零部件生产制造企业和汽车配件零售企业。

在轨道交通领域，大连市是我国重要的机车工业基地之一，具备设计和制造内燃机车、电力机车、城市轨道车辆、铁路货车、大功率中速柴油机以及大修机车车辆的能力，并依托现代有轨电车产品进入工程总包领域。中车大连机车车辆有限公司是我国唯一能同时研制内燃机车、电力机车、城市轨道车辆、大功率发动机和检修机车的企业，也是我国唯一既有内燃机车、电力机车出口，又有城市轨道车辆出口的企业。近年来，通过技术创新，中车大连机车实现了由生产传统内燃机车向生产大功率电力机车和内燃机车、城市轨道交通装备、特种货车和大功率柴油机的转型。

在轴承制造领域，大连市瓦房店市是中国轴承工业的发源地，是“中国轴承之都”“国家新型工业化产业示范基地”“国家高端轴承高新技术产业化基地”。瓦房店轴承集团有限责任公司是国内综合实力最强的轴承制造企业，主导产品包括重大技术装备配套轴承、轨道交通轴承、汽车车辆轴承、风电新能源轴承、特种精密轴承、精密机床及精密滚珠丝杠、精密大型锻件等。拥有国家级企业技术中心、国家轴承产品检测试验中心和中国轴承行业唯一的国家大型轴承工程技术研究中心，并先后建立了欧洲和美国研发中心，通过国内外研发平台互动，加快自主创新和技术改造，目前瓦轴在轴承的设计、制造、检测等领域在国内同行业处于领先地位，具备了一定的国际竞争力。

在制冷设备领域，大连冰山集团有限公司已有 90 年的发展历史，公司构建了以大连、武汉、常州为支撑的总面积达 150 万平方米的冷热产业基地。经营范围涵盖工业制冷制热、商用冷冻冷藏、空调与环境、核心零部件、工程与服务以及新事业六大事业领域。公司以冷热事业为中心，通过创新汇聚全球资源，推动冷热技术创新发展，成为我国掌握全部冷热核心技术的绿色智能装备制造企业，是中国冷热事业海外市场开拓的先行者。

在机床制造领域，大连市是全国最大的组合机床生产基地，同时也是国家级数控机床产业化和数控功能部件研发制造基地，辖区内有通用技术大连机床、光洋科技集团、山崎马扎克、格劳博机床等众多知名机床企业。

（3）消费品工业。消费品工业是大连工业的重要组成部分，已形成重点产业引领、门类齐全的产业体系。食品加工、生物医药、木业家具、服装纺织四大重点产业发展势头良好，金普新区生物医药产业集群、庄河家具产业集群、庄河农产品深加工产业集群、普兰店服装产业集群等获评省级产业集群。

在食品加工领域，大连市在水产品加工业、肉类屠宰、饲料、大豆加工及果蔬加工业方面具有显著优势。水产品加工品种涉及 8 大类 200 多个品种，远销欧盟、美国等 50 多个国家和地区。“大连海参”“大连鲍鱼”“大连虾片”“大连河豚”等被批准为国家地理标志保护产品，海洋保健食品和休闲食品等产品享誉国内外市场。庄河市和普兰店区先后被评为“中国贝类产业之都”“辽参产业之都”；玉洋集团被评为“中国贝类产业创新示范基地”；鑫玉龙集团被评为“中国辽参产业创新发展基地”。辽渔集团“远洋”品牌旗下拥有冷冻、常温、干制三大系列 200 余种海洋食品，年加工水产品 5 万余吨，是国内唯一一家南极磷虾全产业链条企业。

在生物医药领域，大连医药工业产业规模居于全省第一，拥有辉瑞制药、欧姆龙等国际知名医药企业。辉瑞制药有限公司是美国辉瑞在中国投资兴建的大型现代化制药企业，综合生产能力已居国内领先水平。欧姆龙（大连）有限公司是欧姆龙集团在华投资的独资企业，主要从事电子血压计、电子体温计、吸入器、低频治疗仪等健康医疗器械的研发及生产，是欧姆龙集团在全球最大的生产基地。大连市人用疫苗领域发展迅速，有艾美诚信、雅立峰、科兴 3 家国内知名疫苗企业，艾美诚信的重组乙型肝炎疫苗（汉逊酵母）全国市场占有率 60% 以上，科兴的水痘减毒活疫苗市场占有率达到 20%。高端医疗器械产业潜力巨大，辽宁垠艺生物是中国心脏支架和冠脉药物球囊的技术领跑者，康元医疗科技目前正在研发多个具有自主知识产权的血液净化类产品。医诺生物的速溶支链氨基酸微囊粉、油脂微囊粉、共轭亚油酸、天然类胡萝卜素等系列产品已销往全球 50 多个国家和地区。普瑞康是国内最早从事药用植物细胞培养产业化研究的专业公司和国内植物细胞工程技术领域的领先者，建有国家级珍稀濒危药用植物工程研究平台。

在木业家具领域，大连市拥有家具木业生产企业约 600 多家，主要产品为实木家具（含地板、木门）、软体家具、板式和其他家具，向欧美、日本市场出口占 70% 以上。企业主要集聚在金普新区“木业小镇”，庄河“中国实木家具产业基地”，普兰店“中国橱柜名城”三个区域。

纺织服装领域是大连市传统优势产业之一，产业规模位居东北之首。大连目前拥有纺织服装企业 2000 余家，有国家级纺织服装产业集群两个，分别是中国西装名城、中国家纺流苏名城，产业人才培养和储备深厚。大杨集团有限责任公司年产服装综合生产加工能力 1100 万件/套，年西服出口量 600 万件/套，连续多年全国排名第一，是我国最大的西服出口服装生产加工基地。年服装定制产量 150 万件/套，是全球最大服装定制企业。

（4）电子信息制造业。近年来，大连市电子信息制造业产业规模不断扩大，智能制造作为主攻方向正在兴起。以数字视听与数字家庭产品、信息通信及信息安全设备、新型元器件、应用电子、集成电路为主导的产业链布局初步形成，智能硬件、智能家居、新型线路板、高端储能电池、光电子、半导体材料、半导体设备等新兴领域加速发展，逐步形成了以金普新区元器件产业、高新区数字视听产业为主体的特色产业集群，获批国家新型工业化产业示范基地、国家级辽宁

（大连）数字家庭应用示范产业基地。

英特尔半导体（大连）有限公司是世界最先进的非易失性存储芯片制造基地，是目前中国最大、综合技术水平最高的集成电路生产企业之一，2021 年底英特尔半导体（大连）有限公司被 SK 海力士并购。中国华录集团是我国专业从事数字音视频产业开发、生产、营销、服务及系统集成的大型企业集团，拥有国内最完整的数字音视频产业链，主营业务包括大数据存储、高清音视频设备、精密模具、智能交通、公共安全、智慧城市、智慧环保、云计算与大数据、信息安全、卫星数字发行等。大连辽无二电器有限公司是一个以生产船用导航雷达、示波器、音视频测试设备、电热商品、汽车音响为主，系列船用电源为辅的多品种、多门类产品的电子企业，产品的技术水平、制造水平及质量居国内领先地位。大连阿尔派电子有限公司、大连阿尔卑斯电子有限公司在汽车电子产品领域实力雄厚。

（5）软件和信息服务业。大连是全国第一批 10 个国家软件产业基地之一，6 个国家软件出口基地之一，第一个服务外包基地城市，第一个软件知识产权保护示范城市，获得软件产业国际化示范城市、软件人才国际培训基地和创新型软件产业集群等荣誉称号。同时，大连也是国家三网融合试点城市、智慧城市试点示范城市、信息消费试点示范城市、“宽带中国”示范城市、首批 5G 试点城市。

东软集团（大连）有限公司是国家高新技术企业，在智能网联汽车、智慧城市、智能医疗、云计算与大数据、工业互联网、区块链等方面实力雄厚，2013 年 8 月习近平总书记曾来到公司考察并做重要指示。信华信技术股份有限公司是一家面向全球客户提供领先的产品、服务及解决方案的数字技术服务企业，公司员工超过 1 万人，业务已覆盖中国、日本、欧美等国家和地区，是 IAOP 全球外包百强企业、全国第二大软件出口企业，也是中国自主品牌软件产品收入前十企业。大连文思海辉信息技术有限公司是中国第一家在美国 Nasdaq 上市的软件服务外包企业，总部位于大连。IBM（大连）有限公司目前已经发展成为 IBM 在全球第二大的客户创新中心。大连市还拥有亿达信息技术有限公司、埃森哲信息技术（大连）有限公司、简柏特（大连）有限公司等众多国内外知名企业。

（6）旅游业。大连依山傍海，风景优美，是国际著名滨海度假旅游城市。入选“中国最佳旅游城市”“全国文明城市”和首批“中国旅游休闲旅游示范城市”，也是中国邮轮旅游发展实验区。大连文旅业发展充分发挥海洋旅游的优势，做足最大海洋旅游文章，建设东北亚门户型旅游目的地。

截至 2022 年底，大连市共有旅游星级饭店（宾馆）75 家，旅行社 514 家，国家 A 级旅游景区 57 个。大连金石滩景区是国家级风景名胜区、国家级旅游度假区、国家 AAAAA 级旅游景区、国家级地质公园，2022 年金石滩度假区接待游客数量逆势增长，达到 658 万人次，与 2019 年相比增长 14%。大连老虎滩海洋公园是国家 AAAAA 级旅游景区，拥有世界最大、中国唯一的展示极地海洋动物及极地体验的场馆，亚洲最大以展示珊瑚礁生物群为主的大型海洋生物馆，全国最大的半自然状态的人工鸟笼，全国最大的花岗岩动物石雕，全国最长的大型跨海空中索道，是一处兼具自然与人文景观的旅游胜地。

2. 丹东市

丹东市重点产业包括汽车及汽车零部件产业、仪器仪表产业、农副产品深加工产业、满药及健康产业、防护纺织制品产业和现代服务业等。

汽车及汽车零部件产业是丹东市工业经济中体量规模最大、最具发展优势的产业集群。目前初步形成了以丹东临港产业园区、凤城现代产业园区为核心区，周边城区及东港、前阳、孤山等开发区为辅助区域的分布格局。其中，汽车增压器、半轴、起动机等品牌知名度较高，产品销往全国各地，海外出口至英国、俄罗斯、马来西亚、印度等 40 多个国家，在中东地区已经形成较大的影响力。重点企业有辽宁曙光汽车集团股份有限公司及其旗下的丹东黄海汽车有限责任公司、丹东黄海特种专用车有限责任公司、丹东曙光专用车有限责任公司、辽宁五一八内燃机配件有限公司等。

丹东仪器仪表产业集群以辽宁（丹东）仪器仪表产业基地为核心，形成了自动化控制系统及设备为主，专用仪器仪表、电子电工检测、医疗与科学检测仪器、传感器等为辅的产业体系。基地规划面积 1.3 平方公里，吸引国内外仪器仪表企业集聚丹东，辐射带动丹东地图的电子元器件企业配套发展。重点企业有东方测控、思凯电子、东发集团、华通测控等仪器仪表行业领军企业，其中射线仪器产业已形成一定的产业优势，市场份额占全国 80% 以上。

在农副产品深加工产业领域，丹东市已经形成集产品研发、生产加工、展示交易、农贸云商、电子结算、冷藏配送、技术交流、商务及创新服务等多功能于一体的特色农副产品深加工产业集群。重点发展果蔬、水产、粮油、副食、山货、冻品、饲料等产品，同时结合丹东区位优势，发展博览贸易、转口贸易、现代物流等。

满族医药是我国重要的卫生资源，独具特色。丹东满族医药及健康产业集群主要包括满族药材种植、满药制造、满族保健品加工、满药机械装备四个方面。

拥有丹东药业集团、康辰药业集团、辽宁参仙源参业股份有限公司等企业，推出了骨疏康、复方木鸡颗粒、八珍益母膏、玉竹粉、五加口服液等拳头产品。丹东市被中国民族医药协会授予“中国满药之都”称号。

丹东防护纺织制品被列为省级重点产业集群，初步形成了以高新区为核心基地，以振安区纺织化学品园、振兴区功能纺织面料园、前阳服装成品加工园3个基础园区为辅的发展格局，其中高新区被授予“辽宁省防护纺织制品产业集群名城”。重点企业包括辽宁恒星精细化工集团、丹东优耐特纺织品有限公司等。

在现代服务业领域，丹东全市初步形成了以港口物流为龙头，铁路物流、公路物流、航空物流、跨境物流配套齐全的现代物流产业体系。丹东市的旅游和养老产业发展迅速，现已拥有江海旅游精品、生态休闲旅游精品、赴朝旅游精品、康体养生旅游精品、红色旅游精品等产品体系。

3. 锦州市

近年来，锦州市逐步确立了“6+1+2”产业发展格局，即重点发展石化及精细化工、新能源、冶金及新材料、先进装备制造、生物医药、农副产品精深加工六大产业，重点培育以电子元器件及集成电路为代表的新一代电子信息技术及应用产业，重点谋划临港产业和消费品工业。

在石化及精细化工领域，锦州重点发展有机颜料、钛白粉、石化深加工、润滑油添加剂4个细分领域。有机颜料重点发展有机颜料和染料，包括高色牢度功能性有机颜料、偶氮染料及中间体。在钛白粉领域，锦州是全国氯化法钛白粉重要的生产基地之一，钛白粉产能为12万吨/年。在石化深加工领域，中石油锦州石化公司拥有亚洲最大异丙醇、国内首套油系针状焦等生产装置。在润滑油添加剂领域，锦州是我国最早的润滑油添加剂生产基地，康泰润滑油年产5万吨润滑油添加剂项目即将投产。

在新能源领域，锦州重点发展光伏、风电、氢能源3个细分领域。光伏领域中，锦州单晶硅棒、单晶硅片产量居国内前5名，组件产量位于国内第11名，IBC电池FPC铜箔封装技术处于世界的领先水平，光伏产业在全国同行业中具有较强竞争力。风电领域中，锦州在风电装备及关键零部件制造方面具有较强实力。在氢能源领域中，锦州积极推进海水制氢示范、“绿氢”试点示范和氢产业基础设施建设，谋划建设制氢、氢存储、氢运输、加氢站、氢燃料电池“五位一体”的氢能产业示范园。

在新材料领域，锦州重点发展钛、钼、铬三大系列金属新材料，锆、钒、单晶铜等特种金属，以及半导体新材料等。锦州市是国内闻名的海绵钛生产基地，海绵钛产能占全国近 30%，钼铁产能约占全国 50%，金属铬产量约占全国产能的 60% 以上。在特种金属领域，锦州市工业级金属锆产能约占全国 57%，锆产业链向军工、航空航天、核能等高端行业延伸。五氧化二钒产能约占全国 12%，钒产业链向高纯金属和特种合金方向伸展。在半导体新材料领域，锦州市电子级半导体产品在国际市场占有率约 15%，产品质量核心指标达到国际先进水平，大口径硅棒位列全国第一，5G 陶瓷滤波器国内技术领先。

在先进装备制造领域，重点发展汽车零部件、输配电装备、冶炼装备、包装装备、化工装备 5 个细分领域。锦州市具备发电机、起动机、减振器、安全气囊、汽车悬架、内燃机密封垫、汽车植绒、内饰件等 30 余类近两百个品种；万得集团在全国汽车零部件企业位居全国前列排名 56 位，汉拿电机、锦恒气囊、万友机械、希尔达等企业具备较强实力，产品产量位居全国领先地位。输配电装备具有高低压开关柜、变压器、整流器、电感器和电力系统安全、节能装置、真空开关管等相对丰富的产品类型。冶炼装备拥有大型精炼及熔分电炉等埋弧矿热电炉等冶金装备、真空热处理炉真空装备。包装装备方面，药品包装装备类型齐全，占有较强市场地位，包装业务已拓展到乳品包装。化工装备方面，在离心式压缩机、工业汽轮机及辅助设备等石油化工设备的研发生产中具有一定核心技术优势。

在生物医药领域，锦州构建“4 + N”发展体系，重点发展生物药和化学药、化学原料药、中药、医疗器械 4 个细分领域和围绕大健康产业的“N”个领域。现有在产 1 类创新药 1 个及在研 1 类创新药 3 个，拥有小牛血清去蛋白注射液等一批国内领导品牌。

在农副产品精深加工领域，重点发展花生加工、海参加工、畜禽产品加工 3 个细分领域。依托义县小粒花生优势特色产业集群，在全市发展花生加工业，依托凌海海参产量、质量优势，发展海参加工业，依托生猪、肉鸡生产规模优势，发展畜禽产品加工。

锦州市重点培育新一代电子信息技术及应用产业，重点发展电子元器件领域。超级电容器在国内领域占龙头地位，军用分立器件配套在全国位列前四，“点火电路”系列产品的性能在国内同类军工配套厂中排名前五，晶闸管模块、组件生产线具备独家产品的技术优势。

锦州市围绕东北陆海新通道建设，重点发展石油储运、丙烷、粮食集疏运及深加工。借助锦州大有经济开发区的土地资源以及锦州港的区位优势，建设含锦州港原油罐区、大有能源基地原油罐区的北方能源基地项目及锦州—大有—盘锦输油管道工程项目。锦国投（锦州）石油化工丙烷脱氢及燃料油脱硫项目的主要产品丙烯，生产能力可居国内领先行列。在粮食集疏运及深加工领域，锦州港是《国家粮食安全中长期规划纲要》中重要粮食物流枢纽节点之一，是辽西地区唯一具备进口粮食指定口岸资质的港口。

4. 营口市

营口产业基础雄厚，曾经是辽宁轻纺工业基地，纺织、印染能力居全省前列，烟、盐、纸等轻工产品行销全国。经过多年的积蓄与发展，以冶金、石化、装备制造、镁质材料、纺织服装、新型建材等产业为主导的工业体系已初具规模，汽保、乐器两大特色产业在国内外享有盛誉，营口是“中国汽车保修检测设备的摇篮”和“中国汽车保修检测设备生产基地”。

在冶金领域，重点发展钢铁及深加工和铝产业。钢铁及深加工是营口的支柱产业，重点产品有宽厚板、中厚板、热轧卷板、线材等，主要企业有鞍钢股份有限公司鲅鱼圈钢铁分公司、五矿营口中板有限责任公司、营口钢铁有限公司等。铝主要产品有电解铝（原铝）、高精铝制品、铝合金挤压型材、铝塑复合型材、中厚板、薄板和泡沫铝等，主要企业有营口忠旺、托田铝业、鑫钰铝业、辽河铝材、东林集团等企业。

在石油化工领域，营口重点发展聚丙烯催化剂和聚乙烯催化剂以及丙烯腈催化剂、专用添加剂等产品，目前产业链正在积极向上下游拓展。主要企业有辽宁向阳科化集团、辽宁鼎际得石化股份有限公司等。

在装备制造领域，主要有大型透平压缩机组、输变电设备、专用改装车、太阳能电池自动化生产线、专用机床、汽车零部件、汽车保修检测设备、安全智能装备、节能锅炉和起重设备等领域。在地理上主要分布在老边区、自贸区营口片区、产业基地和鲅鱼圈区。早在20世纪60年代，营口就出现了中国最早的汽保产品，全国第一台汽车保修检测设备汽车万能试验台、第一台轮胎动平衡仪、第一套前轮定位仪、第一台四轮定位仪等都发源于营口。

镁质材料产业是营口市的传统优势产业，营口大石桥被国内外誉为“中国镁都”。目前全市共有各类涉镁企业600余家，其中规上企业202家，从业人员7万余人，其中工程技术人员近3000人，技术工人万人以上。镁质材料行业主要分为镁质耐火、镁质化工、镁质建材、镁合金材料，以镁质耐火材料为主，产品覆盖60%的国内市场和40%的国际市场。

营口是全国四大乐器生产基地之一，新中国建立之初，营口就已经开始发展乐器产业，中国第一架音乐会演奏钢琴诞生在营口。全市现有乐器制造及配件生产企业有 50 余户。其中钢琴制造企业有 11 户，提琴生产企业有十余户，乐器配套件生产企业有二十余户，其中琴凳产能 20 万个，居国内前三位。

5. 盘锦市

盘锦市重点发展石化及精细化工、特色装备制造、粮食储运及精深加工、光学电子等产业。

石化及精细化工产业是盘锦市的优势产业、主导产业。目前，我市已经形成了乙烯、丙烯、碳四和芳烃四大化工全产业链布局，规模以上石化及精细化工企业营业收入占全省近 1/4，成为我省建设世界级石化和精细化工产业基地的“两极”之一。辽河油田是以石油、天然气勘探开发为主、油气深加工等多元开发为辅的大型联合企业，曾是中国第三大油田，在全国 500 家最大企业中位居前列。原油年开采能力 1000 万吨以上，天然气年开采能力 8 亿立方米。2023 年 3 月，中国、沙特两国合作共建的精细化工及原料工程项目开工仪式在辽宁盘锦举行，项目总投资 837 亿元，主要建设 1500 万吨/年炼油和乙烯等 32 套工艺装置，预计于 2025 年竣工，投产后可实现年销售收入超千亿元。

特色装备制造主要面向石油领域，盘锦石油装备制造产业示范基地位于盘锦高新技术产业开发区。目前基地集聚了长城钻探辽河分公司、天意石油、派普钻具等 160 余家石油装备制造和油田工程技术服务企业，重点发展石油天然气装备产业，在钻井完井装备、开采集输装备、天然气综合利用装备、石油环保设备、海洋钻井平台、油气工程技术服务等方面具有较强的竞争优势，产品及服务已覆盖世界油气主要生产地区。主要产品有钻机、顶驱、钻铤、钻杆等产品具有自主知识产权，全自动液压钻机、低温顶驱、随钻测井仪、自升式钻井平台、不压井作业装置、智能带压作业装置、油井井口称重式智能计量器等。

盘锦大米是中国国家地理标志产品，入选首批中欧地理标志协定保护名单。目前盘锦市已初步形成仓储物流、初加工、精深加工、综合利用四个产业层级。粮食仓储物流产业，依托中储粮盘锦储备基地承接“北粮南运”及进口粮食转运任务，港区粮食年中转量达到 700 万吨。粮食初加工产业，依托全市 150 余家稻米、大豆、玉米加工企业，粮食年加工量超过 400 万吨。粮食精深加工产业，依托益海嘉里、恒际生物、和田食品等企业，加速与江南大学、大连理工大学等院校合作研发及成果转化进程，以稻壳、碎米、米糠等副产物为原料，生产稻米油、谷维素、天然阿魏酸等高附加值产品。粮食综合利用产业，依托鑫海源，以固废油料、皂脚为原料生产抗磨剂等产品，实现了脚料的循环利用，粮食产业集群发展态势已初步形成。

光学电子产业是盘锦市的战略性新兴产业。2023 年 7 月，盘锦光学电子产业基地辽宁中蓝电子科技有限公司一期工程全面建成达产。中蓝电子主要生产手机摄像头的两大核心部件，其中马达年出货量位列国内第一，镜头年出货量位列国内第三。盘锦一期工程预计将形成“5 亿颗马达 +5 亿颗镜头”的生产规模，预计可实现营业收入 50 亿元。

6. 葫芦岛市

近年来，葫芦岛市加快建设现代工业体系，巩固提升石油化工、有色冶金、装备制造、能源电力四大支柱产业优势，发展壮大新能源、新材料、精细化工、现代农业、文旅康养、泳装服饰、商贸物流、核关联八大特色产业，构建“4 + 8”现代产业格局。

在石油化工领域，化工园区主要分布在葫芦岛经济开发区、葫芦岛高新技术产业开发区、葫芦岛打渔山经济开发区。中国石油天然气集团公司锦西石化分公司是葫芦岛市石油化工领域重点企业，位列 2023 年辽宁百强企业第 5 位。葫芦岛市重点发展烯烃、芳烃、芳纶、聚醚、液氯、精细化工及化工新材料。烯烃领域发展主要高端聚烯烃、环氧丙烷深加工；芳烃领域依托 100 万吨/年连续重整芳烃联合装置，发展芳烃下游产品；芳纶领域依托苯二胺项目，发展 PTA—聚酯及下游深加工；聚醚领域以聚醚、TDI 等为原料，发展汽车座椅、床垫等发泡产业及冰箱、冷链物流等保温隔热产品。液氯领域以液氯为原料，发展固体光气、环氧氯丙烷及农药、医药类含氯化合物等产品。

在有色冶金产业领域，重点发展铜、钼先进有色金属材料。葫芦岛市不断提升有色产业规模，推进有色产业园建设。依托锌、铜等资源优势，延伸锌、铜等产业链条，面向国防、LED、核能、航空航天、生物医学等新兴领域需求，积极发展轻质高强度铝合金和铜铝合金、铅锌合金、钼合金等新型高性能合金材料，培育壮大有色金属精深加工集群。中冶葫芦岛有色金属集团有限公司是东北唯一一家集有色金属冶炼和化工产品生产于一体，并综合回收其他有价金属的国家特大型冶炼企业。

在高端装备制造领域，重点发展海工装备、风电装备和氢能装备。葫芦岛积极打造高端船舶、海洋工程装备产业集聚区，推动船舶工业由大向强迈进。

在能源电力领域。葫芦岛优化能源供给结构，推进中船风电、大唐风电等项目建设。加快发展风电和光伏发电，积极推进辽能风电光伏、国网新能源等项目建设。同时安全有序发展核电，积极推进辽宁核电二期、一期建设。

泳装是葫芦岛市特色产业，兴城市是我国三大泳装基地之一，被誉为“中国泳装名城”。兴城市现有 3 个泳装产业园区、1659 家泳装生产企业，其中规模以上企业 14 家，带动本地 8 万余人就业。目前，兴城泳装产业链配套齐全，拥有面料企业 3 家、里料企业近 20 家、本地染厂 3 家、辅料生产企业上百家，整个泳装产业链合计从业人员近 10 万人。兴城泳装年产量达 1.7 亿件（套），占国际市场份额的 25%，占国内市场份额的 40%，占网上泳装销售量的 80%，产品出口交易额达 1.2 亿美元。

（四）对外开放

辽宁沿海经济带是东北地区对外开放的前沿，拥有众多一类口岸和二类口岸。早在 1984 年，大连就被列为首批沿海开放城市，是东北对外开放的龙头。中国（辽宁）自由贸易试验区的设立、《区域全面经济伙伴关系协定》（RCEP）的签署等都为辽宁沿海经济带带来了前所未有的新机遇。近年来辽宁沿海经济带城市进口额、出口额、实际利用外资额分别见表 1－5、表 1－6、表 1－7。

表 1－5　　2016～2021 年辽宁沿海经济带城市进口额　　单位：万美元

城市	2016 年	2017 年	2018 年	2019 年	2020 年	2021 年
大连	2750637	3563022	4315337	3511575	3143440	3584573
丹东	148389	103187	32581	31750	26421	32662
锦州	97093	144334	266624	274603	150390	69153
营口	165864	232771	270623	364575	410991	411742
盘锦	182218	128968	224633	278636	276241	467121
葫芦岛	22907	72069	69183	47447	40953	25883
合计	3367108	4244351	5178981	4508586	4048436	4591134
占全省比重	77.48	77.81	78.91	75.37	72.13	67.29

资料来源：《辽宁统计年鉴 2022》。

表 1-6　　2016~2021 年辽宁沿海经济带城市出口额　　单位：万美元

城市	2016 年	2017 年	2018 年	2019 年	2020 年	2021 年
大连	2485825	2615965	2906510	2816759	2416638	2987896
丹东	249400	237435	192723	191847	143386	162382
锦州	103508	99456	86012	66892	55370	129971
营口	374850	317768	381640	322076	269092	415323
盘锦	32981	31644	31066	30747	19198	30842
葫芦岛	50640	77301	55838	95917	101058	65727
合计	3297204	3379569	3653789	3524238	3004742	3792141
占全省比重	76.56	75.31	74.88	77.56	78.39	73.99

资料来源：《辽宁统计年鉴 2022》。

表 1-7　2016~2021 年辽宁沿海经济带城市实际利用外资额　单位：万美元

城市	2016 年	2017 年	2018 年	2019 年	2020 年	2021 年
大连	169877	324870	267846	86988	64790	168431
丹东	575	15363	1369	3527	789	782
锦州	2142	13034	5815	6411	1934	593
营口	2414	12038	14646	13974	3608	4152
盘锦	18501	19744	25922	2057	51252	48191
葫芦岛	322	3885	3371	2895	1229	1040
合计	193831	388934	318969	115852	123602	223189
占全省比重	64.63	72.90	65.15	34.86	49.14	69.81

资料来源：《辽宁统计年鉴 2022》。

近年来，沿海六市在对外开放领域都取得了显著成效。大连市大力推进中国（辽宁）自由贸易试验区大连片区建设，率先全面完成《辽宁自贸试验区总体方案》确定的 119 项改革试点任务，多项创新成果在全国推广，RCEP（大连）国际商务区已建成启动。大连港是国际枢纽海港，与世界 160 多个国家和地区的 300 多个港口建立海上经贸航运往来，海铁联运箱量位居全国沿海港口前列。大连港目前拥有集装箱航线 103 条，包含外贸航线 93 条，内贸航线13条。外贸航线中，澳洲线1条、东南亚线24条、日本线16条、韩国线20条，基本覆盖RCEP国家的主要港口。2022年，大连市高质量共建“一带一路”，对沿线国家进出口总额占全市的44.4%，东北海陆大通道、“北粮南运”通道建设顺利推进，发行中欧班列增长26.4%，粮食吞吐量增长29.2%，过境商品车增长121%。

丹东市是中国最大的边境城市，是全国区域性物流节点城市和陆上边境口岸型物流枢纽城市。近年来，扎实推进开放设施、开放平台建设，丹东机场改扩建顺利完成，持续推进新鸭绿江公路大桥口岸建设，启动大东港疏港铁路项目可研编制，完成大东港区8个泊位改扩建工程前期手续审批工作，与蒙古国木伦市、韩国首尔市衿川区缔结了友好合作关系。丹东市被列为全国首批边民互市贸易进口商品落地加工试点地区，边民互市贸易进口来源地扩大到东北亚五国，新设5个互市贸易点，进口韩国互市贸易商品完成首单试通关。

锦州积极推进东北陆海新通道建设，打造“桥头堡”，发起成立“东北陆海新通道建设沿线地方政府协作联盟”，全力推进经珠恩嘎达布其口岸通过公铁多式联运方式畅通中蒙俄三国的物流大通道。2019年12月，锦州港保税物流中心（B型）获批建设，2021年1月通过验收并封关运营。2020年6月，锦州—海南（洋浦）内外贸同船首航成功。2021年5月，锦州港开通了经满洲里至俄罗斯的“中欧班列”。2021年9月，锦州港至俄罗斯东方港的外贸集装箱直航航线开通，这是建港以来第一条外贸直航航线。2022年锦州市积极申报创建国家物流枢纽承载城市，中国兵器集团辽宁石化锦州基地长输管线、威涛国际公路港物流三期、太和辽西物流港、凌海大参林医药产业物流基地、义县张家堡花生交易中心等项目取得重大进展。锦州港多式联运示范工程成功入选国家第四批多式联运示范工程创建项目公示名单。

营口市融入“一带一路”建设步伐加快，积极推进中国（辽宁）自由贸易试验区营口片区、辽宁与中东欧“17+1”经贸合作示范区先行区建设，与“一带一路”沿线国家进出口贸易额占全市比重超过30%，已经成为“一带一路”向北开放的重要节点城市。营口市入选首批国家物流枢纽建设城市，营口经济技术开发区获批国家进口贸易促进创新示范区，营口自贸区跨境电商产业园、营口外贸（跨境）综合服务产业园获批省重点培育跨境电商产业园区。营口港拥有东南亚航线、日本关东航线、韩国釜山航线、韩国仁川航线（国际客货班轮航线）等外贸直航航线。“十三五”期间，货物进出口总额稳居全省第3位，全市实际利用外资完成4.7亿美元，全市备案对外直接投资企业53家，协议投资总额 10.71 亿美元。

盘锦市被纳入辽宁深度融入共建“一带一路”建设开放合作新高地综试区的核心引领区，兵器集团精细化工及原料工程项目、中蒙产业园、阜盘铁路等 7 个项目和工作纳入省共建“一带一路”重点项目，成为“辽满欧”“辽蒙欧”“辽新欧”等国际大通道建设的重要支点。2023 年 3 月，中国北方工业集团所属华锦集团、沙特阿美公司与盘锦鑫诚集团三方共同出资，由华锦阿美石油化工有限公司建设的精细化工及原料工程项目开工建设，该项目总投资额 837 亿元，是中沙两国元首共同见证和推动的重大合作项目，被纳入第二届“一带一路”国际合作高峰论坛成果清单，是贯彻落实东北振兴战略、落实“一带一路”倡议、推进中国和沙特两国全面战略合作的标志性项目。

葫芦岛市积极参与“一带一路”建设，不断开拓日韩、东南亚、中东欧市场，主动融入京津冀协同发展，深度推进对口合作，利用外资、引进内资、进出口总额逐年增长，港口吞吐量实现翻一番，经济外向度显著提升。2022 年 1 月，国务院批复同意葫芦岛港口岸扩大开放绥中港区，标志着葫芦岛港口岸将成为“双港区”口岸。法国圣戈班、德国西门子等世界 500 强企业相继落户葫芦岛，兴城泳装出口基地被评为国家外贸转型升级基地，绥中县海产品基地被评为省级外贸转型升级基地。葫芦岛产品遍布 103 个国家和地区，更广领域的对外开放格局正在加快形成。

2023 年 7 月 20 日，辽宁省在沈阳市召开全省对外开放大会。辽宁省委书记、省人大常委会主任郝鹏在讲话中指出：习近平总书记强调东北地区要打造对外开放新前沿，这是赋予东北、辽宁的重大使命，也是推动振兴发展的重大机遇。我们要深入学习贯彻习近平总书记关于对外开放的重要论述，切实增强打造对外开放新前沿的使命感责任感紧迫感。

要聚焦重点、强化举措，全力打造对外开放新前沿，努力把我省建设成为深度融入共建“一带一路”高质量发展的重要节点、国家向东向北开放的重要战略支撑、东北亚区域合作的中心枢纽，让辽宁重新迈进沿海开放强省大省行列。

要以高站位优化开放布局带动新前沿建设，大连要加快打造集聚全球高端要素，引领辽宁、东北对外开放的龙头；沈阳要加快建设成为具有国际影响力、引领沈阳现代化都市圈对外开放的中心城市；沈阳、辽阳、鞍山、营口、大连一线五市要加强沿线协同联动，形成优势互补、陆海联动、内外互济的沈大开放轴；坚持以沿海经济带开发开放为重点，发挥黄海、渤海两翼特色和口岸优势，发展产城融合的临港产业，做大做强海洋经济，带动辽宁全域开放、全面开放。

要以高标准打造开放环境保障新前沿建设，加快出台完善优化营商环境各类政策措施，持续推动营商环境迭代升级，稳步扩大制度型开放，健全引才用才制度，吸引更多国际化人才，大幅提升公共服务水平，建设国际化社区。

要以高质量发展开放型经济拓展新前沿建设，积极推动外贸扩规模优结构，积极推进与“一带一路”沿线国家和 RCEP 成员国等国家的产业合作、人文交流，加大力度吸引外商投资，全力以赴精准招商，不断提升我省经济外向度。

要以高起点建设开放通道促进新前沿建设，努力打造东北海陆大通道，高水平建设沈阳、大连、营口国家物流枢纽，提升沿海港口枢纽能力，高标准规划实施一批高速公路、铁路、港口、机场等交通基础设施建设项目，大力发展以通道为载体的物流经济，把辽宁打造成陆上丝绸之路与海上丝绸之路的重要连接点，让辽宁从“一隅”走向“前沿”。

要以高水平提升开放平台能级支撑新前沿建设，着力打造一批工业总产值超千亿的经济技术开发区，加快中德（沈阳）高端装备制造产业园、中日（大连）地方发展合作示范区等重点合作园区建设，深入实施自贸试验区提升战略，进一步提高自贸试验区发展质量和水平，擦亮“辽洽会”品牌，发挥好夏季达沃斯论坛、中国国际装备制造业博览会、全球工业互联网大会等平台作用，不断做大做强会展经济。

2023 年 6 月，《辽宁省人民政府办公厅关于在辽宁全面振兴新突破三年行动中进一步提升对外开放水平的实施意见》正式公布，提出了四个方面 15 项主要任务。一是深度融入国家对外开放战略。打造东北亚经贸合作中心枢纽，深度融入共建“一带一路”，服务构建“双循环”新发展格局。二是全面推动“一圈一带两区”开放发展。推进沈阳都市圈高水平协同开放，推进以大连为龙头的辽宁沿海经济带扩大开放，推进辽西融入京津冀协同发展战略先导区和辽东绿色经济区开发开放。三是高质量拓展开放领域。扩大制造业对外开放，推进农业开放发展，加强科技开放合作，推动服务业对外开放，深化人文领域交流合作。四是统筹贸易、投资、通道、平台建设。着力推动外贸稳规模优结构，全面提升吸引和利用外资水平，高水平建设东北海陆大通道，推动各类开放平台提质增效。

文件要求，辽宁沿海经济带要加强大连与上海对口开放合作，发挥大连贸易龙头地位优势，加快建设大连现代海洋强市，打造东北亚国际航运中心、国际物流中心、区域性金融中心。协同联动沿海六市开放发展，围绕黄海、渤海两翼特色和口岸优势，做大做强海洋经济、临港经济，打造引领东北开放合作的新高地。加强辽宁自贸试验区大连片区、营口片区制度创新，加快大连太平湾合作创新区建设，积极探索中日韩经贸合作新模式。

（五）科技创新

辽宁沿海经济带科技创新资源丰富，各类平台数量众多，拥有国家级高新区3个、省级高新区6个，企业创新氛围浓厚，重大科技创新成果和重大装备产品不断涌现，在历届国家科学技术奖励中均有多项斩获。

大连市科技创新基础雄厚，拥有大连理工大学、大连海事大学、东北财经大学、大连医科大学等30所高等院校，中科院大连化物所等14个科研院所，国家级科技创新平台110家，市级以上科技创新平台549家，科技孵化载体110家，中试基地12家，两院院士32人，各类高层次人才7500余人。拥有能源催化转化全国重点实验室、高性能精密制造全国重点实验室、精细化工国家重点实验室、海岸和近海工程国家重点实验室。国产首艘航母、30万吨超大智能原油船等大国重器均在大连问世。

丹东市围绕电子信息、新材料、仪器仪表、生物医药等重点领域，建设省级以上创新平台46个，其中，省级重点实验室5个、省级专业技术创新中心41个；拥有国家级科技企业孵化器1家、省级1家；国家级众创空间2家，省、市级12家；建设国家级星创天地4个、省级4个。

锦州市科教资源丰富，拥有渤海大学、辽宁工业大学、锦州医科大学等9所高等院校。截至2022年底，已建成省级科技创新平台67家，总量位居全省第三位。其中，省重点实验室25家、省产业专业技术创新中心40家、省临床医学研究中心2家；依托驻锦高校组建的35家，依托企业组建的32家。全市国家科技型中小企业注册数达923家，有效高新技术企业达到205家，省雏鹰瞪羚企业达到104家，各类科技型企业数量均居辽西区域首位。

营口市2022年全年新增注册登记科技型中小企业433户，培育新增高新技术企业60户、雏鹰瞪羚企业44户，增量居全省第3位。2022年1月，科技部发文支持25个新一批城市开展国家创新型城市建设，营口市为东北地区唯一入围城市。

盘锦市截至2022年，拥有省级专业技术创新中心26家，市级企业工程技术研究中心183家、科技型中小企业352家、高新技术企业183家，创新平台建设发展态势良好。盘锦市与大连理工大学合作共建大连理工大学盘锦校区。盘锦高新区在辽宁省省级高新区高质量发展绩效评价中位列第一。

葫芦岛市 2022 年新注册科技型中小企业 41 家，新获批雏鹰企业 24 家，新获批瞪羚企业 4 家，新认定高新技术企业 40 家，获批省级产学研联盟 11 个，引进高层次人才 10 人，获批科技部外国专家项目 3 个、省级专业技术创新中心 1 个，各类平台能够为葫芦岛市经济社会发展提供强力支撑。

2009 ~ 2021 年辽宁全省及沿海六市 R&D 经费支出占 GDP 比重见表 1 – 8。

表 1 – 8　　2009 ~ 2021 年全省及沿海六市 R&D 经费支出占 GDP 比重

单位：%

年份	辽宁全省	大连	丹东	锦州	营口	盘锦	葫芦岛
2009	1.8	1.8	0.7	1.5	0.9	1.4	0.5
2010	2.1	2.2	0.6	1.5	1.3	2.1	0.3
2011	2.2	2.4	1.2	1.1	1.3	1.9	0.2
2012	2.2	2.3	0.7	1.8	1.3	2.1	0.2
2013	2.3	2.5	1.0	1.7	1.7	1.6	1.1
2014	2.2	2.6	0.5	1.5	1.7	1.9	0.5
2015	1.8	2.3	0.4	1.2	1.5	1.4	0.2
2016	1.8	2.4	0.6	1.4	0.9	1.5	0.3
2017	2.0	2.7	0.6	1.4	1.3	2.2	1.0
2018	2.0	2.6	0.5	1.2	1.5	2.8	1.0
2019	2.0	2.9	0.5	1.1	1.6	2.8	0.6
2020	2.2	3.0	0.6	1.1	1.9	2.7	0.7
2021	2.2	3.0	0.6	1.2	1.8	2.7	0.6

资料来源：调研资料（2022 年数据尚未全部公布）。

表 1 – 8 显示，在沿海六市中，大连市 R&D 经费支出占 GDP 比重近年来显著提升，已连续多年远高于辽宁全省平均水平。盘锦市自 2017 年以来快速增长，也高于全省平均水平。营口市略低于与全省平均水平，锦州市约为全省平均水平的一半，丹东市和葫芦岛市相对较低。后四个城市仍有很大的提升空间。

（六）基础设施

近年来，辽宁沿海经济带基础设施建设不断提速，港口、公路、铁路、机场日臻完善，交通体系日益便利，通道经济、枢纽经济加速发展。

1. 港口

港口是辽宁沿海经济带的核心资源，是引领辽宁全面振兴的重要支撑。辽宁沿海六市均拥有港口，大连港货物吞吐量一度位居世界前十，营口港曾是中国第八、世界第十二大港口，锦州港为亿吨大港，丹东港、盘锦港、葫芦岛港建设步伐不断加快。

为促进港口健康发展，辽宁省委、省政府早在2006年就开始启动港口整合，并取得了部分进展，但此后省内主要港口之间仍未建立有效的合作机制，在个别地区、个别货种仍存在过度竞争和产能过剩现象。2017年全国“两会”期间，习近平总书记在参加辽宁代表团审议时发表重要讲话，明确提出“三个推进”的要求，为辽宁振兴发展指明了方向，也为辽宁港口整合提供了根本遵循。会后，辽宁省委、省政府与招商局集团初步确立了双方共同开展辽宁港口整合工作的合作意向，签署了《港口合作框架协议》。

2019年1月4日，经过全省上下的共同努力，辽宁港口集团正式挂牌成立，标志着大连港、营口港、盘锦港率先完成整合；同年，锦州港股份有限公司、葫芦岛港集团分别与辽宁港口集团签署有关合作协议，初步达成一体化经营共识；2020年底，丹东港破产重整顺利完成。辽港集团是招商局集团港口板块的北方母港，港口分布大连、营口、丹东、盘锦、绥中5个区域，运营现代化专业生产泊位217个，其中万吨级以上泊位174个，45万吨级原油码头、40万吨矿石码头、20万吨级集装箱码头、7万吨级汽车滚装码头世界领先，货物吞吐量居全球前十位。辽港集团积极发挥“桥头堡”的区位优势，在吸引日韩货物集聚大连的同时，将欧洲至日韩的货物通过大连集散。2020年，打通东北地区连接日韩与欧洲的商品车陆海新通道。与俄铁合作建设别雷拉斯特物流中心，实现了对俄罗斯远东、欧洲腹地主要港口的全覆盖。

2009～2022年，辽宁省各港口货物吞吐量、集装箱吞吐量分别见表1－9、表1－10。

表 1－9　　2009～2022 年辽宁省各港口货物吞吐量　　单位：万吨

年份	辽宁全省	大连港	营口港	丹东港	锦州港	盘锦港	葫芦岛港
2009	55260	27207	17603	4096	5259	243	852
2010	67790	31399	22579	5343	6008	331	2129
2011	78343	33691	26085	7636	7582	613	2736
2012	88502	37426	30107	9606	7355	1756	2252
2013	98354	40746	32013	12019	8533	2997	2045
2014	103658	42337	33073	13758	9520	3128	1842
2015	104859	41482	33849	15022	9192	3444	1870
2016	109081	43660	35217	15803	8949	2994	2457
2017	112558	45517	36267	14221	10511	3448	2594
2018	112176	46784	37001	10066	10960	4091	3274
2019	86124	36641	23818	5669	11340	4756	3899
2020	82004	33401	23821	4418	10641	5750	3974
2021	78768	31553	22997	4161	10384	5592	4081
2022	74438	31000	21118	3381	10050	4641	4248

资料来源：政府部门统计资料。

表 1－10　　2009～2022 年辽宁省各港口集装箱吞吐量　　单位：万 TEU

年份	辽宁全省	大连港	营口港	丹东港	锦州港	盘锦港	葫芦岛港
2009	811. 24	457. 65	253. 73	26. 02	73. 84	0. 00	0. 00
2010	967. 55	526. 25	333. 84	31. 97	75. 48	0. 00	0. 00
2011	1200. 30	640. 03	403. 30	70. 87	83. 91	2. 20	0. 00
2012	1513. 40	806. 40	485. 10	125. 00	86. 90	10. 00	0. 00
2013	1798. 19	1001. 49	530. 13	150. 84	95. 94	19. 80	0. 00
2014	1859. 58	1013. 23	561. 16	167. 24	87. 86	30. 10	0. 00
2015	1838. 04	944. 86	592. 25	182. 95	81. 89	35. 10	1. 00
2016	1879. 77	958. 30	608. 73	191. 91	82. 50	38. 10	0. 22
2017	1949. 79	970. 74	627. 76	186. 34	121. 77	41. 70	1. 50

续表

年份	辽宁全省	大连港	营口港	丹东港	锦州港	盘锦港	葫芦岛港
2018	1926.49	976.74	648.74	90.81	162.14	43.00	5.10
2019	1689.31	875.81	547.79	39.88	187.87	31.80	6.10
2020	1310.77	510.98	564.87	21.03	164.27	39.60	10.00
2021	1134.90	367.20	520.70	20.20	183.20	43.20	0.40
2022	1195.10	445.90	499.50	18.60	187.60	44.00	0.00

资料来源：政府部门统计资料。

表 1－9 和表 1－10 显示，从 2009～2018 年，辽宁沿海经济带货物吞吐量和集装箱吞吐量基本呈现上升趋势，2019～2022 年货物吞吐量和集装箱吞吐量呈现下降趋势，目前已开始有所回升。

大连港、营口港、丹东港、锦州港 2009～2021 年码头泊位个数见表 1－11。

表 1－11　2009～2021 年大连港、营口港、丹东港、锦州港码头泊位数

单位：个

年份	大连港	营口港	丹东港	锦州港
2009	196	55	27	18
2010	225	68	33	21
2011	223	76	40	21
2012	231	82	38	21
2013	217	76	45	23
2014	217	80	47	23
2015	247	90	42	24
2016	222	86	42	23
2017	223	86	42	23
2018	223	86	42	23
2019	223	86	42	23
2020	231	86	42	23
2021	229	85	42	25

资料来源：《辽宁统计年鉴 2022》（年鉴中未包含葫芦岛港和盘锦港数据）。

表 1 - 11 显示，近年来四个港口的泊位数相对稳定，其中大连港的泊位数遥遥领先，营口港次之，丹东港和锦州港相对较少。

按照《辽宁沿海经济带高质量发展规划》，大连港将加快推进太平湾港区泊位和航道、普湾港区公共航道等工程，长山群岛陆岛交通项目。丹东港将加快推进矿石、散杂货、粮食、客滚及通用泊位改扩建等重点项目。锦州港将加快推进30 万吨航道改扩建、油品码头、散货泊位等工程，龙栖湾港区 3 万吨级航道、通用泊位工程，疏港铁路扩能改造、公路连线工程。营口港将加快推进仙人岛港区 LNG 接收站配套码头工程、鲅鱼圈港区钢杂泊位改造一期工程、仙人岛港区2#、3#油品及液体化工品泊位改扩建工程、仙人岛港区 2#30 万吨原油码头工程、仙人岛疏港铁路和高速公路、鲅鱼圈疏港高速公路等。盘锦港加快推进荣兴港区西作业区 334#液体化工泊位及 335#、336#油品及液体化工泊位工程。葫芦岛港加快推进柳条沟港区 10 万吨级航道扩建、兴城陆岛交通（陆侧）客滚码头改建、柳条沟港区西防波堤加长、北港港区航道等项目。

2021 年 2 月，中共中央、国务院印发了《国家综合立体交通网规划纲要》，大连市被确定为国际性综合交通枢纽城市，大连港被确定为 11 个国际枢纽海港之一，并推进大连东北亚国际航运中心建设，进一步确立了大连在国家综合立体交通网及国际和国内物流业发展中的地位与作用。2021 年 12 月，大连市发布了《大连市东北亚国际物流中心发展“十四五”规划》，提出的发展目标是，围绕“质量变革、效率变革、动力变革”的新发展理念，秉承“更高质量、更有效率、更加公平、更可持续、更为安全”的发展规律，对标釜山、新加坡、上海、深圳等国内外先进城市，构建“链接日韩、辐射东南亚、贯通欧亚”的东北亚国际物流中心、“一带一路”国际物流枢纽、亚太对流枢纽。到 2025 年，基本建成以港航物流为龙头的现代物流服务体系，物流规模持续扩大，产业结构明显优化，服务水平显著提高，物流信息化水平提升，能源利用效率有效提升，综合成本明显下降，物流业和制造业、商贸业、金融业等相关产业联动作用显著，初步确立东北亚国际物流中心的核心地位。到 2035 年，将大连建成具国际影响力和竞争力的国际物流枢纽之一。

2. 公路、铁路和机场

辽宁沿海经济带公路运输、铁路运输、航空运输发展迅速，集疏运体系十分便利。

公路方面，G1 京哈高速、G11 鹤大高速、G15 沈海高速、G16 丹锡高速等多条高速公路和国道、省道穿境而过，全长1443公里的滨海公路全线贯通。目前，京哈高速公路绥中（冀辽界）至盘锦段改扩建工程正在加快推进。

铁路方面，哈大、盘营、沈丹高铁及丹大铁路、锦赤铁路已建成通车。目前，辽宁沿海经济带正在推进重点港区进港铁路项目，大力发展公海铁多式联运。积极加强珠恩嘎达布其口岸后方铁路运输通道，满足东北腹地货物运输需求。

航空运输方面，辽宁沿海经济带目前拥有大连周水子国际机场、锦州湾机场、丹东浪头机场、营口兰旗机场、长海大长山岛机场等多个机场。其中，大连周水子机场旅客吞吐量突破2000万人次/年，机场加强货运市场开发，加大货机引进力度，稳定货量，在国内方面引进顺丰速运转运中心，并引进樱桃包机149架次；在国际方面，加密大阪货运航线，开通首尔货包机航线，全日空、日航、大韩、邮政航、海航等国际航班货量稳步提升。大连新机场是我国《“十四五”民用航空发展规划》中的重点建设项目，2023年5月，大连新机场工程可行性研究报告已经完成，并取得民航局行业意见，大连新机场定名为“金州湾国际机场”。

三、辽宁沿海经济带发展存在的问题

2009年辽宁沿海经济带开发开放以来，在各方的共同努力下，辽宁沿海经济带在产业转型升级、体制创新、开放合作、基础设施建设等方面取得重要进展和积极成效。但是同时也要看到，辽宁沿海经济带还存在一些短板，在新阶段亟须进一步改善。

一是思想观念仍趋保守。与长三角、珠三角等地区相比，辽宁沿海经济带的干部和人民群众在思想观念上仍趋保守。一些干部存在等靠要思想，希望得到上级指示或借鉴其他地区的做法，工作中缺乏主动创新，合作意识不强。人民群众创业氛围不足，就业倾向于选择稳定，缺乏冒险精神，导致民营经济缺乏活力。

二是体制机制仍需创新。一方面，沿海各市内部仍需进一步加强体制机制创新，用好用足国家的各项政策，大胆改革，锐意进取。另一方面，各市之间的协同也需要在“六六八”协同发展基础上进一步走向实质合作。

三是经济结构有待优化。目前辽宁沿海经济带传统产业仍然是主导，石化、冶金、装备制造等产业亟须进一步转型升级。新一代信息技术、人工智能、生物技术、新能源、新材料、高端装备、绿色环保等战略性新兴产业规模仍然偏小，比重相对较低，发展速度也落后于发达地区。现代农业发展质量也需要进一步提升。

四是对外开放仍需提升。与发达地区相比，辽宁沿海经济带在对外贸易、吸引外资、对外投资等领域均存在较大差距，发展速度有所放缓。国际物流通道建设应进一步加快。锦州、丹东、盘锦、葫芦岛应加快综合保税区的申报工作。

五是创新驱动仍需加强。辽宁沿海经济带创新资源分布不均衡，3 个国家级高新区与发达地区相比存在很大差距，其中 2 个排名相对靠后。企业技术创新能力有待进一步提升，创新对经济发展的支撑作用仍需进一步加强。

六是人才流失问题亟待解决。依据第七次人口普查数据，与第六次人口普查相比，只有大连市常住人口实现增长，其他五市常住人口均为减少状态，其中高层次人才和青年人才流失严重，必须加以高度重视并妥善解决。

第二章
基础理论和案例借鉴

一、基础理论

（一）“点——轴”理论

“点——轴”理论最早由我国著名学者陆大道先生提出，是区域经济发展的基本理论之一。陆大道先生根据中国国土开发现状特征和当时的经济发展格局，在充分吸收克里斯泰勒的中心地、佩鲁的增长极和哈格斯特朗的空间扩散等经济地理的空间结构理论的基础上，于1984年创新性地提出了“点——轴”理论[1]。该理论主要包括点、轴、网络三个方面，点是基础，轴是联动，网络是支撑。“点——轴”理论以中心地理论为基础，而集聚与扩散是空间经济客体的两种运动倾向，“点——轴”模式的形成是从集聚的中心开始逐渐向外扩散到邻近区域。并对其进行了具体的阐述。在产业布局和交通规划中，“点——轴”理论的应用非常关键。通过在区域中合理布局产业、交通、人口等要素，可以实现区域经济的协调发展，解决区域经济发展不平衡的问题。

1. “点——轴”系统理论的科学内涵与理论意义

（1）“点——轴”系统理论揭示了点和轴的互动关系。陆大道曾指出中心地理论、空间集聚与扩散理论、增长极理论和发展轴设想是“点——轴”系统理论得以提出的理论基础，究其核心还是中心地理论[2]。在中心地理论中，点是核心，线状设施仅仅是一个考虑因素，是外生变量。相对于中心地理论而言，“点——轴”系统理论中，点与轴都是核心，点是指各级中心城镇，在一定的方向上若干不同级别的中心城镇被轴线联接，轴线既可以是线状的基础设施，如铁路、航道、公路、管道、能源和水源供应线、邮电通信线等，也可以是社会经济发展密集带。由于轴线及其附近地区已经具有较强的经济实力且有较大的发展潜力，又可称作“发展轴”或“开发轴”。即“点——轴”系统理论中的以线状设施为基础的轴线不仅是一个影响因素，更是内生变量，它更加重视轴的特征，关注对轴的分析。“点——轴”系统理论中并不是一个城镇孤立地发挥作用，城镇通过轴线发生着有效的联系，通过轴线作为一个整体而带动整个区域的发展，由“点——轴”发展最终形成“点——轴”聚集区。综上所述，已可以清晰地识别“点——轴”系统理论是基于中心地理论、空间扩散理论和增长极理论的新创造，日本著名经济地理学家北村嘉行称其是“崭新的理论”[3]。

（2）“点——轴”系统理论跳出了单要素、静态区位论思维。在古典区位论中，由于科学水平限制，理论只寻求单项的区位决策，考虑因子较少，模型表现基本上是静止的、局部均衡的状况，如农业区位论、工业区位论、中心地理论和市场区位论等[4]。而现代经济活动，对某些领域运输支出的经济观相对减弱，多因子影响和动态发展变化的实践需求，要求理论应该寻求在实践中可以运用的总体区位确定方法，将最佳区位和最佳发展结合起来。

“点——轴”系统理论在“点”上综合了区域、城市（镇）、部门、居民点、基础设施、人员、财政、信息等多方面要素，在“轴”上综合所有交通干线、能源和水源供应线、邮电通信线、社会经济发展密集带等多种要素，是多要素综合的空间结构模式。随着社会经济的进一步发展，“点——轴”动态发展，经济发展以点为基础，沿轴线渐进式扩散，可由“点——轴”发展至“点——轴”集聚区。一定范围内的“点——轴”集聚区也可被理解为“点”，是规模和对外作用力更大的“点”，“点——轴”集聚区在实践中表现为城镇集聚区和城市群。不同的尺度，点和轴则有不同的理解，既可以是区域的，也可以是城镇体系的，既可以是宏观的，也可以是微观的。“点——轴”系统理论适用于任何尺度的区域发展分析，是一种综合的区位理论和区域空间结构理论。较传统的古典区位论而言，“点——轴”系统理论中点与轴的有机结合反映了区域多要素的动态性和流动性，重点体现了要素“综合”和“动态”空间变化的理论。

（3）“点——轴”系统理论重视对市场因素的考量。“点——轴”系统理论产生于20世纪80年代，正值我国由计划经济向市场经济转型伊始，长期的计划思维使我国之前的区域发展以自上而下完成国家分配的指标任务为主，不考虑由市场因素和城镇内在发展需求。区域规划和城市规划根据国家计划被简单划做“一线”或“三线”，重点或非重点地区。而在这些地区内部，生产力布局分散而均质，从某种意义上，原本工业基础好、占全国生产力很大部分的有条件地区和城市，工业增长原本可比实际快很多。平衡布局的国家计划，落后地区虽然有超乎平均值的增长，却是以抑制和牺牲发达地区绝对值大得多的增长为代价[5,6]。

陆大道指出，计划经济时代生产力布局的“东西问题”和“南北问题”除了具有某种军事意义以外，并不能对市场经济建设起到科学具体指导[7]。在国家各部门各地区有限的人力物力的条件下，应该根据市场竞争的原则投向最有利的区位。市场竞争的结果就是导致不平衡，但是可以通过“点——轴”的充分发展带动周边区域，采用轴线延伸，逐步积累的渐进方针，随着国家和区域经济网络的逐步形成，可以实现从区域间的不平衡到较为平衡的发展。因此，“点——轴”系统理论打破了我国计划经济时期的生产力布局模式，使其在渐进式扩散的过程中开始重点考虑市场的因素[7]。

（4）“点——轴”渐进式扩散模式是区域发展战略转移的最优路径。“点——轴”系统理论反映的是社会经济空间组织发生和发展的客观规律，其实质是关于区域的“最佳结构与最佳发展”的理论，即要使区域得到最佳发展，必然要求以“点——轴”系统模式对社会经济客体进行组织。古典区位论在提出假设时都将区域设为均质平原，如克里斯塔勒本人承认中心地理论虽然列出了可能发展的不同等级的点，但不同方向上交通线的等级是相同的，地区差异，包括地形、耕作土壤、植物区与气候、历史、政治等因素都未列入理论考虑范围之内，是一个理论的图式。

2. “点——轴”理论在区域经济发展方面的研究成果

“点——轴开发理论”突破了“梯度推移理论”的局限，较为真实地揭示了区域经济发展的规律，为区域开发提供了新的思路和启示。龙游宇（2002）认为“点——轴开发理论”是指导区域开发的重要理论，针对西部大开发问题，他认为根据我国当前资源分布的特点，西部大开发发展战略的有效选择形式应当是“点”“线”结合，以成都、重庆、西安等“点”为增长极，通过沿流域开发与沿交通线开发促进西部经济的发展[8]。

针对我国东西部地区之间的联系和促进沿线地区的资源开发问题，黄润、葛向东、杨本俊和李传武等（2004）从区域经济的角度，运用“点——轴”理论探讨了宁西铁路线与沿线经济发展区域一体化和形成经济带应注意的几个问题，包括加快沿线城镇建设、完善综合交通通道、强化铁路为地方经济服务功能、建立沿线区域经济协作体系等[9]。

针对我国中部地区发展问题，熊智伟（2007）认为，中部崛起需要发展一定数量的优势城市群，以形成经济核心，带动和加速中部地区的崛起。其在“点——轴”理论的基础上，分析了构筑环鄱阳湖城市群的动力、构筑环鄱阳湖城市群的比较优势和面临的困难，提出了推进环鄱阳湖区域城市化的思路和构筑环鄱阳湖城市群的若干建议[10]。

周炯亮（2011）以“点——轴”理论为基础，结合杭州市地铁开发建设的实际情况，探讨“点——轴”效应下的空间构架对地铁沿线经济发展的推动作用，并对杭州市地铁开发建设提出了相关建议，将“点——轴”理论应用到了地铁线路的开发建设之中[11]。

陈鼎（2019）在“点——轴”理论的基础上提出，一种经济活动点状空间分布形态可通过线状基础设施相互联结，构成一个相对完整的空间结构体系，进而助推区域经济发展，为高速公路道口经济发展提供了一个研究视角[12]。

（二）高质量发展理论

“高质量发展”在中共十九大报告中首次提出，该理论强调以经济建设为中心，坚持质量第一、效益优先的原则，注重推动经济结构优化升级，实现经济可持续发展和人民群众生活水平不断提高的目标。

高质量发展，就是能够很好满足人民日益增长的美好生活需要的发展，是体现新发展理念的发展，是创新成为第一动力、协调成为内生特点、绿色成为普遍形态、开放成为必由之路、共享成为根本目的的发展。从供给看，高质量发展应该实现产业体系比较完整，生产组织方式网络化智能化，创新力、需求捕捉力、品牌影响力、核心竞争力强，产品和服务质量高。从需求看，高质量发展应该不断满足人民群众个性化、多样化、不断升级的需求，这种需求又引领供给体系和结构的变化，供给变革又不断催生新的需求。从投入产出看，高质量发展应该不断提高劳动效率、资本效率、土地效率、资源效率、环境效率，不断提升科技进步贡献率，不断提高全要素生产率。从分配看，高质量发展应该实现投资有回报、企业有利润、员工有收入、政府有税收，并且充分反映各自按市场评价的贡献。从宏观经济循环看，高质量发展应该实现生产、流通、分配、消费循环通畅，国民经济重大比例关系和空间布局比较合理，经济发展比较平稳，不出现大的起落。更明确地说，高质量发展，就是从“有没有”转向“好不好”[13]。

2023 年 3 月 5 日，习近平总书记在参加十四届全国人大一次会议江苏代表团审议时讲话中指出：高质量发展是全面建设社会主义现代化国家的首要任务。必须完整、准确、全面贯彻新发展理念，始终以创新、协调、绿色、开放、共享的内在统一来把握发展、衡量发展、推动发展；必须更好统筹质的有效提升和量的合理增长，始终坚持质量第一、效益优先，大力增强质量意识，视质量为生命，以高质量为追求；必须坚定不移深化改革开放、深入转变发展方式，以效率变革、动力变革促进质量变革，加快形成可持续的高质量发展体制机制；必须以满足人民日益增长的美好生活需要为出发点和落脚点，把发展成果不断转化为生活品质，不断增强人民群众的获得感、幸福感、安全感。

根据高质量发展理论，中国在经济发展中注重创新驱动、质量效益、绿色发展和供给侧结构性改革等方面的工作。通过加强科技创新、产业升级和提高产品质量，推动经济发展向高端、智能化和绿色环保方向转型。同时，注重改善人民群众的生活质量，推动收入分配改革和社会保障体系建设，提高教育、医疗、住房等公共服务水平。

1. 经济高质量发展

习近平总书记在党的十九大报告中指出，我国经济已由高速增长阶段转向高质量发展阶段，正处在转变发展方式、优化经济结构、转换增长动力的攻关期，建设现代化经济体系是跨越关口的迫切要求和我国发展的战略目标。2018 年，国务院的政府工作报告指出要按照高质量发展的要求，统筹推进“五位一体”总体布局和协调推进“四个全面”战略布局，推动高质量发展。这意味着我国经济将逐步改变以往快速发展的模式，并从质量角度提高发展要求。这也预示着国家对经济发展的整体平衡性、有效性和可持续性等发展质量问题已经高度重视。

（1）经济高质量发展内涵。依据已有研究基础，高质量发展是数量和质量的有机统一，与高速增长在目标、内涵、价值判断、要求方面均有明显差别。高质量发展是指经济发展方式、结构和动力状态均契合人民不断增长的真实需要，其内涵包括经济发展、改革开放、城乡发展、生态环境和人民生活五方面的高质量，表现在产品和服务的高品质、供给与需求高匹配、资源配置高效率等方面，也是体现新发展理念的发展，创新成为第一动力、协调成为内生特点、绿色成为普遍形态、开放成为必由之路、共享成为根本目的。

经济高质量发展的基础在于经济的持续增长。赵华林（2018）认为，创新驱动、绿色发展和民生福祉是经济高质量发展的关键所在，要达到经济高质量发展的目的，就要以创新驱动为动力，以绿色发展为重要遵循，同时建立完善的制度体系改善民生，增进人民福祉[14]。王蕴、江雪、盛雯雯（2019）提出，发达国家经济高质量发展的主要原因是其具有较高的供给体系质量、投入产出效率和发展稳定性[15]。这体现了高质量发展如何从微观向宏观领域扩展。研究包括将国内重要发展经验（如五大发展理念）提炼和提升，以及借鉴和反思发达国家的发展经验；研究还涉及供给和投入体系运行关系以及宏观经济增长态势等方面的内容。在经济发展中，高速发展和高质量发展有不同的动力来源。我国经济的高速发展主要是由投资和出口驱动，而高质量发展则以创新为主要驱动力。这种驱动力的差异为我国进行供给侧结构性改革提供了理论支撑。

（2）经济高质量发展阶段。经济系统是一项包含各类经济资源要素（资本、劳动、土地等），且各类要素之间存在非线性反馈的复杂系统，整个经济系统演化可概括为数量型经济向质量型经济演变的基本规律。

第一阶段，即最初的数量型增长阶段。此阶段，各要素的利用效率变化不大，但数量明显增长，是数量型经济的突出特征，这与我国改革开放以来的快速发展历程相适应。随着数量型经济发展至一定阶段，要素供给受限，单纯的要素投入无法有效带动经济增长，经济系统逐渐陷入瓶颈，挖掘内部潜力成为推动经济发展的动力源，由此进入第二阶段。

第二阶段，即数量型增长向质量型发展的转变阶段。重点在于依托提升要素利用效率推动经济发展，而非单纯依赖要素投入数量大增加，这与我国当前“以供给侧结构性改革为主线推动经济高质量发展”的战略方针一致，正处于数量型增长向质量型增长转变的攻关期。此阶段，部分经济要素实现优化配置，逐渐形成内部有序的稳定结构（对应具备一定规律性和有序性的要素组合模式），要素利用效率逐步提升，在要素供给数量保持不变的情况下仍能通过提升要素利用效率带动经济增长。当经济系统内部要素间的相互作用关系逐渐开始从无序状态（第一阶段）向有序状态转变（第二阶段），表明数量型增长转向质量型发展。

第三阶段，即经济高质量发展的实现阶段。经济高质量发展作为数量和质量的有机统一，既包含了经济总量的增长，也包含了内部质量的提升。此阶段，经济增长依赖于要素利用效率的提升，各要素由小范围的资源优化配置（如部分产业或部分区域的优先变革）拓展为大范围的资源优化配置，各经济要素重新配置于其更具效率的结构层，各层级要素的大范围重新配置显著推动整个经济系统内部结构的有序度，并能产生稳定的内生动力，最终实现高度有序的经济高质量发展。

（3）经济高质量发展狭义研究。中国国内对经济增长质量的初期研究主要受到了卡马耶夫等经济学家的影响。他们主张使用全要素生产率来衡量经济发展的质量。1994 年，曹佑等从马克思主义政治经济学的角度分析了经济增长质量的重要性，并将全要素生产率作为衡量标准[16]。然而，目前对于经济增长质量的研究还比较狭义，只关注产品生产方面，忽视了其他影响因素。因此，这些研究在全要素生产率计算的准确性方面进行了深入的探讨。全要素生产率的计算方法包括代数指数法、索洛残差法、隐性变量法和潜在产出法等（郭庆旺等，2005）[17]。章祥苏等（2008）也在此基础上研究了基于 Malmquist 指数法的全要素生产率计算方法，取得了较好的应用效果[18]。尽管这些方法对于全要素生产率的测算进行了概括与创新，但是如何科学评价经济增长质量仍存在争议。郑玉歆（2007）指出，现有的全要素生产率评价方法存在一定局限性，认为在评价经济增长质量时应考虑要素的长期影响以及数据的局限性[19]。与初期狭义研究不同，金碚（2018）从商品二重性角度出发为狭义研究注入新的内涵，认为经济高速发展更加注重商品的交换价值，目的是解决供给不足的问题，而高质量发展还需要注重商品的使用价值，使交换价值和使用价值达到平衡，提高人们对产品的满意度，这需要通过弥补经济结构缺陷、减轻经济失衡来实现[20]。这是狭义领域对经济高质量发展的另一种诠释。初期狭义研究使用全要素生产率衡量经济发展质量，而金碚除了结合政治经济学中的商品二重性解释经济高质量发展的含义之外还进一步肯定了经济结构调整对实现经济高质量发展的重要意义。

（4）经济高质量发展广义研究。经济增长质量的广义研究涵盖的内容更加广泛，在“八五”计划提出提高经济增长质量的路径后，学者们不断探索，使得广义研究的内容由技术进步因素逐渐扩大并完善，形成一套完整的评价体系。广义研究在打破思维局限、将更多与经济发展并不直接相关的因素纳入研究范围的同时，也强化了实证分析的内容，是对经济增长质量研究的重要拓展。

刘海英等（2006）建立了一个包含投入产出效率、经济增长成本、资源消耗和环境保护等多个方面的指标体系，并运用因子分析法进行了实证研究[21]。赵英才（2006）在刘海英等的研究基础上，该指标体系包括产出效率、产出消耗、产品质量、经济运行质量和生存环境质量五大方面，并采用相对指数法对经济增长质量进行评价和分析[22]。师博等（2018）建立了截然不同的测度体系，通过增长的基本面和社会成果两方面，使用“最小—最大标准化”方法衡量经济发展质量，其指标中引入的人力资本要素也成为目前经济高质量发展的研究重点之一[23]。以上实证研究中指标体系的构建方式各有不同，体现了国内学者对我国经济增长质量影响因素的探索过程，使用的方法则以主成分分析法、因子分析法以及相对指数法为主。

总体而言，狭义研究的重点是改进和创新全要素生产率计算方法，其目标是提高对经济增长质量的准确估计。狭义研究的关注点主要在于如何提高计算全要素生产率的方法，并以此为基础来评估经济增长的质量。而广义研究的目标则是通过更深入地探索各种影响经济增长质量的因素，逐步构建一个完善的指标体系。广义研究的着重点在于揭示和分析对经济增长质量有着重大影响的因素，以便更全面地评估经济发展的质量。

2. 产业高质量发展

农业、制造业和服务业是国民经济的三个主要组成部分，它们在经济发展中扮演着非常重要的角色。只有当这三个行业实现了高质量的发展，我们才能说整个国家的经济真正实现了高质量的发展。目前来看，我们的农业、制造业和服务业在向高质量发展的过程中还存在许多不完善之处，因此实现经济高质量发展还需要采取许多行动。

（1）农业高质量发展。在农业高质量发展研究中，辛岭（2019）通过建立指标体系对我国农业发展现状进行了量化研究。研究认为经济发展和自然资源是影响农业高质量发展的重要因素[24]。因此，东部地区的农业发展优于西部地区；各个地区在绿色发展、规模化生产和产业融合等方面优劣不一；粮食主产区的农业高质量发展水平也有待提高。这说明我国农业发展整体上和各地区内部都存在差异，只有找到产生差异的原因，才能有针对性地缩小差异。一些研究提出了目前我国农业高质量发展面临的突出问题，例如：我国农业生产成本高，而国外农产品价格较低，这降低了我国农产品的国际竞争力，在低收益和高成本的影响下呈现出“高产量高库存、高进口”的困境；追求高产量而忽视环境保护，在农业种植中化肥使用量大而利用率不足，多余的化肥还会影响土壤营养平衡，造成环境污染[25]；我国农业目前以小农户生产为主导，农村劳动力持续流出，人口老龄化加剧，导致进行农业生产的土地利用率低，阻碍农村规模化生产。

（2）制造业高质量发展。我国制造业长期以来以劳动密集型产业为主的状态正逐渐改变，部分资本密集型产业成为比较优势产业，人均资本比例上升，人们的收入水平不断提高使我国制造业生产的低质量产品无法满足人们对高质量产品的需求，因此，提高产品质量成为我国制造业发展的重要任务[26]。同时，我国制造业还面临去工业化的问题，郭朝先（2019）提出我国应该警惕去工业化目前我国已进入工业发展后期，这并不意味着可以因此盲目降低工业在GDP中所占比重追求所谓的产业高级化[27]。这些研究表明了国内制造业在发展过程中存在一些问题，其中包括盲目去工业化和整体产品质量较低的情况。生产低质量产品一方面无法满足国内对高质量产品的需求，另一方面也不利于国际竞争。此外，由于国内对低质量产品的需求较少，大量进口高质量产品增加了生产成本，同时也导致了低端产品出口利润的减少。

魏后凯等（2019）针对去工业化问题提出了一系列建议[28]。第一个建议是加快工业产业升级，对不同行业进行分类指导。第二个建议是在中西部地区建立先进的制造业基地，以有效降低要素成本。第三个建议是促进先进制造业与服务业的融合。从这些建议可知，为解决我国制造业发展水平落后、国际竞争力不足的问题，不能盲目采取去工业化的方式，而应该加快产业升级和产业融合，建立完善的现代化产业体系。

（3）服务业高质量发展。就消费性服务业来说，近年来其占消费总额的比重始终保持50%以上，因此消费性服务业的优化发展十分重要。我国的服务价格指数高于居民消费物价指数，会在一定程度上产生消费性服务业充分发展的假象，事实是我国的消费性服务业目前仍然存在一些问题，例如在各个类别中消费比重差异较大；收入差距大；城市化水平较低[29]。其中，各类消费比重差异大会导致消费性服务业结构不平衡；收入差距大会减少城镇居民的整体消费性支出；而较低的城市化水平也不利于消费性服务支出。生产性服务业是我国学术研究的重点，其在整体服务业中所占比重呈上升趋势，使得消费性服务业比重缓慢下降。生产性服务业所面临的主要问题是传统服务占比大，而新兴服务占比偏低，导致生产效率低下，也减缓了经济向市场化转型的速度[30]。近年来有研究使用全要素生产率对生产性服务业的发展情况进行评估，认为生产性服务业和消费性服务业增长均表现出资本投入与TFP的双驱动特征，且中国的生产性服务业增长量高于消费性服务业[31]，郝宏杰等（2015）[32]和张月友（2018）[33]对我国服务业发展的现有的问题提出了相关建议，如提高服务业技术创新能力、加快服务行业市场化改革、推动服务行业人才就业市场的发展等。

根据我国的重要实践经验，高质量发展的实现途径主要围绕经济整体和产业发展两方面展开。在经济整体发展方面，提高创新驱动力、区域协调发展、生态环境治理、扩大对外开放、节约发展成本、提升发展效率等均是重要的实现途径，中央提出的五大发展理念蕴于其中。创新驱动力在经济高质量发展中起到最大作用，对创新技术的应用也渗透在经济发展的各个方面，区域协调发展则是通过提高经济发展的稳定性以达到高质量发展的目的，东中西部协调发展有利于缓解地理差异导致的经济发展不均衡问题，而城乡协调能够在促进农业高质量发展的同时，也能通过减小收入差距提高整体居民的消费性水平。

（三）协同理论

协同理论（synergetics）亦称“协同学”或“协和学”，是 20 世纪 70 年代以来在多学科研究基础上逐渐形成和发展起来的一门新兴学科，是系统科学的重要分支理论。其创立者是联邦德国斯图加特大学教授、著名物理学家哈肯（Hermann Haken）。1971 年他提出协同的概念，1976 年系统地论述了协同理论，发表了《协同学导论》，还著有《高等协同学》等。

协同发展理论是指经济、社会、环境等各个领域的协同发展。它强调不只关注经济的发展，还要注重社会和环境方面的均衡发展，实现可持续发展的目标。

该理论强调经济社会协同发展，即实现经济增长的同时，也要注重人民生活质量的提升、社会公平正义的实现以及生态环境的保护。它倡导全面协调可持续发展的思路，促进各个领域之间相互支撑、相互促进的协作机制，从而实现经济社会的共同发展。

1. 理论基础

（1）协同的基本内涵。协同学是通过研究系统内部各子系统间的协同作用，使形成自组织结构机理、宏观有序状态的学科，它是一门在普遍规律支配下的有序的、自组织的集体行为的科学。协同学认为系统演变具有不稳定性和突变性，即在临界范围内，系统保持某一状态，一旦逾越界限，系统便向另一状态转变，以此循环，协同学针对从旧结构到新结构的突变，解答了其内在组织原理，证实了不同外部发展环境对事物系统不可忽视的影响力。该理论使用的基本概念主要有：竞争、协同、序参量和支配。

“竞争”是协同的基本前提和条件。指由于事物之间的差异，而在内部各个子系统间发生的竞争关系。差异与不均衡发展是竞争发生的充分条件，而竞争的发生也会反向决定区域的非均衡化，推动新的相对均衡结构。

“协同”概念是协同学的重要组成部分，一般而言同时包含竞争与合作。本书所认为的“协同”，是事物众子系统间关联特征的内在表现，体现了系统的整体性和相关性。

“序参量”与“支配”是协同学的两个重要概念。其中序参量描述了宏观尺度的有序程度，直接影响系统发展；支配过程则体现在序参量与系统子要素的作用的过程之中。总的来说，系统关联过程而产生了序参量，序参量又支配着系统关联方式。

（2）主要内容。协同学讨论对象往往不是个体行为，而是群体行为。该理论认为个体行为往往因为本身需求的复杂性以及自我决策的灵活性而难以预测，相反群体行为却具有更多的可支配空间与探讨空间，且这一对象往往是处于非平衡状态的开放系统，该系统内部各子系统间存在着非线性的相互作用。

协同学将影响系统要素运动的因素分为序参量和控制变量两类。前者是影响系统有序度的使该系统发生质变的关键因素，亦是描述系统宏观有序度或宏观模式的参量，相当于事情发生的根本原因；后者作为外界影响要素，决定了变化的临界点，引导协同关系，相当于事件发生的直接原因。

协同学认为应从事物的形成过程中去理解系统结构发生及演变的本质。“整体大于部分之和”，这意味着认识结构构成是基础，明确协作过程是重点。协同学的研究步骤重点是：①找寻稳定性丧失的条件和领域；②导出支配原理；③建立序参量方程并对其进行求解。

2. 区域协同发展内涵

区域协同属系统论的复杂概念，将其运用于区域经济系统中，协同作用即指区域间的协同互动，各区域依托自身比较优势，吸引区域间频繁密切的要素流动，区域经济联系逐渐紧密，形成以大区域为整体的产业分工体系，同时又反作用于各区域，形成多空间尺度、多系统层级的网络化协同运转。在此协同运转中，协同作用既可表现为区域合作，亦表现为区域竞争，竞合关系贯穿始终，不仅存在于各子区域之间，亦存在于各子区域内部子系统间，多重维度的协同作用共同决定整个大系统的宏观演变。区域协同的核心概念是协同作用，直观表现是跨区域要素流动，最终目的是实现“1+1>2”的系统优化，技术进步非研究重点，即区域之间的协同作用通过引导跨区域要素流动，促进区域资源再配置，以实现既定技术水平下的整体区域资源优化配置，有助于最大限度地发挥既有技术效用，激发区域潜力，促进区域共赢。该系统论视角下的作用机制揭示，区域协同与以区域经济差距为核心的区域经济协调发展、以市场整合为核心的经济一体化、集中于地理意义上区域空间及城市组织分析的空间相互作用等相关概念均有区别，涵盖内容更广，运作方式更复杂。

协同一词起源于希腊语“Synergos”，意指一起工作或合作，理论起源于生物、医学、物理等自然科学领域。协同学理论为区域协同奠定了最为直接的理论基础。Haken 在其关于自然科学领域的合作现象和合作效应的基础上创立了协同学理论（Synergetics），研究重心从单纯的合作（Cooperation）转变为系统论范畴下的协同（Synergy），指出决定系统演化的是组成系统的各个子系统之间的协同作用，即系统内部各要素或各子系统的相互作用，将各子系统有机整合，引导整体系统实现由无序至有序、低级至高级的演变。几乎同时，Corning 提出了协同作用假说（The Synergism Hypothesis），对生命科学和社会科学中的协同作用进行了综合分析。随后，陆续发表多项研究成果，指出协同作用广泛存在于物理、生物、社会、经济等领域。依据协同学理论，区域协同的核心是各区域高效有序整合，实现一体化运作与共同发展的区域经济发展方式，相关论述较早出自黎鹏(2003)[34]。就我国区域协同而言，京津冀协同发展是政治、经济、社会等综合维度，全国、京津冀和市县三重空间尺度，政府、市场和社会组织三重机制下的重要战略，目标是合作共赢（孙久文和原倩，2014）[35]，呈现博弈、协同、突变、再博弈、再协同、再突变的非线性螺旋式上升过程，京津冀协同发展处于第五阶段、中级协同（方创琳，2017）[36]。

区域协同发展是社会进步的重要标志，也是国家“五位一体”总体布局的建设目标。方金生（2016）提出应以科学发展观为统领，在全面分析经济、社会、环境三者关系的基础上，加强顶层设计，实行动态监管，建立长效机制，制定衡量标准，统筹协调、整体推进，创新体制和机制，保障区域“五位一体”协同发展目标的真正实现[37]。

2014 年 3 月 26 日，习近平总书记在北京主持召开座谈会，就京津冀协同发展发表重要讲话，指出京津冀协同发展不仅意义重大，而且要上升到国家战略层面。以最经典的京津冀城市群协同发展为例，孙莉（2016）基于协同理论，以临空经济的视角重点分析了首都临空经济发展的特征，从促进产业结构转型、形成增长极、重构空间三个方面论述了临空经济的影响，提出了基于首都临空经济视角的京津冀协同发展路径[38]。刘宁（2019）认为，京津冀协同发展的基础在于该地区的城市群能够建立起在交通、产业、行政、环境等方面协调发展的机制。该地区发展不协调主要表现在经济、社会、环境三个方面。经过分析刘宁指出形成该问题的原因是多方面的，其中“行政区经济”模式——即行政区，特别是城市型行政区对该地区经济约束过强是关键因素[39]。王建江（2021）认为，京津冀协同发展的实质就是实现优质资源共享，资源在区域范围内的均衡分布是一项重要目标[40]。在很大程度上，人力资本的丰富与否直接决定京津冀协同发展能否取得成功。

除京津冀地区外，推动长江经济带发展亦是党中央作出的重大决策，是关系国家发展全局的重大战略[41]。长江经济带覆盖东中西三大区域，建设绿色长江经济带是我国推进区域协调发展的重要抓手和战略平台。近年来，长江经济带各省市创新探索了省际区域协商合作、协调区域利益的生态补偿、构建跨界联动治理的法治、推动跨区域开展“飞地经济”合作等区域协同治理机制，但长江流域内的地区发展不平衡不充分仍是我国区域发展不平衡不充分问题的集中“缩影”，表现为发展水平梯度差异大、利益诉求差异明显。区域内存在生态环境“囚徒困境”难题和弱约束合作的“搭便车”现象等，折射出区域协同体制机制方面存在的问题。

目前，我国已经开启全面建设社会主义现代化强国的新征程，长江经济带高质量发展进入新的阶段，协同发展的重要性更加突出。黄庆华（2020）在高质量发展背景下基于协同发展理论，在构建长江经济带协同创新理论框架基础上，从协同创新要素投入、协同创新部门合作和协同创新产出方面建立指标体系，利用2009~2018年长江经济带沿线省（市）级数据，采用熵权-TOPSIS法实证分析了长江经济带各地区的协同创新能力[42]。陈艳丽（2022）基于协同发展视角，采用2011~2020年面板数据，运用灰色关联分析方法，对长江经济带上、中、下游科技创新绩效进行评估与分析，最终为协同推进长江经济带整体创新绩效提升提出政策建议[43]。

总的来说，区域协同发展是区域可持续高质量发展的必然选择和重要保障。从一定意义上讲，区域协同发展的目的是追求区域空间正义。空间正义作为区域协同发展的价值取向，是中国特色社会主义的内在要求，是空间正义自身的价值诉求，是区域协同发展的必然要求。实现区域空间正义，需要强化识别认同机制，完善生产运行机制，以及构建支持保障机制和评价考核机制。

二、案例借鉴——西部陆海新通道发展案例

2017 年，以广西为重要节点，纵贯我国西部、北接丝绸之路经济带、南连 21 世纪海上丝绸之路的西部陆海新通道开始建设。2019 年 8 月，国家发改委印发《西部陆海新通道总体规划》，明确到 2025 年将基本建成西部陆海新通道。《规划》指出，当前基本形成重庆、成都分别经贵阳、怀化、百色至北部湾港（钦州港、北海港、防城港港）的三条铁路运输线路，实现集装箱班列每日开行，并与中欧班列保持有效衔接，为促进西部地区经济发展、外贸增长和产业转型升级作出重要贡献。

当前，世界正处于大发展大变革大调整时期，我国发展仍处于并将长期处于重要战略机遇期。随着区域协调发展战略深入推进，西部大开发依然面临艰巨繁重任务，需要进一步强化西部地区交通基础设施建设，扩大既有通道能力，协同衔接长江经济带发展，提升物流发展质量和效率。按照高质量高标准高水平共建“一带一路”的要求，我国与东南亚等地区经贸合作更加紧密，西部地区应进一步发挥毗邻北部湾港的区位优势，提升与东南亚等地区的互联互通水平，进一步扩大对外开放。因此，加快西部陆海新通道建设，对于充分发挥西部地区连接“一带”和“一路”的纽带作用，深化陆海双向开放，强化措施推进西部大开发形成新格局，推动区域经济高质量发展，具有重大现实意义和深远历史意义。

面向未来，《规划》明确了新通道的四个战略定位：推进西部大开发形成新格局的战略通道、连接“一带”和“一路”的陆海联动通道、支撑西部地区参与国际经济合作的陆海贸易通道、促进交通物流经济深度融合的综合运输通道。按照《规划》发展目标，到 2035 年，西部陆海新通道全面建成，通道运输能力更强、枢纽布局更合理、多式联运更便捷，物流服务和通关效率达到国际一流水平，物流成本大幅下降，整体发展质量显著提升，为建设现代化经济体系提供有力支撑，陆海新通道对西部大开发的支撑作用开始显现，到 2025 年，经济、高效、便捷、绿色、安全的西部陆海新通道基本建成。

《规划》从主通道、重要枢纽、核心覆盖区、辐射延展带 4 个维度，对西部陆海新通道建设进行了空间布局，优化主通道布局，创新物流组织模式，强化区域中心城市和物流节点城市的枢纽辐射作用，发挥铁路在陆路运输中的骨干作用

和港口在海上运输中的门户作用，促进形成通道引领、枢纽支撑、衔接高效、辐射带动的发展格局。其中，主通道建设规划上，将建设自重庆经贵阳、南宁至北部湾出海口（北部湾港、洋浦港），自重庆经怀化、柳州至北部湾出海口，以及自成都经泸州（宜宾）、百色至北部湾出海口三条通路，共同形成西部陆海新通道的主通道。

重要枢纽建设规划上，着力打造国际性综合交通枢纽，充分发挥重庆位于“一带一路”和长江经济带交汇点的区位优势，建设通道物流和运营组织中心；发挥成都国家重要商贸物流中心作用，增强对通道发展的引领带动作用。建设广西北部湾国际门户港，发挥海南洋浦的区域国际集装箱枢纽港作用，提升通道出海口功能。核心覆盖区建设规划上，围绕主通道完善西南地区综合交通运输网络，密切贵阳、南宁、昆明、遵义、柳州等西南地区重要节点城市和物流枢纽与主通道的联系，依托内陆开放型经济试验区、国家级新区、自由贸易试验区和重要口岸等，创新通道运行组织模式，提高通道整体效率和效益，有力支撑西南地区经济社会高质量发展。在辐射延展带的建设规划上，将强化主通道与西北地区综合运输通道的衔接，联通兰州、西宁、乌鲁木齐、西安、银川等西北重要城市。结合西北地区禀赋和特点，充分发挥铁路长距离运输优势，协调优化运输组织，加强西部陆海新通道与丝绸之路经济带的衔接，提升通道对西北地区的辐射联动作用，有力促进西部地区开发开放。西部陆海新通道全面建成后，将成为推动西部地区高质量发展的重要动力，成为促进陆海内外联动、东西双向互济的桥梁和纽带，成为构建开放型经济体系的重要支撑，成为交通、物流与经济深度融合的重要平台。

经过多年努力，西部陆海新通道互联互通水平不断提高，物流服务水平和运行效率明显提升，已成为《区域全面经济伙伴关系协定》（RCEP）框架下连接中国与东盟地区最快速、最便捷的运输通道以及中西部地区货物出海出边的主要通道。以重庆为例，经这条通道到广西钦州港出海，比经东部地区出海节省 10 天左右。2017 年以来，西部陆海新通道铁海联运班列开行由线及面、逐步成网。班列线路从最初的 1 条发展到如今的 7 条，并与中欧班列实现无缝衔接，通达全球 119 个国家和地区的 393 个港口，运输品类也由几十种增至 640 多种，有力促进了区域经济高质量发展。2017 ~ 2022 年，通道铁海联运班列运输集装箱货物从 3382 标箱跃升至 75.6 万标箱。

西部陆海新通道对于深化陆海双向开放、统筹利用好国内国际两个市场两种资源具有重要意义。西部陆海新通道建设顺应了国际贸易新趋势，激发了产业发展的新动能，盘活了西部地区交通与物流产业的存量资源，带动了物流和贸易的增量市场，其已成为“一带一路”倡议下中国西部地区与东盟国家共商、共建国际大通道的成功典范，同时也成为我国沿海城市群与内陆城市群协同联通的有效实践。

（一）西部陆海新通道国家战略

1. “西部陆海新通道”的由来及发展

2017 年 2 月，时任国务院副总理张高丽和新加坡副总理张志贤共同提出，探讨利用海陆通道优势建立一个和“海上丝绸之路”相衔接的海陆贸易路线。2017 年 3 月，重庆、广西等西部对中新（重庆）互联互通示范项目达成共识。2017 年 4 月，广西与新加坡贸工部签署了合作共建南向通道的备忘录。南向通道建设初期，得到了国家层面高度肯定。2017 年 9 月，习近平总书记在会见新加坡总理李显龙时强调，中新（重庆）战略性互联互通示范项目是两国共建“一带一路”的一个亮点。2018 年 11 月，时任国务院总理李克强访问新加坡期间，正式将“南向通道”更名为“国际陆海贸易新通道”。2019 年 8 月，《西部陆海新通道总体规划》印发，西部陆海新通道建设正式上升为国家战略。

2. “西部陆海新通道”释放的经济效应

第一，从国际贸易基础设施建设发展的角度来说，“西部陆海新通道”的建设，畅通了我国西部沿线省区、市面向东盟国家陆路与海路运输通道，是我国西部地区对外开放、中国—东盟国际运输通道以及地区跨境通道建设新的探索和补充，在一定程度上在一定程度上能提升本地区的物流运输系统、交通设施基础设施等方面的建设，进而密切本地区市场要素关联。

第二，从区域经济形态发展角度来讲，西部陆海新通道的建设，将使沿线地区围绕空间发展而形成的各种经济形态联系更紧密，它不仅能有效打破相关地区陆域经济、海洋经济、港口经济、海岸经济等形态的边界，还能有效地将该地区的各类经济形态进行了整合，形成发展合力。

第三，从通道经济的角度来看，西部陆海新通道的建设，且意味着本地区国家的市场对接更为紧密，经济效率更高，并且西部陆海新通道的建设与一带一路对接后，形成一条复合型的国际物流通道，有效推动跨区域跨地区的国际大联动，是势必对相邻国家和地区产生新的经济增长点。

西部陆海新通道发展中有三个重要提速阶段：

第一阶段以2017年开通“渝桂新”（重庆—广西钦州—新加坡）海铁联运班列为标志。彼时，构建物流大通道的蓝图已初具雏形，贯通“一带”和“一路”、形成陆海联动、建设国际物流大通道的战略行动在广西和重庆之间悄然拉开序幕。这一阶段的成果是重庆等西部内陆城市与广西北部湾港大力发展海铁联运、创新物流运输组织模式。

第二阶段以2019年8月国家发展改革委印发《西部陆海新通道总体规划》为标志。该规划是指导我国西部地区合力打造新兴战略通道的纲领性文件，擘画了西部地区以陆海联动带动区域协同发展的战略目标和发展路径，明确了西部陆海新通道的总体构架、空间布局、产业纵深和创新模式。自此，西部陆海新通道发展进入“快车道”。这一阶段的主要成果是形成了“13+2”广泛合作机制，明确了省区市在通道建设中的定位。多维立体的交通网和内畅外联的物流网快速形成；北部湾国家门户港建设提速，从徘徊多年的西南区域港快速晋级到国家港口第一阵营；重庆市成为通道的物流和运营组织中心，共商、共建协同机制发挥了重要作用。

第三阶段以“加快建设西部陆海新通道”写入党的二十大报告为标志，成为推进西部陆海新通道高水平对外开放的重大行动。新发展格局的要义是“构建以国内大循环为主体、国内国际双循环相互促进的新发展格局”。内循环越顺畅，越能形成对全球资源的引力场，越有利于我国参与国际竞争与合作。构建新发展格局必须实现内陆地区经济高质量发展方式的全新变革，必须发挥沿海先发的引领作用。学习领会党的二十大报告精神，要求西部陆海新通道建设要以推动产业链供应链优化升级为导向，为产业链供应链在技术和空间的升维中铺设路轨。关键是增强国内国际两个市场两种资源的联动效应，进一步提升物流通道对区域联通和国际合作方面的组织化能力，通过数字经济赋能通道发展方式的提档升级[44]。

西部陆海新通道建设顺应了国际贸易新趋势，激发了产业发展的新动能，盘活了西部地区交通与物流产业的存量资源，带动了物流和贸易的增量市场，其已成为“一带一路”倡议下中国西部地区与东盟国家共商、共建国际大通道的成功典范，同时也成为我国沿海城市群与内陆城市群协同联通的有效实践。而西部陆海新通道建设所聚集起的巨大合作力量，则充分说明了其作为国家战略性工程的重要性。

（二）西部陆海新通道框架下的区域发展实践

1. 西部陆海新通道基本情况

西部陆海通道由广西壮族自治区成立的北部湾经济区管理办公室统筹谋划管理实施，北部湾经济区下辖南宁、钦州、防城港和北海 4 个市，是我国西南沿海对东盟开放的重要窗口。西部陆海通道起点为钦州港、防城港和北海港，向北延伸到重庆两江新区果园港，目前通道已纳入国家西部对外开放的重要节点，并向西北延伸到 11 个省（自治区）。

2. 西部陆海新通道国际门户港——北部湾经济区

一是推进新通道建设发展态势迅猛。广西依托沿海、沿边沿江优势，坚持海陆并举，以北部湾为重要枢纽，有机衔接"一带一路"倡议。从自治区层面，积极争取国家支持，以国际陆海贸易新通道为契机，高位谋划，高标准规划，先后获得《广西北部湾经济区发展规划》《北部湾城市群发展规划》批复，推出《广西加快西部陆海新通道建设若干政策措施》《关于促进新时代广西北部湾经济区高水平开放高质量发展的若干政策》等一系列政策，提出"北钦防一体化"战略部署，进一步推进北部湾港口型国家物流枢纽承载城市一体化建设。从市级层面，南宁市以广西自贸区南宁片区为重要依托，建设中新南宁国际物流园等重点项目，规划智慧物流园保税加工区、产业配套区，打造时间最短、成本最优的多式联运国际陆海贸易物流新通道；防城港市出台《物流业发展"十四五"专项规划》，重点推进港口、铁路、公路、口岸、物流园区等"陆海双通道"基础设施建设，打造区域性国际航运中心、国际物流供应链交易中心、国际大宗商品交易中心；钦州市依托《中马钦州产业园区条例》，根据改革发展需要授予园区部分自治区级经济管理权限，实现"园区事园区办"；北海市出台《向海经济发展规划》，推进铁山港进港铁路专用线、铁路支线、港口泊位、航道、疏港公路等集疏运体系建设，发展多功能的现代化航运物流枢纽。

二是推进港口整合战略性重组取得实效。广西壮族自治区政府通过重组整合防城港、钦州港、北海港 3 个港口，统一使用"广西北部湾港"名称，设立广西北部湾国际港务集团有限公司，实现了广西北部湾港的统一品牌、统一规划、统一建设、统一运营，港口吞吐量稳步上升，2020 年集装箱吞吐量突破 500 万标箱，世界排名前40，展现出强大的发展势头和广阔的发展前景。

三是强化区域联动促进节点城市高质量发展。通道节点城市与城市之间，各地与东盟国家和地区也主动开展了合作，加快推进建设中新南宁国际物流园、中国—马来西亚钦州产业园、川桂产业合作示范园，促进区域内各国各地区的经贸、物流、产能、人文交流等多领域的合作发展。

四是抢占新通道机遇创新势头强劲。积极探索市场化开发运营模式，组建北部湾港务集团，按照市场化机制运营，港口集装箱业务以钦州港区为中轴，散杂货向防城港区、北海铁山港区集聚。打造中新南宁国际物流园，招引社会资本运营，打造集产储、运、展、商贸、金融为一体的多功能综合型物流产业园区。积极探索优惠性政策供给，享受国家西部大开发优惠政策，并出台促进高质量发展优惠政策，包括产业发展税收优惠、港口物流支持政策、金融支持政策、资源要素支持政策、创新用地用海审批机制、人才激励政策等。

3. 重庆自贸试验区核心片区——两江新区片区

一是七大自贸组团推动自贸区体系建设。两江新区片区是重庆自贸试验区面积最大的一个区域，围绕自贸区建设，两江新区采取各具特色的功能组团优化布局，各有侧重又互为依托，健全完善自贸建设体系和运营平台。

二是依托“陆海空”综合交通优势建设多式联运综合枢纽。两江新区依托果园港、寸滩港、江北国际机场，从打造长江上游物流贸易枢纽港、西部国际航空综合枢纽、多式联运监管和信息交换中心等方面建设国际多式联运综合物流枢纽，连通东西双向开放通道。

三是力促贸易自由化打造内陆国际贸易中心。两江新区通过创新检验检疫举措，发挥多元化试点功能新区作用，近几年保税贸易迅猛发展；同时，通过实施“四自一简”、江海联运“离港确认”等监管模式改革，进一步提升贸易便利化水平。

四是中新互联互通项目成为国际合作“新范本”。中新互联互通项目成功开辟陆海新通道、跨境融资通道、中新国际数据通道、渝新“空中通道”、渝新人才交流通道“五条通道”，2021年上半年，成功签约9个新项目，签约金额2.44亿美元；启动5年来已累计签约中新合作项目67个，签约金额117亿美元。

（三）西部陆海新通道的新矛盾与老问题

1. 西部与东盟地区的物流网络发展滞后于产业调整进程

西部陆海新通道建设的重点区域是西南陆海联通的内陆区域，境外物流服务网络和节点发展不足。西部陆海新通道各运营主体目前均把网络拓展重点放在西部内陆地区，较少涉及境外节点建设和服务网络搭建。随着东盟市场在国际供应链中的地位提升，通道对于境外段联通的需求快速放大，物流时效、成本、路径、便捷化的要求不断提升。

目前中国与东盟增量市场主要是珠三角、长三角地区，物流也是通过这两大港口群实现的。如果不能有效解决中国西部与东盟国家“邻而不畅”的问题，RCEP、中国东盟自贸区等多边经贸合作的潜能释放都会受到一定影响，通道的战略价值也因此会降低。

2. 西部陆海新通道物流量中外贸货源占比较低

西部陆海新通道上的外贸货物比例较低。2021 年北部湾港海铁联运班列中，外贸货物仅占 27%，北部湾港的集装箱航线中，外贸航线以东南亚为主，远洋航线主要是南非、巴西等矿产资源丰富地区。造成这一现象的原因除了北部湾港外贸航线少以外，还有西部地区外贸货源较少，西部外向型经济不发达，国际物流服务主体少，国际物流人才更少，围绕对外贸易的代理、运输等生态要素缺失。

3. 西部陆海新通道沿线交通与物流供给能力依然紧张

西部陆海新通道建设的亮点集中在硬联通和物流量的增长上，但西部地区交通和物流基础设施能力低，要素短缺的局面并没有彻底改变。港口能力、干线铁路、枢纽场站、集疏运体系存在明显的短板，落后于国内平均水平。随着广西北部湾港口的不断放量，港口能力缺口也出现了新的供需矛盾；沿线铁路场站出现了能力饱和与利用率不足的分化现象；跨境铁路货运服务瓶颈问题突出；内陆港资源短缺，无法与沿海港口协同，大量物流园区缺乏综合货运和多式联运服务能力等。因此，未来很长一段时间，通道建设的重任还是要逐步解决设施能力瓶颈。

4. 西部陆海新通道物流网络覆盖和综合竞争力需要提升

一是远洋航线是通道竞争力的明显短板。过去六年，北部湾港航线增加是空前的，特别是开通了到中国香港和新加坡国际枢纽港的天天班航线，但与国际门户港的要求还有较大距离，与长三角港口群和珠三角港口群相比，北部湾港外贸直航线的数量和覆盖范围仍有较大的差距。经西部陆海新通道至美洲、欧洲、中东地区的货物需要在中国香港和新加坡中转，运行效率低，远洋航线短板明显。二是北部湾港临港物流问题尚未很好解决，临港物流服务要素不丰富。三是海铁联运线路覆盖密度尚且不足。海铁联运班列开行数量逐年增长，目前稳定开行班列的地区主要集中在重庆、四川、云南 3 个省（市）。许多有货源条件和场站条件的地区，尚未意识到西部陆海新通道的重要性；有些希望开通班列的地区缺乏班列的组织者。四是通道运行尚未走出政策依赖路径，综合物流成本竞争力仍然不强。五是数据化应用水平不高，特别是涉及多式联运、跨境服务、贸易结算等跨界交易的信息化能力还需要大幅提升。

（四）西部陆海新通道的成功经验

1. 强化顶层设计，明确通道发展的历史必然性

西部陆海新通道是规划先行，通道发展的每个关键时期都有其相应的规划作为实践的指导和政策发力的依据。我们从西部地区经济和产业的历史脉络中去观察西部陆海新通道从孕育到发展的历程。从 25 年前国家提出西南出海大通道，到 20 年前西部大开发战略，再到如今西部陆海新通道，标志着西部地区对外开放不断扩大，城市群的融合不断深化，物流产业价值的不断提升，国际经贸往来的不断繁荣。西部要从大开发走向大开放，需要新思路、新模式。因此，“西部陆海新通道”的提出不是空穴来风，而是西部地区产业迭代发展的必然结果，其中的“新”是基于过去发展的积累。西部陆海新通道之“新”，并非仅仅是建设新路网、新航线、新物流，而是体现在三个领域：一是新市场，即中国与东盟的贸易潜力是通道最重要的战略导向；二是新动能，即通过提升物流效率改变西部供应链水平；三是新模式，即陆海联动是形成跨地区的城市群联动。这种效应首先在物流网络构建中实现，正是因为成渝城市群和北部湾城市群形成紧密的连接，使港口地区有了腹地，有了发展的源泉，而内陆地区则有了最近的出海口，

铺设了多元化的物流通道，产业有了多元化的选择。以物流为引擎，带动产业布局做出空间上的调整，在实践中诠释了通道经济和枢纽经济的内涵。

2. 国家战略赋能形成跨区域组织化能力，构成政策合力

西部陆海新通道能够快速发展，除了上述提到的通道建设顺应了历史大潮，具备强大的市场潜力等必要条件外，政策引导也成为不可或缺的充分条件。通道建设中形成的跨地区组织化合作机制伴随着通道建设的每个重要阶段，推动了通道建设起步期到成长期的快速转换。这种合作模式，带来许多经验，也带来诸多挑战。国家部委之间的部际联席会议制度和西部省区市之间的省际协商合作机制，为我国新兴战略通道的建设提供了借鉴，是通道在体制机制上的创新。其中，渝桂两地的紧密合作是通道发展的重要力量。作为通道的两个最重要的节点，重庆和广西在运营产品打造、运营平台共建、政府往来交流等方面开展合作，推动通道"朋友圈"的不断扩大。西部地方国有企业形成跨地区、跨运输方式、跨供应链领域的新的合资企业，成为通道建设的主力军。

3. 统筹通道中的"硬联通"建设导向和"软联通"任务时序

通常在物流通道建设中会规划一揽子的投资建设项目，但随着我国交通运输基础设施能力的不断提升，出现了结构性过剩，简单或局部投资项目的边际效应已经大大削弱。鉴于我国西南港口和西部内陆地区的交通水平和物流能力相较于东部地区存在明显短板，在通道建设起步时期，以建立西部整体陆海联动物流网络为导向，规划了一揽子的投资建设项目。在资源短缺环境下，通道建设要"硬联通"先行。

西部陆海新通道中的"硬联通"项目超过了历史上任何一个时期。尤其是长期议而不决的大项目，在通道建设目标的催化下，快速上马，快速建成，快速达到预定产能。通道物流量的增长与这些项目投产有着直接的关系。过去六年，沿通道的铁路干线联通能力逐步提升，东线、中线通道已全线贯通并实现电气化，渝怀铁路由单线变复线，广西钦州港东站电气化改造项目完工，钦州港的铁路集疏运体系得到进一步改善。西线通道关键项目黄桶至百色铁路在加速推进，建成后将成为成渝双城经济圈以及西南西北地区通江达海的最便捷通道。黔桂铁路增建二线、南昆铁路百色至威舍段增建二线、涪柳铁路等项目前期工程加快推进。

北部湾国际门户建设实现跨越式发展。2022 年北部湾港货物和集装箱吞吐量双双跻身全国港口前十，增速连续五年位居排名前十的全国沿海主要港口第一位，港口集装箱吞吐量的作业能力提升了3倍，已经接近千万标箱大港的服务能力。在港口集疏运、智慧化港口改造、铁海联运覆盖范围与频次等方面已经步入全国第一阵营。

通道沿线关键枢纽能力增强。重庆市关键枢纽节点功能不断完善，带动了重庆果园港后区鱼嘴铁路货运站的改造升级工作，重庆果园港物流枢纽成为物流产业新集群。四川海铁联运发车点逐渐增多。广西通道发展推动一批物流项目的发展，如南宁国际铁路港、柳州铁路港、中谷钦州集装箱多式联运基地等。贵阳都拉营国际陆海通物流港一期投入运营。

以“硬联通”为基，以“软联通”为本。西部陆海新通道铁海联运班列开行数量持续攀升，年增速全国领跑，从2017年的178列（0.9万TEU）增加到2022年的8800列（44万TEU），增长49倍。中越铁路跨境班列规模持续扩张，班列开行数量由2017年的5班增加至2022年平均每日开行1至2列，截至2022年开行数量较2017年增长46.6倍。中老铁路形成多点发运格局，成渝地区实现常态化运营。成渝地区跨境公路班车实现中南半岛国家全覆盖。北部湾港不断织密航线网络，拓展海上服务网络，联通亚洲、美洲、非洲等地区，内贸航线基本实现了全国沿海主要港口全覆盖。不断开发新的线路和运输产品，不仅盘活了西部地区物流资源，也极大提升了新投建项目的利用效率，使交通网络快速构建成物流通道。

4. 积极探索以物流存量换产业增量的新发展路径

西部陆海新通道建设推动广西北部湾经济区站在了此轮大潮的潮头。广西打开成渝腹地市场，将长江水道的部分货量转移至北部湾港，通过物流存量市场的流向转移导入港口物流量，率先盘活港口资源，增加了投资扩建港口能力的信心，改变了资源短板，激发了新的需求，叠加港口枢纽建设形成的临港产业，带来了新的增量市场。这种破局之法，具有很强的市场逻辑，因此才会有西部陆海新通道在物流发展指标中超越全国同期水平的亮眼成绩。与此同时，北部湾港口群临港产业正在加速形成，钦州市、防城港市和北海市加速引进石化产业、冶金产业、电子产业、生物医药等特色产业，打造现代化临港产业工业城市。

广西的破局模式提示我们，在存量市场中寻求破局，通常需要政府发力，但如果没有增量市场做引导，政府财政的效力会被大大削弱。因此，必须以产业增量市场为目标，才可能从依靠政府扶持过渡到市场自身的可持续发展。

本章参考文献：

[1] 李刚，吕芳，卢莹．基于点——轴理论的辽宁省旅游地系统空间结构研究［J］．辽宁师范大学学报（自然科学版），2006（2）：238－240.

[2] 陆玉麒．论“点——轴”系统理论的科学内涵［J］．地理科学，2002，22（2）：136－143.

[3] 北村嘉行．评《中国工业地理》和《中国工业布局的理论与实践》［J］．地理学报，1991，46（3）：378－379.

[4] 李小建．经济地理学［M］．北京：高等教育出版社，1999.

[5] 陆大道．区域发展及其空间结构［M］．北京：科学出版社，1995.

[6] 陆大道．论区域的最佳结构与最佳发展——提出“‘点——轴’系统”和“T”型结构以来的回顾与再分析［J］．地理学报，2001，56（2）：127－135.

[7] 陆大道等．中国工业布局的理论与实践［M］．北京：科学出版社，1990.

[8] 龙游宇．从“‘点——轴’开发理论”看西部大开发［J］．韶关学院学报（社会科学版），2002（4）：76－78.

[9] 黄润，葛向东，杨本俊等．宁西铁路的开通与沿线区域经济发展［J］．资源开发与市场，2004（6）：436－437.

[10] 熊智伟．对环鄱阳湖城市群建设的几点思考［J］．新余高专学报，2007，No.53（3）：13－15.

[11] 周炯亮．基于“点——轴”理论的区域经济发展探讨——以杭州地铁沿线为例［J］．科技信息，2011，No.372（16）：128＋130.

[12] 陈鼎．基于“点——轴”理论视角的高速公路道口经济发展研究——以浙江省温岭市为例［J］．中国西部，2019，No.362（3）：45－52.

[13] 习近平．《论把握新发展阶段、贯彻新发展理念、构建新发展格局》．北京：中央文献出版社，2021.

[14] 赵华林．高质量发展的关键：创新驱动、绿色发展和民生福祉［J］．中国环境管理，2018，10（4）：5－9. DOI：10.16868/j.cnki.1674－6252.2018.04.005.

[15] 王蕴，姜雪，盛雯雯．经济高质量发展的国际比较［J］．宏观经济管理，2019（5）：5－11. DOI：10.19709/j.cnki.11－3199/f.2019.05.003.

[16] 曹佑，张如兵．我国经济增长质量的内涵、考核基准及实证分析

[J]. 云南财贸学院学报，1994 (2)：45 -49.

[17] 郭庆旺，贾俊雪. 中国全要素生产率的估算：1979—2004 [J]. 经济研究，2005 (6)：51 -60.

[18] 章祥荪，贵斌威. 中国全要素生产率分析：Malmquist 指数法评述与应用 [J]. 数量经济技术经济研究，2008 (6)：111 -122.

[19] 郑玉歆. 全要素生产率的再认识——用 TFP 分析经济增长质量存在的若干局限 [J]. 数量经济技术经济研究，2007 (9)：3 -11.

[20] 金碚. 关于"高质量发展"的经济学研究 [J]. 中国工业经济，2018 (4)：5 -18. DOI：10. 19581/j. cnki. ciejournal. 2018. 04. 001.

[21] 刘海英，张纯洪. 中国经济增长质量提高和规模扩张的非一致性实证研究 [J]. 经济科学，2006 (2)：13 -22. DOI：10. 19523/j. jjkx. 2006. 02. 002.

[22] 赵英才，张纯洪，刘海英. 转轨以来中国经济增长质量的综合评价研究 [J]. 吉林大学社会科学学报，2006 (3)：27 -35.

[23] 师博. 论现代化经济体系的构建对我国经济高质量发展的助推作用 [J]. 陕西师范大学学报 (哲学社会科学版)，2018，47 (3)：126 -132. DOI：10. 15983/j. cnki. sxss. 2018. 0423.

[24] 辛岭，安晓宁. 我国农业高质量发展评价体系构建与测度分析 [J]. 经济纵横，2019 (5)：109 -118. DOI：10. 16528/j. cnki. 22 -1054/f. 201905109.

[25] 钟钰. 向高质量发展阶段迈进的农业发展导向 [J]. 中州学刊，2018 (5)：40 -44.

[26] 高敬峰. 中国制造业比较优势与产业结构升级研究 [D]. 山东大学，2008.

[27] 郭朝先. 当前中国工业发展问题与未来高质量发展对策 [J]. 北京工业大学学报 (社会科学版)，2019，19 (2)：50 -59.

[28] 魏后凯，王颂吉. 中国"过度去工业化"现象剖析与理论反思 [J]. 中国工业经济，2019 (1)：5 -22. DOI：10. 19581/j. cnki. ciejournal. 2019. 01. 001.

[29] 江静. 中国城镇居民消费性服务支出的影响因素分析 [J]. 北京工商大学学报 (社会科学版)，2014，29 (2)：24 -31. DOI：10. 16299/j. 1009 -6116. 2014. 02. 004.

[30] 原小能. 论转型经济中生产性服务业的发展 [J]. 南京社会科学，2005 (9)：17 -22.

[31] 李平，付一夫，张艳芳. 生产性服务业能成为中国经济高质量增长新

动能吗［J］．中国工业经济，2017（12）：5－21. DOI：10. 19581/j. cnki. ciejournal. 20171214. 005.

［32］郝宏杰，付文林．劳动力技术禀赋与消费性服务业增长——来自中国省级层面的经验证据［J］．财贸研究，2015，26（2）：35－43. DOI：10. 19337/j. cnki. 34－1093/f. 2015. 02. 005.

［33］张月友，董启昌，倪敏．服务业发展与“结构性减速”辨析——兼论建设高质量发展的现代化经济体系［J］．经济学动态，2018（2）：23－35.

［34］黎鹏．区域经济协同发展研究［M］．北京：经济管理出版社，2003.

［35］孙久文，原倩．京津冀协同发展战略的比较和演进重点［J］．经济社会体制比较，2014（5）：1－11.

［36］方创琳．京津冀城市群协同发展的理论基础与规律性分析［J］．地理科学进展，2017，36（1）：15－24.

［37］方金生，许信旺．浅谈区域发展协同机制的构建［J］．时代金融，2016，No. 639（29）：307－308.

［38］孙莉．基于首都临空经济视角的京津冀区域协同发展研究［J］．中国市场，2016，No. 884（17）：10－11，13. DOI：10. 13939/j. cnki. zgsc. 2016. 17. 010.

［39］刘宁．京津冀协同发展与城市型行政区相关问题探讨［J］．经济师，2019，No. 370（12）：10－11，14.

［40］王建江．京津冀人才一体化的内生逻辑及实现路径［J］．江南论坛，2021，No. 379（9）：55－57.

［41］吴滨．长江经济带协同发展的内在逻辑和具体实践［J］．国土资源科技管理，2022，39（6）：123－134.

［42］黄庆华，刘敏，时培豪．高质量发展背景下长江经济带协同创新能力研究［J］．长江大学学报（社会科学版），2020，43（4）：72－77.

［43］陈艳利，刘思妍．长江经济带区域科技创新绩效评估——协同发展视角下的灰色关联度分析［J］．中国资产评估，2022，No. 271（10）：62－71.

［44］李牧原．推动西部陆海新通道进入高质量发展新阶段［J］．中国远洋海运，2023（3）：34－41，9.

［45］孙东琪，刘卫东，陈明星．“点——轴系统”理论的提出与在我国实践中的应用［J］．经济地理，2016，36（3）：1－8. DOI：10. 15957/j. cnki. jjdl. 2016. 03. 001.

［46］刘莹．论区域协同与经济高质量发展．区域经济，2021（32）.

第三章

辽宁对东北海陆大通道的探索与实践

一、东北海陆大通道的发展背景

（一）东北海陆大通道的“路由”

东北海陆大通道是以大连港、营口港、锦州港等具备较大规模和国际化程度较高的沿海枢纽港口为海向支点，以沈阳、长春、哈尔滨等经济要素组织功能强的经济中心城市为内陆口岸枢纽和货物集结枢纽，以长（春）白（山）通（化）丹（东）、锡（林郭勒）赤（峰）朝（阳）锦（州）等运输通道为支撑，以中欧班列为主要载体，充分发挥满洲里、绥芬河、珲春、黑河、同江等边境口岸和别雷拉斯特物流中心、中白商贸物流园等海外转运枢纽功能，构建连通日韩、东南亚和我国东南沿海与蒙俄、中亚、欧洲等地区的海陆联运大通道，形成向东辐射日本、韩国，向南辐射我国东南沿海地区，向北连接蒙古国、俄罗斯，向西连接欧盟及中亚国家的东北经济振兴走廊。

推动东北海陆大通道建设，是深入贯彻习近平总书记关于东北振兴指示精神，落实中发〔2019〕37号文件，执行辽宁省委省政府关于启动东北海陆大通道总体规划重要指示批示的具体举措。作为中欧班列通道的新选择，东北海陆大通道将推动东北三省从国内物流端点变成全球物流节点，构建中蒙俄经济走廊。

东北海陆大通道发轫于20世纪60～70年代，国际社会称其为“欧亚能源通道”，即从俄罗斯西伯利亚赤塔，途经蒙古国东方省、肯特省、苏赫巴托尔省，从内蒙古自治区锡林郭勒、赤峰、朝阳、锦州市，最后由锦州港出海。

2016 年，习近平主席与蒙古国总统额勒贝格道尔吉、俄罗斯总统普京共同批准签署《建设中蒙俄经济走廊规划纲要》。其中将贯通从俄罗斯赤塔——蒙古国额仁察布——乔巴山——霍特——毕其格图——中国珠恩嘎达布其——大板——赤峰——朝阳——锦州港铁路通道，作为中蒙俄共建的第四项基础设施工程。

2018 年 9 月 28 日，习近平总书记在深入推进东北振兴座谈会上提出：“深度融入共建‘一带一路’，建设开放合作高地。要加强重点区域和重点领域合作，形成东北地区协同开放合力。”

2019 年 6 月 5 日，中俄将两国关系提升为“新时代中俄全面战略协作伙伴关系”。中俄能源合作愈发紧密，展现出强大韧性和生命力，能源贸易大幅增长，重大合作项目稳步推进，新合作成果不断涌现。

2019 年 8 月 25 日，《中共中央、国务院关于支持东北地区深化改革创新推动高质量发展的意见》（中发〔2019〕37 号文）明确提出：“加快中蒙俄经济走廊建设，加强与蒙东地区开展重点区域合作，探索建立合作机制，推动锡（林郭勒）赤（峰）朝（阳）锦（州）等陆海通道建设”，以锦州为陆海枢纽、锡林郭勒盟为陆路口岸、向北开放物流距离最短、国际枢纽联结最便利、增量市场效益最优的东北陆海新通道作为东北振兴的重要任务首次提出。这条通道的提出，一是对内加强了辽西蒙东各市（盟）与东北、京津冀及沿海地区在煤炭保供、能源开发、生态环保、基础设施、文化旅游及产业链供应链等领域的合作，推动区域经济和促进沿海地区与内陆地区互动发展，扩大内循环。二是对外北接俄蒙，南联日韩及东南沿海，是构建双循环新发展格局的新纽带。三是有利于加强我国与蒙古、俄罗斯的全方位合作，筑牢我国北方安全屏障，维护“五大安全”。

辽宁省委省政府主动融入和服务新发展格局，充分认识这条新通道是东北地区深度融入共建“一带一路”，连接亚欧国际联运的新陆桥，是对我国“一带一路”通道的完善和补充。锦州是这条新通道的新枢纽，立足于打造对外开放新前沿，实现辽宁全面振兴、全方位振兴新突破。省十三次党代会明确提出支持锦州建设区域中心城市，将推动锡（林郭勒）赤（峰）朝（阳）锦（州）陆海通道建设列为重点任务。

锡（林郭勒）赤（峰）朝（阳）锦（州）陆海通道被称为东北陆海新通道。这里的“新”：一是路由新，路径最短。二是端点新。以锦州港为端点的端点新。原来我们走行满洲里、二连浩特口岸，辽宁沿海经济带六市的大连起主导作用。锦州位于辽宁沿海经济带西部，锦州港为中国最北的港口，东北陆海新通道有别于大连港至满洲里、天津港至二连浩特，是东北三省一区向北开放的又一条连接亚欧、“通疆达海”的中蒙俄经济走廊新通道。三是功能新。辽西蒙东地区以锦州港为出海口转身向海，有了东北陆海新通道同时可以转身向欧，一直连通到外蒙、俄罗斯远东地区到欧洲。

2019 年，中共中央、国务院颁发的《建设交通强国规划纲要》，提出“打造陆海新通道”。

2020 年 9 月，时任中国外交部部长王毅访蒙期间，对《中华人民共和国和蒙古国政府关于中蒙边境口岸及其管理制度的协定》作了修订补充，确定增设“珠恩嘎达布其—毕其格图”等三个铁路口岸事宜，以扩大蒙古国的矿产品出口量及过境货物的运输量。蒙古国东部的东戈壁省、苏赫巴托省、东方省、肯特省能源矿产和金属矿产非常丰富，已探明的主要有煤、铜、铁、锰、铬、钨、钼、铝、铅、锌、砂金矿、岩金矿、磷矿、木材、萤石、石棉、石墨、绿松石、石油、油页岩矿等，已经开采并具有一定经济规模的主要以有色金属、黄金、煤和萤石为主。

辽宁省、内蒙古自治区将新通道写入“十四五”规划。在十三届全国人大四次会议上，辽宁代表团将新通道建设作为全团建议进行提报，2021 年 3 月 16 日时任国务院副总理刘鹤来辽宁代表团调研时听取了专题汇报，该建议得到了中财办、国家发改委等部委的重视。

2021 年初，锦州、锡林郭勒、赤峰、通辽、朝阳、阜新等通道沿线 6 个市（盟）召开东北海陆大通道联盟工作会议；2021 年 9 月召开了东北四省区共十五个市（盟）参加的东北陆海新通道区域合作会议，建立了东北陆海新通道沿线市（盟）合作机制。

2021 年 12 月，辽宁省第十三次党代会提出畅通海陆大通道，以海铁联运为主要方式，以大连港为枢纽、营口港为骨干，以大连—沈阳—满洲里—欧洲、大连—沈阳—霍尔果斯—欧洲等运输通道为主轴，以长（春）白（山）通（化）丹（东）、锡（林郭勒）赤（峰）朝（阳）锦（州）等运输通道为支撑，联通蒙俄和欧洲铁路干线、连接沿线枢纽和口岸，形成综合交通运输网络。

这是我省首次明确东北海陆大通道的框架体系。东北陆海新通道（锡赤朝锦通道）是东北海陆大通道的一个重要分支。

2022 年 7 月 2 日，蒙古国乔巴山至霍特至毕其格图/珠恩嘎达布其新建铁路项目正式开工，东北陆海新通道建设迎来了重大发展机遇。它的建设，使珠恩嘎达布其/毕其格图口岸到乔巴山的铁路断点得以联通，经由锦州港的货物可直达中俄铁路，中蒙俄之间物流通道更畅通。关于通道内铁路基础设施的设计，由南向北锦州港至珠恩嘎达布其口岸主要有三条通路：一是从锦州港经阜新、通辽、霍林河至珠恩嘎达布其口岸铁路，即锦新巴珠线，全长 945 公里；二是从锦州港经朝阳、赤峰、大板、白音华至珠恩嘎达布其口岸铁路，即锦赤白珠线，全长 925 公里；三是从锦州港经朝阳、赤峰、大板、巴彦乌拉、白音郭勒至珠恩嘎达布其口岸铁路，即锦赤巴珠线，全长 860 公里。其中锦赤巴珠线经中交协比选为最佳路径，比经二连浩特口岸进出境少行 250 多公里；比经满洲里口岸进出境少行 680 多公里，其物流成本优势十分明显，辐射和拉动港口腹地经济的潜力巨大，融入共建"一带一路"和服务构建新发展格局的作用非常突出。

为发挥通道经济作用，促进中俄双方贸易发展，2023 年 3 月两国元首在莫斯科共同签署《关于 2030 年前中俄经济合作重点方向发展规划的联合声明》，声明中明确提出将提升两国贸易规模、加强能源合作、大力发展互联互通物流体系、完善中俄边境重点口岸基础设施建设、扩大口岸通过能力等八个重点方向作为双方合作目标。

《辽宁省推进多式联运高质量发展优化调整运输结构行动方案（2022～2025 年）》提出，到 2025 年，辽宁省将全面完成多式联运高质量发展交通强国试点任务，初步建成东北海陆大通道。

（二）东北海陆大通道的战略意义

辽宁位于环渤海和东北亚地区中心带，是东北地区唯一沿海沿边省份，面朝日韩、背靠俄蒙，也是"一带一路"建设的重要节点，在区域协调融合发展格局中具有重要地位。东北海陆大通道，是依托辽宁港口资源和腹地运输资源的优势，以海铁联运为主要方式所构建的复合型物流体系。这条通道纵贯辽吉黑及内蒙古"三省一区"，向东辐射日韩，向南辐射东盟国家及我国东南沿海地区，向西连接俄罗斯、欧盟及中亚国家，建成后将成为推动辽宁深度融入共建"一带一路"，打造对外开放新前沿的一条经济大动脉，将有助于加强"三省一区"间的区域合作，提升区域互联互通和开发开放水平，促进形成优势互补、高质量发展的区域经济布局，为东北地区打造对外开放新前沿提供坚实的基础性保障和现实支撑。同时，东北海陆大通道也将与西部陆海新通道形成有效互补，两条战略通道发挥不同战略价值，分别助力东北全面振兴和西部大开发的深入实施。

共建“一带一路”，为时代发展赋能。加快东北海陆大通道建设，是推进东北地区深度参与共建“一带一路”、打造对外开放新前沿的迫切需要；是促进东北地区经济上规模上质量上台阶，助力新时代东北全面振兴全方位振兴的现实需要；是加强东北地区与国家重大战略衔接，深度融入构建新发展格局的时代需要。2023年是全面贯彻党的二十大精神的开局之年，也是辽宁全面振兴新突破三年行动的首战之年。东北海陆大通道建设更加协同、高效、开放，将有利于把通道优势转化为产业优势，以大通道建设促进大流通、培育大市场、畅通大循环，为打造“国家级、区域性、品牌化”的经济和文化交流平台提供有力支撑。路通则盛，路阻则衰。作为东北经济振兴的主力军，东北海陆大通道以点睛之作实现“一带一路”倡议的海陆连接，带动东北成为对外开放的新高地。

从港口自身来说，东北陆海大通道成为辽港集团继“三枢纽、四中心”之后又一发展的主要战略。凭借东北海陆大通道，向东可以辐射日本、韩国，向南辐射东盟国家及我国东南沿海地区，向西连接俄罗斯、欧盟及中亚国家，辽宁港口群拥有了更加广阔的腹地和发展空间。

东北海陆大通道也为沿线国家和地区搭建起了一条便捷的物流通道。以辽港集团开通的日本商品车过境通道为例，日本丰田商品车在大连上岸中转，经铁路通过新疆霍尔果斯口岸过境运输至哈萨克斯坦，全程运输时间仅为28天，较传统海运路线缩短2/3，开通首年发运量就超过了4000辆，良好的示范效应也引起了日本本田、斯巴鲁等汽车制造厂商的关注。

东北陆海大通道更提升了大连东北亚国际航运中心建设的能级。航运中心一个重要的标志便是港口的枢纽功能。大连地处东北亚的核心，是“一带一路”的交汇点。随着区域全面经济伙伴关系协定（RCEP）的实施，大连可以凭借海陆大通道和覆盖RCEP成员国的航线，吸引更多的日韩和东南亚货物在大连集聚，大连港的枢纽港地位将得到有效提升。

1. 是落实东北振兴要求的战略通道

东北地区是我国重要的工业和农业基地，在维护国家国防安全、粮食安全、生态安全、能源安全、产业安全方面具有十分重要且不可替代的战略地位，关乎国家发展大局。东北地区要想振兴发展，需要加快产业转型升级，优化经济结构，培育经济发展新动能。加快东北海陆大通道建设，用道路串联打通东北地区任督二脉，既可以强化沈阳、哈尔滨等经济中心城市对区域发展的辐射带动作用，又可以带动沿海各市高效协同一体化发展，以大通道建设促进大流通、培育大市场、畅通大循环，重振东北地区高质量发展雄风。

东北作为我国北方重要的开放门户，沿边向海通陆辐射优势明显，是最便捷的出海大通道和“一带一路”的重要节点。2022 年，辽宁省累计开行国际联运列车 386 列，其中中欧班列 370 列，中亚班列 16 列，累计发运 36702 标箱，物资抵达 16 个国家 53 个城市。随着我国积极推动共建“一带一路”高质量发展，中欧班列的开行，将加速物流、商流、资金流向集结中心集聚，形成中欧班列产业生态圈雏形，充分发挥海陆大通道在新时代东北振兴“战役”中的先锋作用，在新时代东北全面振兴的大潮之中，展现更大担当与作为。

2. 是加快构建新发展格局的开放通道

以国内大循环为主体，打造辽蒙合作先导区，紧扣“一体化”和“高质量”两个关键，共谋新机制、共筑都市圈、共抓产业链、共聚创新力，通过体制机制创新、飞地经济、优化营商环境等措施，做强锦州通道门户港、枢纽港，打造东北对外开放新前沿，服务通道及通道辐射区域经济协同发展，加快构建以国内大循环为主体、国内国际双循环相互促进的新发展格局。

3. 是助力区域经济发展的贸易通道

东北海陆大通道以锦州港为海陆核心交汇点，向北贯穿蒙古国、俄罗斯，直达欧洲发达国家，向南辐射华东、华南、长三角、珠三角等中国经济发达地区，向东连接日本、韩国东北亚发达经济体，是一条全新的丝绸之路，是构建“东北亚经济圈”国际经济合作的海陆贸易通道，是《区域全面经济伙伴关系协定》签订后，亚太区域自由贸易的关键通道。

4. 是维护国家利益的安全通道

从目前国际形势看，中蒙俄联合推进“东线铁路走廊”和东北海陆大通道建设，有利于加强我国与俄罗斯的全方位合作，有利于化解蒙古国“第三邻国”政策对中国的不利因素，可与内陆国中的友好邻国更好的处理双边或多边关系，成为维护国家国防安全的重要屏障。

二、东北海陆大通道的探索与实践历程

（一）东北海陆大通道的探索与实践

2013年9月和10月，中国国家主席习近平在出访中亚和东南亚国家期间，先后提出共建“丝绸之路经济带”和“21世纪海上丝绸之路”的重大倡议。辽宁省委省政府高度重视“一带一路”建设，积极谋划发展“辽海欧”“辽满欧”“辽蒙欧”国际大通道。

2019年，中共中央、国务院出台了中发37号文件，提出“推动锡（林郭勒）赤（峰）朝（阳）锦（州）等陆海通道建设”，推进锡赤朝锦陆海通道建设成为落实国家战略的重要举措，开启了东北陆海新通道建设开端。

2020年12月5日，辽宁省委省政府就东北陆海新通道建设作出“早办，不等规划”的重要批示；随后，辽宁省政府成立了以常务副省长为组长的东北陆海新通道建设领导小组，出台了《推进东北陆海新通道建设方案》。

2021年2月4日，辽宁省锦州市、阜新市、朝阳市和内蒙古自治区的锡林郭勒盟、赤峰市、通辽市等六市（盟）召开视频会议，共同组建“东北陆海新通道沿线地方政府协作联盟”。

2021年12月30日，辽港集团举行东北海陆新通道推介会，宣布将以大连港为枢纽大力实施东北海陆大通道战略。

2022年1月12日，陈绿平副省长主持了召开东北海陆大通道专题会议，进一步明确了东北海陆大通道建设的重点任务。我省积极推进锡赤朝锦陆海通道，推进中蒙俄蒙古国东线铁路走廊项目建设，形成辽宁港口与蒙古国东线铁路与西伯利亚大铁路便捷连接新的国际出海新通道。

2022年1月，省政府成立东北海陆大通道建设工作专班，推进东北海陆大通道建设，正在制定海陆大通道规划以及工作方案，努力破解我省在通道建设中“硬联通”和“软联通”的短板问题，举全省之力共同解决大通道建设中的薄弱环节，助力辽宁振兴发展。初步形成了《关于加快推进东北海陆大通道实施方案（审议稿）》，研究制定《辽宁省推进多式联运高质量发展优化调整运输结构行动方案》《交通运输助力东北海陆大通道建设2022年工作要点》，提出构建服务“一带一路”的国际综合运输大通道，打造连通日韩、东南亚和东南沿海与蒙

俄、中亚、欧洲等地区的“北上西进”两主两辅东北海陆大通。初步形成了《关于加快推进东北海陆大通道实施方案（审议稿）》。《实施方案》提出十三项重点工作任务规划出总体要求、通道顶层设计、实施通道保障、加强基础设施硬联通和提升服务效能软联通等五个部分。

2022 年 2 月 25 日，在辽宁沿海经济带工作推进会上，沿海经济带六城市与辽港集团签署《辽宁沿海经济带六城市辽宁港口集团有限公司战略合作框架协议》，“推进东北海陆大通道建设”作为重要内容被写进协议。2022 年 2 月，冬奥会开幕式期间，国家主席习近平会见蒙古国奥云额尔登总理，双方互换照会确认“珠恩嘎达布其—毕其格图口岸铁路过境点”。

2022 年 3 月，在第十三届全国人大五次会议上，辽宁代表团将“关于支持东北海陆大通道建设的建议”作为全团建议向大会提交，并建议将东北海陆大通道建设上升为国家战略。

2022 年 8 月 3 日，锦州市举办“开放新通道，跨境新平台”招商推介会，全力抢抓东北海陆大通道建设机遇，集聚打造产业发展新业态、培育对外开放新平台。

2022 年 10 月 19 日，辽宁省政府召开东北海陆大通道工作专班（扩大）会议，旨在进一步贯彻落实好我省印发的《关于加快推进建设东北海陆大通道的意见》，总结成果，交流经验，部署东北海陆大通道建设下一阶段重点工作。

2022 年 11 月 19 日辽宁省人民政府主办，省商务厅、省发展改革委、省交通运输厅、省政府外事办承办的 2022 东北海陆大通道高峰论坛在沈阳新世界博览馆举行。论坛以“创新引领 通道集聚 开放合作 共建共享”为主题，采取线上线下相结合的形式，邀请了国内著名专家学者和通道沿线合作伙伴，围绕加快推进东北海陆大通道建设资政献言，助力辽宁经济高质量发展。

2023 年 2 月，中国共产党辽宁省第十三届委员会第五次全体会议审议通过了《辽宁全面振兴新突破三年行动方案（2023～2025 年）》，实施全面振兴新突破三年行动要在 10 个方面实现新突破，其中之一就是要提升开放合作水平，深化重点区域国际合作，构建高能级开放合作平台，建设东北海陆大通道，在打造对外开放新前沿上实现新突破。要坚持农业农村优先发展，完善现代农业产业体系，培育壮大乡村产业新业态，实施乡村建设行动，在全面推进乡村振兴上实现新突破。要统筹“一圈一带两区”建设，推进沈阳现代化都市圈一体化发展，高质量建设沿海经济带，建设辽西融入京津冀协同发展战略先导区，加快发展辽东绿色经济区，增强县域经济综合实力，建设海洋经济强省，在促进区域协调发展上实现新突破。要推进美丽辽宁建设，稳步推进碳达峰碳中和，深入推进污染防治，加强生态保护和修复，在绿色低碳发展上实现新突破。

2023 年 3 月 20～22 日，习近平总书记在应邀访问俄罗斯期间，与俄罗斯总统普京发表了《关于 2030 年前中俄经济合作重点方向发展规划的联合声明》，指出将在大力发展互联互通物流体系等八个重点方向开展双边经济合作，特别是重点口岸建设，提升通关和查验效率。

（二）东北海陆大通道建设已经取得的成效

东北海陆大通道以干线铁路为核心载体，连接沿海枢纽港口和陆路边境口岸，通过公路、铁路、海运、航空等多种物流组织方式的高效联动，构建联通全球的互联互通网络。当前，东北海陆大通道海陆空辐射网络稳步拓展，通道运行效率逐步提升，运输服务水平不断增强，维护供应链产业链稳定更加有力，发挥着越来越重要的国际运输通道作用。东北海陆大通道运行效率逐步提升、服务水平不断增强、维护供应链产业链稳定，在国际运输通道中越来越发挥着重要作用。

1. 硬联通成效显著

辽宁港口资源整合实现突破，辽港集团挂牌运营，港口集疏运体系建设不断加强。其中，大连港拥有集装箱班轮航线 100 余条，连通 160 多个国家和地区的 300 多个港口，实现 RCEP 成员国核心港口全覆盖。沿海港口积极推进“智慧港口 2.0”建设，赋能海陆大通道效果明显。大连机场开通大阪、首尔、海参崴等跨境电商和生鲜货运专线，周货运航线由 14 班增至 20 班以上，国际航班通达性和辐射范围大大提升。

2. 软联通成绩突出

不断深化申报模式、监管模式、服务模式改革创新，持续精简进出口环节监管证件。口岸部门持续深化国际贸易“单一窗口”功能建设，全面覆盖水、陆、空口岸各类进出口业务。推动各港口加强与海关、海事等部门协同，压缩航期，加快通关速度。2022 年 5 月，辽宁省口岸工作领导小组印发《辽宁省口岸发展三年行动方案（2022～2024 年）》，部署 24 项重点任务，加强口岸建设。推进海铁联运、国际铁路联运、跨境班车等多种运输组织方式与中欧班列高效衔接；推动大连、营口、锦州等港口城市建立中欧班列海铁联运协同机制；推动中欧班列由“点对点”向“枢纽对枢纽”模式转变。

3. 通道运输取得新突破

近年来，“辽满欧”“辽蒙欧”和“辽海欧”三条综合运输通道开通运营，尤其是“辽满欧”已成为我省中欧班列的主要通道。沈阳中欧班列集结中心、大连港与日韩及以南地区的便捷对接得到进一步加强。2021 年，大连市直发中欧班列开行 121 列，其中出口 86 列、进口 35 列；日韩经大连至中亚商品车全年突破 4000 辆。2021 年 5 月 28 日，“锦州—莫斯科别雷拉斯特”中欧班列在锦州港站启程。2021 年 8 月 9 日，锦州港—俄罗斯东方港的外贸直航航线实现首航。2023 年 4 月底，锦州港与俄罗斯十月铁路局在圣彼得堡进行会晤，并由锦州市人民政府与十月铁路局签订《会议纪要》确认将发挥彼此优势，共同打造中俄物流新体系。

4. 基础设施建设稳步推进

截至目前，我省重点推进盘锦港 10 万吨级航道工程、30 万吨级原油码头工程、营口港鲅鱼圈港区钢杂泊位改造一期工程等一批重点项目建设。加快推进沈白高铁建设，进一步完善高速铁路网络，释放普速铁路运输能力。全力推进沈丹铁路凤凰城至金山湾段扩能改造、沈丹铁路桃仙机场段外迁工程建设，推动打破沈阳至丹东和东北东部铁路通道运输瓶颈。

5. 港口枢纽能级不断提升

我省海运航线不断完善，2022 年 3 月和 8 月，首条大连至澳大利亚直航航线以及大连至烟台货滚与集装箱并行陆海复合联运航线相继开通。智慧港口建设不断推进，完成两条作业线自动化改造，目前，我省拥有集装箱海运航线 185 条，其中外贸航线 93 条、内贸航线 92 条，联通 160 多个国家和地区的 300 多个港口，实现区域全面经济伙伴关系协定（RCEP）成员国核心港口全覆盖。

6. 辽宁中欧班列已步入高质量发展轨道

作为东北海陆大通道建设的重要支撑，辽宁中欧班列为通道建设奠定了坚实基础。我省首发沈阳至法兰克福中欧班列，首发沈阳至哈萨克斯坦中亚班列，首发沈阳至万象中老国际货运列车，沈阳、大连实现至别雷拉斯特双向贯通。我省中欧班列可直达汉堡、杜伊斯堡、法兰克福等10个境外终到站，辐射全球近20个国家50余座城市。成功开通东北地区首单“班列+跨境电商”业务，为辽沈跨境电商企业开辟了安全、便捷、高效的国际物流新通道。2023年4月24日，中国出口至俄罗斯的石材以多式联运方式通过蒙古国额仁查布口岸，由后贝加尔站上西伯利亚铁路运至圣彼得堡。2023年6月29日，“锦州港—珠恩嘎达布其—后贝加尔—莫斯科”试运发车启动，经珠恩口岸，在蒙古额仁查布转关，在俄罗斯后贝加尔站搭乘俄铁发至莫斯科。2022年1~8月，我省中欧班列开行543列，同比增长31.16%，居东北第一位，全国第六位。其中，出口班列291列，同比增长21.76%；进口班列252列，同比增长44%。2023年6月中旬，俄罗斯铁路集团在十月铁路局的调度协调下，安排其旗下的RZDBA与锦州港签订《合作备忘录》，约定由俄罗斯铁路集团旗下唯一的铁路车板、集装箱等所有运输类资产的运营公司RZDBA组织实施新物流体系在俄罗斯境内段的运营。

7. 重点项目稳步推进

我省加快推进中欧班列（沈阳）集结中心建设，编制完成《中欧班列（沈阳）集结中心建设方案》，注册成立中欧班列（沈阳）集结中心建设运营有限公司，于洪蒲河中欧班列集结中心预计年底前竣工。营口市推进鲅鱼圈港区钢杂泊位改造一期工程、仙人岛疏港高速、粮食产业园建设。锦州港与内蒙古东乌旗政府共同建设珠恩口岸国际物流园。别雷拉斯特物流中心高效运营，开通至国内22个城市中欧班列线路，俄罗斯境内开通至俄罗斯远东方向、欧洲方向及白俄罗斯的30多条集装箱班列线路，运输网络基本形成，2022年1~8月集装箱装卸量10.6万标准箱，同比增长45%。

8. 海外仓业务开展顺利

为助力中蒙俄贸易快速发展，锦州港全力推进海外仓业务，吸引俄蒙出口商及生产型企业将其销售库前置至锦州港，在为其提供仓储服务的同时，通过金融植入、物流服务、转口贸易等系列贸易服务手段，协助俄蒙企业开拓国际市场。目前已规划港区内16.5万平方米用于海外仓场地，可提供一次性散货堆存能力100万吨。已有10.7万吨进口俄煤入仓，后续将利用港内海关监管堆场继续开展煤炭等大宗散货业务。2023年6月20日，“安洋2”轮55万吨进口俄煤抵靠锦州港，标志着锦州港规划建设“中蒙俄——中国（锦州港）综合商品海外仓”首单入仓业务落地，更标志着锦州市与蒙俄贸易战略布局进入务实合作阶段，实现中蒙俄供需两端市场规模化有效对接，推动人民币结算业务，打造为集外贸进出口、内贸出口、外贸转口、外贸保税于一体的综合物流转运基地。

三、东北海陆大通道建设过程中存在的问题

东北海陆大通道不但事关“一带一路”建设和东北全面振兴、全方位振兴，还事关落实习近平总书记提出的努力构建“东北亚经济圈”倡议。务实推进东北海陆大通道建设实践过程，是凝心聚力、攻坚克难的过程，是勇立潮头、勇于创新的过程。随着东北海陆大通道建设的不断推进，问题也逐渐凸显。

（一）在规划布局层面缺乏国家顶层设计

通道沿线城市之间缺少一体化、高质量的区域整体发展规划，缺乏国家层面顶层设计。铁海联运涉及国际国内，涵盖铁路、海事、海关、商务、外交等多个领域，从国家层面进行统筹规划和协调解决实施中相关问题体制、机制还没有建立起来。比照西部陆海新通道，国家发改委于 2019 年 8 月 15 日发布《西部陆海新通道总体规划》（以下简称《规划》），《规划》颁布后，当时广西北部湾用海、用地、部补资金争取都得到国家支持。因此，东北海陆大通道亟待加快推进顶层设计，争取国家部委对通道建设提供政策指导和支持，将东北海陆大通道建设作为落实东北振兴重大举措，将东北海陆大通道上升为国家战略，出台明确关于东北海陆大通道的规划性文件，从国家层面统筹推进东北海陆大通道建设。

（二）从省际会商层面还没有建立稳定的省际高层互访机制

通道沿线各市盟合作的积极性和热情都很高，但通道沿线区域合作机制特别是省际合作机制还未形成，亟须两省区政府立足东北振兴实现新突破，实现联动，从规划设计、政策争取、组织实施协同推进。共同加大加密与国家发改委、海关总署、中国铁路建设集团及各类智库的工作衔接，协调推动东北海陆大通道建设。

（三）从集疏运体系建设上看通道基础设施建设存在短板

1. 通道国内国际段存在断点

东北海陆大通道虽已具备通疆达海的基础条件，但目前通道交通还未全面完成，尽头式支线和单线多，锦州港—巴彦乌拉—珠恩嘎达布其口岸—乔巴山的这条最短、最快的主通道尚未打通。国内段三处断头路：一是巴新铁路（巴彦乌拉—新邱铁路）大板至巴彦乌拉段157公里，已完成全部路基、桥梁和涵洞等主体工程，只有铺轨工程尚未动工；二是巴珠铁路（巴彦乌拉—珠恩嘎达布其）四期巴彦乌拉至白音郭勒段75公里未修建；三是巴珠铁路东乌旗至嘎达布其南4.9公里联络线未修建。国外段建设情况看，经珠恩嘎达布其口岸通往欧洲的蒙古国境内毕其格图—霍特—乔巴山380公里没有修建铁路。

2. 港口能级不足

围绕东北海陆大通道建设将形成了一个以锦州港为出海口的中蒙俄铁路环廊，利用这个铁路环廊，可调动蒙古国东部地区和俄罗斯西伯利亚及远东地区的资源，为东北资源型城市经济转型和可持续发展服务，全力推动冶金、钢铁等产业的承接、优化、升级，成为沿线各市盟企业最便捷、成本最低的物资通道。与此同时，为各市盟的汽车零配件、化工原料、光伏板、硅片等十几个品种出口欧洲提供了一条新的物流通道。锦州港急需在短时间内完成扩能升级，建设30万吨深水航道，建设多个大型集装箱、散货泊位，新建港区铁路线，建设多个成品油及原油储罐等等。需要不断完善港口集疏运体系，全力保障东北海陆大通道沿线各市盟企业生产原料、产成品的物流供应需求，同时大力提升绿色港口、智慧港口建设水平，实现跨越式发展，成为东北海陆大通道的国际门户港。锦州港30万吨航道改扩建工程纳泥用海、融资难等问题制约着港口扩能改造。

3. 辽宁中欧班列发展存在“堵点”和“难点”

作为东北海陆大通道建设的重要支撑，辽宁中欧班列已步入高质量发展轨道，为通道建设奠定了坚实基础。辽宁中欧班列已构建起西、中、东3条出境通道，途经满洲里、绥芬河、二连浩特、阿拉山口和霍尔果斯5个口岸线路的发运格局，到达站也延伸到俄罗斯别雷拉斯特、波兰马拉舍维奇、德国杜伊斯堡等地，最长线路运距达 1.13 万公里。

但我们也清醒地认识到，辽宁中欧班列发展仍面临诸多制约因素，主要体现在以下几方面：一是班列计划指标不足。沈阳、大连都面临班列计划不足的问题，造成货物积压严重，影响发运时效、运行质量和业务拓展。二是班列创新服务模式不够。我省还没有开通冷藏班列和邮包专列，中欧班列与综合保税区、自由贸易试验区政策融合度还没有完全释放。三是产业聚集效应不明显。在全省产业规划中嵌入中欧班列元素还不足，还没有形成围绕中欧班列开展产业谋划的意识。

（四）从加强口岸建设方面看通关效率有待提高

锦州港利用珠恩嘎达布其口岸开展多式联运问题、增加锦州港进境粮食仓储设施问题、扩展锦州港保税物流中心业务范围问题，均需得到海关给予业务指导和政策支持。

（五）通道对生产要素的组织配置能力急需拓展

东北地区是我国重要的老工业基地，拥有健全的能源、化工、汽车、装备制造等产业体系，在全国的制造业与能源产业中占据着重要地位。然而，近些年来，东北地区工业增加值占全国比重已由 2000 年的 11% 左右，下降到 2022 年的 5% 左右。推动东北全面振兴取得新突破，关键在于要让“老工业基地”东北，重新焕发出强大生命力 。当前，东北海陆大通道建设以提升和发挥交通物流功能为主，面对提振区域经济活力的迫切需要，亟须在通道扮演“运输队”“马车夫”的角色基础上，充分利用低成本、高效率、规模化的交通物流发展优势，以通道新供给培育新需求，拓展通道对生产要素的组织配置能力，构建符合现代产业运行特征和区域产业链、供应链协同发展特征的产业走廊，引导形成产业链上下游紧密关联配套、优势互补的区域经济布局，开创交通物流与经济发展深度融合新局面，不断提升东北经济的发展活力、内生动力和整体竞争力。

（六）国际形势对东北海陆大通道的影响

全球经济不确定性依然较大，俄乌冲突持续冲击能源、粮食等供应，推高全球“滞胀”风险，美国等主要经济体货币政策进一步紧缩，全球金融市场波动加大。中国面临外需减弱、全球金融市场动荡、地缘政治冲突等风险。但随着区域全面经济伙伴协定（RCEP）的正式生效，区域国际贸易便利化程度进一步提升以及东北振兴战略的深入推进，给辽宁沿海经济带也带来了新的发展机遇。

本章参考文献：

[1] 李庆满．畅通海陆大通道促进辽宁沿海经济带产业协同发展研究．研究报告．

[2] 李卫波．东北海陆大通道助推东北全面振兴取得新突破的思考［J］．中国国情国力，2023（5）：33－37. DOI：10. 13561/j. cnki. zggqgl. 2023. 05. 007.

[3] 曹洪滔，赵天添．以东北海陆大通道建设助推东北振兴的实施方略［J］．辽宁经济，2022（7）：33－37. DOI：10. 14041/j. cnki. 1003－4617. 2022. 07. 004.

[4] 陆娅楠，丁怡婷，韩鑫．奋力书写新时代东北振兴的崭新篇章［N］．人民日报，2022－8－23（4）．

[5] 国家发展和改革委员会．党领导东北地区振兴发展的历史经验与启示［EB/OL］．（2021－07－21）．https：//www. ndrc. gov. cn/fggz/fgzy/ xmtjd/202107/t20210721_1291202. html.

[6] 赵英明．辽宁代表团建议：将东北海陆大通道上升为国家战略［EB/OL］．（2023－03－10）．https：//baijiahao. baidu. com/s？ id＝1759933011572530564&wfr＝spider&for＝pc.

[7] 国务院新闻办公室．辽宁举行“贯彻党的二十大精神——实施全面振兴新突破三年行动”主题系列新闻发布会（第七场）［EB/OL］．（2023－03－23）．http：//www. scio. gov. cn/xwfbh/gssxwfbh/ xwfbh/liaoning/Document/1738645/1738645. htm.

[8] 刘威，张丹．东北振兴再出发：从问题思维到优势视角［J］．理论探讨，2022（3）：157－166.

[9] 张双悦．东北地区全面振兴的路径依赖、锁定与新突破［J］．哈尔滨工业大学学报（社会科学版），2022，24（5）：153－1.

第四章 东北海陆大通道与辽宁沿海经济带高质量发展

一、东北海陆大通道的联通和协同功能

在新的历史条件下，东北海陆大通道是“辽宁沿海经济带推动东北振兴取得新突破”的重要抓手，辽宁沿海经济带通过东北海陆大通道实现区域联通和产业协同。

东北海陆大通道以大连港、营口港、锦州港等沿海枢纽港口为海向支点，以沈阳、长春、哈尔滨等经济中心城市为内陆口岸枢纽和货物集结中枢，纵贯我国东北地区。东北海陆大通道以干线铁路为核心载体，连接沿海枢纽港口和陆路边境口岸，通过公路、铁路、海运、航空等多种物流组织方式的高效联动，构建联通全球的互联互通网络。

习近平总书记在党的二十大报告中指出：“加快构建新发展格局，着力推动高质量发展”，为辽宁沿海经济带未来发展指明方向。东北海陆大通道建设为辽宁沿海经济带、辽宁全省乃至整个东北三省一区提供了重大发展机遇。辽宁沿海经济带要充分利用海陆通道纽带，加强国际和区域合作，推动产业协同发展、高质量发展。

《国务院关于辽宁沿海经济带高质量发展规划的批复》（国函〔2021〕91号）明确指出：“《规划》实施要以习近平新时代中国特色社会主义思想为指导，深入贯彻党的十九大和十九届二中、三中、四中、五中全会精神，立足新发展阶

段，完整、准确、全面贯彻新发展理念，构建新发展格局，以推动高质量发展为主题，以深化供给侧结构性改革为主线，以改革创新为根本动力，以绿色低碳发展为引领，统筹发展和安全，聚焦新旧动能转换，做好改造升级“老字号”、深度开发“原字号”、培育壮大“新字号”三篇大文章，大力发展海洋经济，加快发展现代产业体系，完善区域协调发展机制，全面推进更高水平对外开放，积极参与东北亚经济循环，在国际经贸合作中增强竞争力，以辽宁沿海经济带高质量发展推动东北振兴取得新突破。”

东北海陆大通道的建设将是辽宁沿海经济带“完善区域协调发展机制，全面推进更高水平对外开放，积极参与东北亚经济循环”的重要载体，是新发展阶段“辽宁沿海经济带推动东北振兴取得新突破”的重要抓手。

畅通东北海陆大通道的实质是以辽宁沿海经济带优越的地理区位、发展基础与通道之间存在的内在关联为前提，以城市枢纽为核心，以重要发展载体、平台为引领，以交通干线为纽带，依托经济开放合作，在国家之间、区域之间、省际之间、城市之间、城乡之间、各产业之间，建立紧密的经济联系。

加快推动东北海陆大通道建设，能够以高水平开放合作为主要手段重塑东北区域发展的动力系统，发挥大通道聚集物流、贸易、产业资源的作用，推动产业协同发展，尽快形成以辽宁沿海经济带为引领、推动辽宁及东北全域高质量发展的内生机制。

在要素集散与流动机制方面，东北海陆大通道的建设和运行能够大大提升物流业效能，使各国的资源、产品、人才和资本等各类要素在彼此之间得到充分流通，空间移动更加便利，周转时间大幅缩短，从而形成更加合理的配置。辽宁沿海经济带将有机会获得更多新资源、新产品和新服务，从而可以更好地促进本地区经济发展，并且带动辽宁全省和东北地区的发展。

在产业链机制方面，东北海陆大通道的建设和运行能够使各类产业链的上下游之间形成更加快捷的物理联通，便于形成更加强大的产业共生网络。同时东北海陆大通道对各地重点产业的强链、补链、延链也将起到直接的促进作用，对辽宁沿海经济带的产业升级具有重要意义，同时也给辽宁全省和东北地区带来了新机遇。

在合作机制方面，东北海陆大通道的建设和运行能够有效推动国际合作、区域合作、省际合作、城市合作、产业合作，这对辽宁沿海经济带内部城市协同、辽宁沿海经济带和内陆腹地互动都具有直接的促进作用。辽宁沿海城市之间可以形成更强大的合力，辽宁沿海经济带对内陆的辐射带动作用也将更强。

二、辽宁沿海经济带高质量发展的战略定位和空间布局

进入新的历史发展阶段，辽宁沿海经济带高质量发展的战略定位和空间布局必须在深入考虑东北海陆大通道桥梁纽带作用的前提下进行重组和优化。

（一）战略定位

东北海陆大通道是辽宁沿海经济带驱动东北全面振兴的战略引擎。依托海陆大通道推动辽宁沿海经济带高质量发展，是促进辽宁振兴发展、推动东北振兴取得新突破、高水平参与东北亚区域合作的核心动力。

东北海陆大通道是东北地区全面对外开放合作的战略纽带。依托大通道贯通东北亚的区位优势，统筹国际国内两个市场两种资源，以全方位开放支撑东北内陆、沿海、沿边高质量开发开放。

东北海陆大通道是东北地区融入“一带一路”的陆海联动战略通道。有机衔接丝绸之路经济带和 21 世纪海上丝绸之路，使之成为促进陆海内外联动、东西双向互济的桥梁和纽带。

（二）空间布局

根据辽宁省第十三次党代会要求，东北海陆大通道是以大连—沈阳—满洲里—欧洲和大连—沈阳—霍尔果斯—欧洲等运输通道为主轴，以长（春）白（山）通（化）丹（东）、锡（林郭勒）赤（峰）朝（阳）锦（州）等运输通道为支撑，联通蒙俄和欧洲铁路干线，连接沿线枢纽和口岸，形成综合交通运输网络。

——主轴通道。大连—沈阳—满洲里/二连浩特—欧洲和大连—沈阳—霍尔果斯/阿拉山口—欧洲等运输通道。

——支撑通道。锡（林郭勒）赤（峰）朝（阳）锦（州）、长（春）白（山）通（化）丹（东）等运输通道。锡赤朝锦陆海新通道由南向北主要有三条通路：锦新巴珠线、锦赤白珠线和锦赤巴珠线，其中，锦赤巴珠线为最短路径。

——枢纽和节点。首先是以大连为引领的辽宁沿海六个港口城市；其次是沈阳、朝阳、阜新等省内城市；再次是省外的关联城市，如通化、白山、长春、满洲里、二连浩特、霍尔果斯、珠恩嘎达布其等；最后是位于境外起配套支持作用的枢纽城市（如莫斯科别雷拉斯特）。其中，大连、沈阳、锦州、丹东等重要沿海及省内城市，珠恩嘎达布其、满洲里等货物出入境城市，是核心枢纽；朝阳、赤峰、通化、白山、长春等省内外重要支点城市是重要节点。

——覆盖区域。核心区域是辽宁沿海经济带；紧密区域是辽宁省内其他城市所在区域；协作区域是吉林、黑龙江、内蒙古、环渤海经济圈相关省份、东南沿海等通道所涉区域；辐射区域是日韩、蒙古与俄罗斯、中亚、欧洲和东南亚等相关国家。

三、辽宁沿海经济带高质量发展的重心

在东北海陆大通道框架下，辽宁沿海经济带高质量发展的重心是依托于海陆大通道的产业协同发展。

（一）辽宁沿海经济带高质量发展的核心是产业高质量发展

《辽宁沿海经济带高质量发展规划》指出：“辽宁沿海经济带高质量发展的指导思想是以习近平新时代中国特色社会主义思想为指导，深入贯彻党的十九大和十九届二中、三中、四中、五中全会精神，立足新发展阶段，完整、准确、全面贯彻新发展理念，构建新发展格局，以推动高质量发展为主题，以深化供给侧结构性改革为主线，以改革创新为根本动力，以绿色低碳发展为引领，统筹发展和安全，聚焦新旧动能转换，做好改造升级‘老字号’、深度开发‘原字号’、培育壮大‘新字号’三篇大文章，大力发展海洋经济，加快发展现代产业体系，完善区域协调发展机制，全面推进更高水平对外开放，积极参与东北亚经济循环，在国际经贸合作中增强竞争力，以辽宁沿海经济带高质量发展推动东北振兴取得新突破。”

辽宁沿海经济带高质量发展的核心是产业高质量发展，辽宁沿海经济带要把实体经济作为经济发展的着力点，坚决遏制“两高”项目盲目发展，推动实现碳达峰、碳中和目标，支持传统优势产业实施高端化智能化绿色化改造，推进资

源型产业向产业链价值链中高端发展，培育壮大新兴产业，加快新旧动能转换，为高质量发展形成良好产业支撑。

（二）辽宁沿海经济带产业高质量发展的重心是协同发展

协同发展是指不同地区、领域、部门和企业在经济、社会、科技、环境等方面相互促进、共同发展，以实现资源共享、优势互补、互利共赢。产业高质量发展需要基础设施互联互通，需要上下游发展联动，需要共享创新资源和市场，这些都要以协同发展作为支撑。协同发展能够起到既补各自的短板，又锻造共同的长板的作用，是产业高质量发展的基础。

以辽宁沿海港口为例，在整合之前，辽宁各港口由于历史原因，内部过度竞争等问题突出，发展形势严峻；港口总体能力过剩，资源利用效率有待提高；局部资源紧张，港口结构性配置不均衡，产品附加值低，全程物流、供应链等集成服务发展滞后。在整合之后，辽港集团借助招商局集团的全球网络和资源，对外围绕航运中心建设，积极开辟航线，升级服务，吸引外贸货源；对内通过重组整合提质增效，逐步打破过去港口间各自为战、重复建设、恶性竞争的局面，货物吞吐量、经营业绩等核心指标实现平稳、有序增长；与招商港口南北互动，合力打通粮食、集装箱南北互动的大通道，并在油化品等业务上开展了卓有成效的协同合作；通过与招商局集团航运、地产、金融等板块的业务协同，引进特色临港产业项目，集聚航运中心资源要素，将“招商力量”有效融入“世界一流强港”和东北亚国际航运中心建设当中（注：本部分资料来自招商局集团有限公司）。辽港集团已成为振兴东北老工业基地重要举措和央地重组的标志性案例，辽港集团的发展充分证明了协同发展是产业高质量发展的基础。

（三）东北海陆大通道对辽宁沿海经济带产业协同发展具有重要促进作用

首先，东北海陆大通道的建设将加快辽宁沿海经济带的基础设施联通。各种运输方式竞相发展、互联互通，多式联运也将更加便利快捷。沿海各市之间交通更加便利，彼此之间的联系将更加密切。这对辽宁沿海经济带的交通运输业、商贸流通业、旅游业等产业的协同发展都将起到直接的促进作用。

其次，东北海陆大通道将会大幅提升沿海各市的物资集散能力。国内外的各种资源和产品能够高效率地送达本地，本地的资源和产品也能够高效率地输送到世界各地，成本也更加低廉。这种高效率的周转，能够极大地促进产业链上下游之间的合作。辽宁沿海经济带各城市之间由于地理临近的原因，产业协同将会更加密切，也可以共享各种资源。这对辽宁沿海经济带的制造业、农产品加工业等传统产业的协同发展都将起到促进作用。

最后，东北海陆大通道将给沿海各市带来更多新资源和新产品。辽宁沿海经济带各城市都是东北海陆大通道重要的水路、铁路、公路节点，未来将会迎来大量国内外大宗货物和集装箱的中转，沿海各市可以充分利用其中的新资源和新产品来促进本地产业发展。沿海各市之间可以分工协作，也可以形成集群优势。这将对辽宁沿海经济带的战略性新兴产业的协同发展起到促进作用。

（四）当前辽宁沿海经济带高质量发展还不适应东北海陆大通道建设要求

当前，辽宁省和东北地区正在积极推进东北海陆大通道建设，但是辽宁沿海经济带高质量发展的现状还不适应东北海陆大通道的建设要求。

第一，辽宁沿海经济带政府层面的协同发展尚处于起步阶段。辽宁沿海经济带 2009 年上升为国家战略，但长期以来沿海各市的关注重点仍然是自身的发展，辽宁省和各市沿海办一度被撤销。在 2022 年首届辽宁沿海经济带工作推进会议召开以后，沿海六市才建立了三级联动机制。目前，辽宁沿海经济带构建了联席会议制度，制定了《辽宁沿海经济带六城市联席会议章程》，建立了实体化联席会议办公室，各市选派工作人员到大连市集中办公。沿海六市推进“六六八”协同发展体系，探索促进规划制定、产业发展、科技创新、开放合作、民生事业、制度创新的“六项协同机制”。各项工作目前尚处于起步阶段，还未能形成有效合力，实质性协同尚未有效开展。

第二，辽宁沿海经济带经济体量相对较小。2022 年，沿海六市中大连市地区生产总值为 8431 亿元，相对较好。营口、盘锦、锦州、丹东、葫芦岛五市的地区生产总值分别只有 1432 亿元、1394 亿元、1202 亿元、891 亿元和 871 亿元。而同期江苏省排名最末的连云港市的地区生产总值却高达 4005 亿元。辽宁沿海经济带的经济规模与东北海陆大通道建设的投资需求之间存在一定矛盾。

第三，辽宁沿海经济带各市在产业结构上存在同构，各地争相发展石油化工、装备制造等行业，地区之间未能形成有效分工，很多企业处于产业链相对低端的位置，竞争较为激烈，协同发展的意识和能力比较缺乏。

第四，辽宁沿海经济带创新驱动发展存在短板。大连市创新能力相对较强，而其他城市相对较弱。沿海各市在创新资源的协同共享方面与发达地区相比还有很大差距。缺乏创新支撑的企业在参与国际竞争时也将会面临巨大压力，生存将会受到威胁。辽宁沿海经济带的高层次人才和青年人才的流失也不容忽视。

(五) 辽宁沿海经济带制造业与物流业协同度量评价

辽宁海洋经济带高质量发展的关键是制造业的振兴与发展。而物流业的发展水平能够直接体现制造业发展程度。辽宁沿海经济带高质量发展与东北海陆大通道的物流支撑功能密不可分。因此，本书以辽宁沿海经济带沿海六市制造业与物流业有序度和协同度的研究来说明这些城市内部制造业与物流业的协同状况以及城市之间制造业与物流业的协同程度，从而探讨东北海陆大通道框架下辽宁沿海六市制造业与物流业协同发展中存在的问题。

1. 指标体系构建

基于以上，本书从研究辽宁沿海制造业子系统、物流业子系统出发，构建辽宁沿海六市协同评价体系。为后续构建模型和计算奠定理论基础。

(1) 指标选择的原则。本研究在指标的选择方面，既考虑了传统文献在产业协同评价中的相关理论内容，同时也兼顾到了辽宁沿海六市在产业发展及背景的特殊性。本研究在指标选择中主要贯彻以下主要原则：

科学性原则。在辽宁沿海城市制造业与物流业指标选取过程中应尽量避免主观因素，以相关理论为支撑，并结合前人研究成果，深入分析高新技术产业协同创新过程，最终选择的各项指标能够科学反映高新技术产业创新发展的具体情况。

灵活性原则。尽管本研究参考了一些学者在产业协同领域的研究成果。但在研究中又对指标选择作了细节调整。例如，在制造业数据指标中增加了地区生产总值指标，因为考虑到大连的软件开发行业属于服务行业，但又是带动大连经济的支柱产业之一。因此，把其列入制造业的指标之一。又如，在物流业指标中更多侧重了港口物流的指标，这样选择指标的目的在于辽宁沿海六市都有独立的港口资源，而城市制造业发展对港口的依赖性相对较高。因此，在指标选择中更多兼顾了港口物流指标。以此体现港口物流在辽宁沿海六市发展中与制造业发展的协同关系。

可操作性原则。本研究指标选取需要考虑数据的可获得性和可操作性，数据是通过《辽宁省统计年鉴》、辽宁沿海六市统计局官方网站、公开统计资料等有效途径获得。

（2）指标选择的依据。本研究通过对目前有关产业协同的相关理论和文献整理中发现，尽管在制造业与物流业评价指标体系构建中存在差异，但大部分都遵循了统一的原则。

制造业子系统的指标构建中，赵春雨、薛曼（2023）提出，在制造业经济实力一级指标下包含制造业总产值、制造业总利润、全员劳动生产率三个二级指标[1]。产值是制造行业生产活动的最终成果，使用总产值来表示制造业的发展规模。制造业生产过程劳动力的技术熟练程度是创新效率的保障，使用增加值与就业人数之比的全员劳动生产率来反映制造业的劳动效率，盈利水平是提升竞争力的终极目标。反过来，利润也体现了行业竞争力的大小，用利润总额来反映制造业的经济效益；郭灵康、王鑫（2021）提出，在先进制造业评价体系一级指标下包含固定资产转化率、制造业总产值贡献率[2]。其中固定资产转化率体现固定资产投入对制造业发展的影响及提升作用。制造业总产值贡献率用以衡量地区制造业在地区经济中的相对重要程度；袁娜、杨朔、于晓艳（2019）提出，在构建沈阳先进装备制造业竞争力评级体系时，一级指标下包含从业人员平均数量，资产总额，销售利润三个二级指标，从业人员平均数量是某一期间内先进装备制造业内各行业期初与期末从业人员数量的平均值，该指标能够通过从业人员数量体现出沈阳先进装备制造业的行业规模[3]。资产总额是先进装备制造业内各企业所拥有或控制的全部资产，是衡量资产总规模的典型指标。销售利润率是先进装备制造业内各企业的利润总额与销售总额之比，它反映了该行业销售收入的收益水平。

物流业子系统的指标构建中，钟昌宝、蒋媛和高鹏（2022）提出，在物流高质量发展评价体系中二级指标选择了物流业总收入、快递业务总量、货物周转量[4]。其中物流业总收入是衡量地区物流企业在物流活动中的全部收入，其中包含了部分加工收入。快递业务总量衡量地区在快递业务中的发展水平，该指标以民用快递为主。货物周转量指标用来衡量地区在产业发展中使用物流的数量；张彩霞、赵君姝（2018）提出，在物流业与区域经济协调发展评价指标体系中，二级指标包含货物周转量、货运总量、邮政业务总量等指标[5]。其中货物周转量反映了企业在一定时间内完成货物流转的能力和速度。货运总量是指特定地区在一定时间内运输的货物总量。这一指标对于评估地区经济发展和交通状况具有重要意义。邮政业务总量是指邮政公司在一定时间内完成的所有邮政业务的数量。这包括信件、包裹、快递等各种邮政服务。

根据对相关文献的整理与研究，本研究发现在传统产业指标体系构建中，多涉及与创新相关和与高质量发展相关的评价指标参数。单纯对地区产业协同评价相对较少，而且对港口作为主要物流指标的评价体系更加稀少。因此，本研究在辽宁沿海六市制造业与物流业协同发展评价指标体系构建中一方面参考了以往的文献研究，另一发面结合了辽宁沿海经济带发展的特殊性，并结合以港口为主的城市物流体系进行了单独思考与分析。因此，本研究的指标体系更具有适用性和有效性。

（3）指标体系构建。辽宁沿海六市制造业子系统序参量选择。辽宁沿海六市在长期发展进程中，形成了以制造业为主体，制造服务业为支撑的工业体系，其中大连以船舶重工为核心产业；丹东以汽车制造、服装纺织轻工业为核心；营口以新兴装备制造业为核心；盘锦以石化产业为核心；锦州以石化、新能源产业为核心；葫芦岛以轻工业为核心。本研究兼顾各城市产业发展特点和重点，构建了辽宁沿海六市制造业子系统的五个序参量：地区生产总值、第二产业增加值、制造业固定资产投资、制造业从业人数、规模以上工业企业总收入。

地区生产总值指标是衡量一个地区经济活动总体规模和增长速度的重要指标。是指在一定时期内，一个地区所有经济单位提供的货物和服务的总价值。地区生产总值的增长反映了一个地区经济的发展水平和活力。选取该指标的目的是通过对辽宁沿海六市产业总量指标的描述，体现城市产业与物流总体协同情况。

第二产业增加值主要反映了制造业在城市经济中所创造的附加值和经济贡献。增加值指标的高低可以反映出城市制造业的发展水平和竞争力。通过分析第二产业增加值指标，可以了解到制造业对城市经济增长的贡献程度，以及制造业在城市产业结构中的地位和作用。选取该指标的目的在于突出制造业在辽宁沿海六市产业中的地位，体现其与城市物流业发展的协同关系。

制造业固定资产投资主要衡量辽宁沿海六市制造业在一定时期内固定资产的投资情况。固定资产投资是指企业在购置、修建、扩建和更新固定资产方面所进行的投资活动。该指标的含义在于反映了城市制造业对生产设备、技术升级和基础设施建设投入程度。通过分析该指标，可以评估城市制造业的发展速度和投资活力，为制定相应的发展策略和政策提供重要依据。选择该指标的目的在于衡量城市在制造业发展中的投入情况，侧面反映制造业发展水平。

制造业从业人数反映了辽宁沿海六市制造业的就业情况和劳动力资源利用程

度。从业人数的增长意味着制造业在该城市的发展潜力和竞争力，同时也反映了城市经济的活力和吸引力。制造业从业人数的增加可以带动其他相关产业的发展，促进就业机会的增加和经济的稳定增长。选取该指标的目的在于通过对制造业从业人数的描述侧面反映制造业发展水平，进而与城市物流业发展协同度进行测量。

规模以上工业企业总收入反映了城市制造业企业在一定时期内所实现的总收入金额。总收入的增长可以说明城市制造业的生产规模和经济活力的增强。通过对总收入指标的分析，可以评估城市制造业的发展水平和竞争力。同时，总收入指标还可以作为衡量城市制造业发展效果的重要参考。选择该指标的目的在于衡量辽宁沿海六市核心企业在发展中的贡献水平，从而体现对城市制造业的拉动能力。

辽宁沿海六市物流业子系统序参量选择。辽宁沿海六市在物流业中发展各具特色，大连物流业以海运集装箱为核心，以国际物流为支柱；丹东以边境口岸为核心，打造中朝物流体系；营口以港口合作为基础，与大连港形成互补；盘锦以石化产业物流为核心，大力发展快递中转物流体系；锦州以港口物流为中心，大力发展与蒙古、俄罗斯的国际大通道物流体系；葫芦岛以大宗商品港口物流为中心，大力发展港口腹地物流。本研究以辽宁沿海六市物流系统为核心构建指标体系，同时更加兼顾了辽宁沿海六市的港口物流系统，提出以下五个序参量：公路总运量、水路总运量、邮政业务总量、港口货物吞吐量、集装箱吞吐量。

公路总运量指标是评估城市制造业发展的重要指标之一。它反映了城市内部物流运输的规模和效率，对城市制造业的发展具有重要的影响。公路总运量指标的含义是指在一定时间内，城市内公路运输所承载的货物总量。通过分析公路总运量指标，我们可以了解城市制造业的物流需求和运输能力，从而评估城市制造业的发展水平。选取该指标目的在于通过对辽宁沿海六市的公路运输情况描述，体现公路运输对城市制造业的支撑，进而计算其是否与城市制造业有效协同。

水路总运量指标反映了城市制造业在一定时期内通过水路运输运送的货物总量。水路总运量指标体现了城市制造业发展中水路运输的规模和效率。通过分析水路总运量指标，可以评估城市制造业对水路运输的依赖程度，进而为制定相关政策和发展规划提供参考依据。此外，水路总运量指标还能够反映城市制造业对环境的影响，因为水路运输相比其他运输方式具有较低的碳排放和能源消耗。选取该指标的目的在于辽宁沿海六市均有港口物流，其水路运输量比重较大，更能体现辽宁沿海六市城市物流的实际情况。

邮政业务总量指标是衡量一个城市邮政业务发展水平的重要指标。它包括了城市邮政业务的总体规模、邮件和包裹的处理量以及快递服务的覆盖范围等方面的内容。通过对邮政业务总量指标的评价，可以客观地了解一个城市邮政业务的发展情况。选取该指标的目的在于辽宁沿海六市的产业发展不仅带动了物流产业发展，而且对于邮政快递等相关产业也会产生相关带动，尤其对于中小制造企业，其快递使用情况也能反映企业的发展水平。

港口货物吞吐量指标是评估港口运营能力和发展水平的重要指标之一。它反映了港口在一定时间内处理货物的能力和效率。货物吞吐量指标不仅仅是衡量港口贸易活动的规模，更是评估港口物流运输能力和服务水平的重要依据。对于城市制造业发展评价指标体系的研究来说，货物吞吐量指标的解读和分析将为评估城市制造业的发展提供参考。选取该指标的目的在于辽宁沿海六市都有独立港口，而港口的发展对于辽宁沿海城市物流体系支撑作用较大。因此，本研究把港口吞吐量指标单独提出用以体现城市的物流对制造业的支持水平。

集装箱吞吐量指的是一个城市港口或物流中心年度处理的集装箱数量。这个指标可以反映出一个城市制造业的规模、效率和国际竞争力。这个指标对于评估一个城市的制造业发展非常重要。通过分析集装箱吞吐量指标，可以了解一个城市的制造业产能和发展潜力。同时，集装箱吞吐量指标还可以用来比较辽宁沿海六市城市之间的制造业发展水平。选取该指标的目的在于通过港口集装箱的吞吐量体现辽宁沿海六市在制造业方面的发展水平和发展潜力。

综上所述，本研究从辽宁沿海六市制造业子系统、物流业子系统两个系统对城市制造业和物流业进行描述，构建辽宁沿海六市协同评价指标体系，见表 4－1。计算辽宁沿海六市在制造业与物流业方面的有序度和协同度，从而发现城市在制造业和物流业协同发展中存在的问题。

表 4－1　　　　　　辽宁沿海协同评价体系指标构建表

系统	子系统	序参量	标识	单位
辽宁沿海六市协同评价系统	制造业子系统 S_1	地区生产总值	e_{11}	亿元
		第二产业增加值	e_{12}	亿元
		制造业固定资产投资	e_{13}	亿元
		制造业从业人数	e_{14}	人
		规模以上工业企业总收入	e_{15}	亿元

续表

系统	子系统	序参量	标识	单位
辽宁沿海六市协同评价系统	物流业子系统 S_2	公路总运量	e_{21}	万吨
		水路总运量	e_{22}	万吨
		邮政业务总量	e_{23}	亿元
		港口货物吞吐量	e_{24}	万吨
		集装箱吞吐量	e_{25}	TEU

2. 模型构建

（1）基于熵值法确定权重。根据对文献资料研究可知，确定指标权重的方法有主观评价法与客观赋值法。主观评价法的主要思想是通过专家主观判断指标对整个评价体系的重要性来确定权重，具有较大的主观随意性。客观赋值法最常见的有熵值法、相关系数法等，它的主要思想是依靠较明显的客观数据指标分析指标关系，得到相关指标权重。结合两种方法的优缺点和评价对象的特征，同时结合本研究指标均是年鉴等公开信息中可以获取的数据指标，因此本研究利用熵值法确定指标的权重。

在 m×n 的矩阵中，第 j 项指标信息熵计算公式为：

$$H_j = -\mathrm{k}\sum_{i=1}^{m} f_{ij}\ln f_{ij}(j = 1,2,\cdots,n)$$

公式中 $k = \frac{1}{\ln m}$，$f_{ij} = \frac{R_{ij}}{\sum_{i=1}^{m} R_{ij}}$，其中 R_{ij} 为标准化后的指标值。

第 j 项指标信息熵冗余度为：$D_j = 1 - H_j$。

计算指标权重为：$\lambda_j = \frac{D_j}{\sum_{j=1}^{n} D_j}$

（2）复合协调度模型构建。我国学者孟庆松基于协同学的序参量原理和伺服原理提出复合系统协同模型。该模型也是当前计算系统模型协同度的主流模型之一，在研究产业系统协同时具有适用性和科学性。

首先界定序参量有序度的概念。设辽宁沿海六市制造业与物流业协同系统内子系统为 S_j，$j \in [1,2]$，S_1 指辽宁沿海六市制造业子系统，S_2 指辽宁沿海六市物流业子系统。每个子系统构建过程中选取五个序参量，设序参量 $e_j=(e_{j1},e_{j2},\cdots,e_{jn})$，其中 $n\geqslant 1$，$\lambda_{ji}\leqslant e_{ji}\leqslant\beta_{ji}$，$i\in[1,n]$，$\beta$、$\lambda$ 分别是序参量 e_{ji}的上限值与下限值。e_{ji}是反映辽宁沿海经济带产业子系统中的序参量指标，在本研究中序参量经过标准化处理。在计算有序度时，对于正向指标，用标准化后每一个指标数值与该指标中的最小数值之差除以该指标中最大数值减去最小数值的值（本研究采用标准化后的值）；对于负向指标，用该指标中的最大数值与每一个指标数值之差，除以该指标中最大数值减最小数值的差。用这种方法处理过的数据分布为［0，1］，考虑到熵值法运算过程中需要取对数，同时为了避免数据值为零，还需对数据进行非负、非零处理。在数据无量纲化处理的基础上加 0.001，这样处理过的数据范围为［0.001，1.001］，公式如下：

$$U_j(e_{ji})=\begin{cases}\dfrac{e_{ji}-\lambda_{ji}}{\beta_{ji}-\lambda_{ji}} & i\in[1,l]\\[2ex] \dfrac{\beta_{ji}-e_{ji}}{\beta_{ji}-\lambda_{ji}} & i\in[l+1,n]\end{cases}$$

在本研究中，10 个序参量均为正向指标。

由此可知，$U_j(e_{ji})$ 其值越大，e_{ji}对系统的有序发展做出的贡献越大。从总体上看，序参量变量 e_{ji}对子系统 S_j有序程度的作用可通过 $U_j(e_{ji})$ 的集成来实现。在理论上，子系统 S_j的性能不仅取决于序参量数值的大小，更取决于序参量之间的组合形式。各子系统 S_j具有不同的组合形式，而不同组合形式又决定了“集成”法则。本书在研究辽宁沿海六市产业协同时采用线性加权法进行集成。子系统有序度可用公式计算：

$$U_j(e_j)=\sum_{i=1}^{n}\lambda_j U_j(e_{ij}),\lambda_j\geqslant 0,\sum_{i=1}^{n}\lambda_j=1$$

其中 λ_j熵值法确定的权重。

对于给定的初始时刻 T0 而言，创新子系统有序度分别为 $U_1^0(e_1)$、$U_2^0(e_2)$，随着创新系统演进至 T1，创新子系统有序度也分别演化成为 $U_1^1(e_1)$、$U_1^1(e_1)$、则整体创新系统协同度可用如下公式计算：

$$C=\theta\sqrt{\prod_{j=1}^{2}\left|U_j^1(e_j)-U_j^0(e_j)\right|},\quad j\in[1,2]$$

$$\theta=\frac{\min[U_j^1(e_j)-U_j^0(e_j)]}{|\min[U_j^1(e_j)-U_j^0(e_j)]|}$$

协同度 $C\in[-1,1]$，协同创新系统协同度是由所有子系统有序度共同决定的，其取值越大，说明创新系统整体协同度越高，反之越低。参数 θ，当且

仅当 $U_j^1(e_j) > U_j^0(e_j)$ 时，复合系统有正向的协同度，说明复合系统从 T0 时刻到 T1 时刻是协同演进的，复合系统处于协同发展状态；若其中一个子系统的有序程度增幅较大，而另外的子系统有序程度增幅不显著或下降，说明复合系统并没有处于较好的协同状态甚至处于不协同状态，此时复合系统协同度体现为 $C \in [-1,0]$。

3. 辽宁沿海六市制造业与物流业有序度及协同度定量分析

（1）数据的选择与处理。本研究从《辽宁省统计年鉴》(2015～2022 年）及辽宁沿海六市统计公报（2015～2022 年），获得辽宁沿海六市制造业和物流发展数据，由于序参量原始数据观测单位不同，为消除量纲影响，首先，本研究对辽宁省沿海经济带六市数据进行了标准化处理，得到序参量标准化数据。其次，将标准化数据代入有序度公式，计算出序参量有序度，见表 4－2、表 4－3。

表 4－2　　辽宁沿海六市制造业子系统序参量有序度

城市	年份	地区生产总值	第二产业增加值	制造业固定资产投资	制造业从业人数	规模以上工业企业总收入
大连市	2015	0.2541	0.2251	0.0123	0.3079	0.1306
	2016	0.2210	0.1895	0.0001	0.2835	0.1137
	2017	0.2275	0.1882	0.0404	0.2200	0.1031
	2018	0.2518	0.2175	0.0131	0.2115	0.1164
	2019	0.2279	0.1860	0.0104	0.2144	0.1380
	2020	0.2289	0.1871	0.0150	0.2120	0.1376
	2021	0.2575	0.2217	0.0159	0.2057	0.1684
丹东市	2015	0.0121	0.0152	0.0171	0.0154	0.0001
	2016	0.0037	0.0030	0.0010	0.0146	0.0002
	2017	0.0050	0.0038	0.0120	0.0091	0.0012
	2018	0.0061	0.0043	0.0204	0.0062	0.0018
	2019	0.0044	0.0002	0.0262	0.0012	0.0018
	2020	0.0048	0.0001	0.0248	0.0018	0.0019
	2021	0.0074	0.0023	0.0270	0.0010	0.0038

续表

城市	年份	地区生产总值	第二产业增加值	制造业固定资产投资	制造业从业人数	规模以上工业企业总收入
营口市	2015	0.0311	0.0383	0.0157	0.0373	0.0472
	2016	0.0195	0.0227	0.0040	0.0302	0.0368
	2017	0.0230	0.0262	0.0230	0.0259	0.0153
	2018	0.0251	0.0291	0.0189	0.0265	0.0246
	2019	0.0244	0.0294	0.0233	0.0193	0.0333
	2020	0.0243	0.0282	0.0216	0.0134	0.0355
	2021	0.0271	0.0318	0.0219	0.0137	0.0327
盘锦市	2015	0.0223	0.0353	0.0123	0.0079	0.0520
	2016	0.0129	0.0192	0.0168	0.0082	0.0449
	2017	0.0182	0.0244	0.0220	0.0036	0.0291
	2018	0.0204	0.0305	0.0229	0.0015	0.0333
	2019	0.0227	0.0355	0.0202	0.0014	0.0435
	2020	0.0236	0.0375	0.0198	0.0012	0.0843
	2021	0.0264	0.0386	0.0191	0.0027	0.0716
	2015	0.0244	0.0271	0.0239	0.0259	0.0377
锦州市	2016	0.0138	0.0117	0.0040	0.0183	0.0044
	2017	0.0155	0.0136	0.0083	0.0083	0.0084
	2018	0.0196	0.0162	0.0312	0.0035	0.0108
	2019	0.0153	0.0064	0.0412	0.0039	0.0095
	2020	0.0153	0.0057	0.0181	0.0020	0.0076
	2021	0.0180	0.0077	0.0267	0.0001	0.0125
葫芦岛市	2015	0.0026	0.0076	0.0011	0.0346	0.0074
	2016	0.0001	0.0026	0.0116	0.0153	0.0005
	2017	0.0026	0.0072	0.0313	0.0128	0.0066
	2018	0.2541	0.2251	0.0123	0.3079	0.1306
	2019	0.2210	0.1895	0.0001	0.2835	0.1137
	2020	0.2275	0.1882	0.0404	0.2200	0.1031
	2021	0.2518	0.2175	0.0131	0.2115	0.1164

数据来源：《辽宁省统计年鉴》（2015～2022 年）及辽宁沿海六市统计公报（2015～2022 年）。

表 4-3　　辽宁沿海六市物流业子系统序参量有序度

城市	年份	公路总运量	水路总运量	邮政业务总量	港口货物吞吐量	集装箱吞吐量
	0.0504	0.3982	0.0232	0.1155	0.1643	0.0504
	0.0527	0.4011	0.0301	0.1218	0.1667	0.0527
	0.0558	0.4210	0.0393	0.1272	0.1688	0.0558
大连市	0.0585	0.4211	0.0511	0.1309	0.1699	0.0585
	0.0591	0.3732	0.0609	0.1014	0.1523	0.0591
	0.0294	0.1294	0.0741	0.0919	0.0889	0.0294
	0.0319	0.0882	0.0890	0.0865	0.0639	0.0319
	0.0069	0.0129	0.0479	0.0383	0.0318	0.0069
	0.0048	0.0099	0.0727	0.0406	0.0334	0.0048
	0.0054	0.0113	0.0583	0.0360	0.0324	0.0054
丹东市	0.0058	0.0074	0.1079	0.0239	0.0158	0.0058
	0.0005	0.0101	0.1689	0.0111	0.0069	0.0005
	0.0001	0.0099	0.2190	0.0074	0.0036	0.0001
	0.0003	0.0105	0.0352	0.0067	0.0035	0.0003
	0.0239	0.0079	0.0001	0.0932	0.1030	0.0239
	0.0250	0.0079	0.0011	0.0972	0.1059	0.0250
	0.0264	0.0083	0.0022	0.1003	0.1092	0.0264
营口市	0.0272	0.0074	0.0037	0.1024	0.1128	0.0272
	0.0263	0.0082	0.0060	0.0640	0.0953	0.0263
	0.0347	0.0068	0.0097	0.0640	0.0982	0.0347
	0.0392	0.0049	0.0077	0.0616	0.0906	0.0392
	0.0182	0.0001	0.0005	0.0046	0.0061	0.0182
	0.0191	0.0015	0.0015	0.0033	0.0066	0.0191
	0.0202	0.0008	0.0037	0.0046	0.0072	0.0202
	0.0208	0.0010	0.0049	0.0065	0.0075	0.0208
盘锦市	0.0212	0.0006	0.0079	0.0084	0.0055	0.0212
	0.0062	0.0007	0.0104	0.0113	0.0069	0.0062
	0.0102	0.0003	0.0152	0.0109	0.0075	0.0102
	0.0321	0.0041	0.0008	0.0214	0.0142	0.0321

续表

城市	年份	公路总运量	水路总运量	邮政业务总量	港口货物吞吐量	集装箱吞吐量
锦州市	0. 0270	0. 0042	0. 0033	0. 0206	0. 0143	0. 0270
	0. 0278	0. 0046	0. 0037	0. 0252	0. 0212	0. 0278
	0. 0280	0. 0014	0. 0051	0. 0265	0. 0282	0. 0280
	0. 0238	0. 0009	0. 0060	0. 0276	0. 0327	0. 0238
	0. 0225	0. 0009	0. 0101	0. 0256	0. 0286	0. 0225
	0. 0308	0. 0019	0. 0097	0. 0248	0. 0318	0. 0308
葫芦岛市	0. 0188	0. 0008	0. 0028	0. 0001	0. 0002	0. 0188
	0. 0153	0. 0003	0. 0049	0. 0017	0. 0001	0. 0153
	0. 0163	0. 0008	0. 0061	0. 0021	0. 0002	0. 0163
	0. 0174	0. 0009	0. 0076	0. 0041	0. 0009	0. 0174
	0. 0185	0. 0010	0. 0107	0. 0059	0. 0010	0. 0185
	0. 0134	0. 0010	0. 0123	0. 0061	0. 0017	0. 0134
	0. 0179	0. 0013	0. 0079	0. 0065	0. 0001	0. 0179

数据来源：《辽宁省统计年鉴》（2015～2022 年）及辽宁沿海六市统计公报（2015～2022 年）。

（2）协同度测量。根据表 4－2 和表 4－3，使用协调度计算公式得到辽宁沿海六市制造业和物流业协同数据，见表 4－4：

表 4－4　辽宁沿海六市制造业与物流业协同度

城市	年份	制造业 T1－T0	物流业 T1－T0	协同度
大连市	2016	－0. 1223	0. 0208	－0. 0504
	2017	－0. 0286	0. 0399	－0. 0338
	2018	0. 0310	0. 0193	0. 0244
	2019	－0. 0336	－0. 0847	0. 0533
	2020	0. 0039	－0. 3332	－0. 0362
	2021	0. 0886	－0. 0541	－0. 0692

续表

城市	年份	制造业 T1 - T0	物流业 T1 - T0	协同度
丹东市	2016	-0.0374	0.0059	-0.0149
	2017	0.0085	-0.0072	-0.0078
	2018	0.0078	-0.0141	-0.0105
	2019	-0.0052	-0.0037	0.0044
	2020	-0.0004	0.0077	-0.0017
	2021	0.0083	-0.0528	-0.0209
营口市	2016	-0.0566	0.0072	-0.0202
	2017	0.0003	0.0076	0.0015
	2018	0.0108	0.0053	0.0076
	2019	0.0055	-0.0486	-0.0163
	2020	-0.0067	0.0099	-0.0081
	2021	0.0042	-0.0072	-0.0055
盘锦市	2016	-0.0277	0.0016	-0.0067
	2017	-0.0046	0.0028	-0.0036
	2018	0.0113	0.0028	0.0056
	2019	0.0146	0.0008	0.0035
	2020	0.0431	-0.0085	-0.0192
	2021	-0.0079	0.0046	-0.0061
锦州市	2016	-0.0868	-0.0042	0.0191
	2017	0.0018	0.0112	0.0045
	2018	0.0272	0.0051	0.0118
	2019	-0.0050	0.0010	-0.0023
	2020	-0.0276	-0.0054	0.0122
	2021	0.0161	0.0103	0.0128
葫芦岛市	2016	-0.0234	-0.0016	0.0060
	2017	0.0305	0.0023	0.0084
	2018	-0.0057	0.0037	-0.0046
	2019	-0.0029	0.0036	-0.0033
	2020	-0.0140	-0.0031	0.0066
	2021	0.0138	0.0017	0.0049

数据来源：《辽宁省统计年鉴》及辽宁沿海六市统计公报（2015～2022 年）。

为了对辽宁沿海六市制造业与物流业系统协同度进行合理评价，本研究参考学者刘和东[6]的做法，按照其协同度值的大小划分协同程度，依次将其划分为不协同、低度协同、一般协同、高度协同四个等级。由于考虑本研究采用标准化后的数据，因此对协同等级进行如下界定：

表 4 - 5　　协同度等级评价标准

协同度	$-1 < C \leqslant 0$	$0 < C \leqslant 0.01$	$0.01 < C \leqslant 0.03$	$0.03 < C \leqslant 1$
发展状态	不协同	低度协同	一般协同	高度协同

根据表 4 - 3、表 4 - 4 的数据计算，并结合表 4 - 5 的评价标准，本研究对辽宁沿海经济带六市进行逐一分析，并在分析过程中提出表中数据产生的主要原因。

（3）大连市制造业与物流业发展有序度及协同度分析。根据表 4 - 2、表 4 - 3、表 4 - 4，绘制大连市 2015 ~ 2021 年制造业与物流业发展有序度、协同度变化趋势图如图 4 - 1 所示：

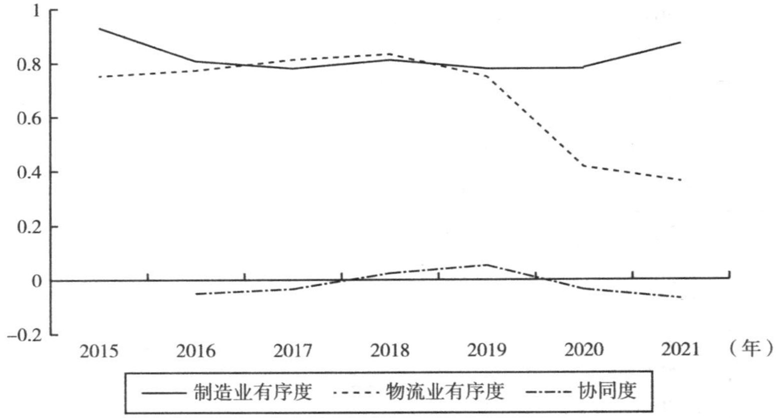

图 4 - 1　大连市制造业与物流业发展有序度、协同度变化趋势

根据图 4 - 1 所示，大连市在 2015 ~ 2016 年，制造业发展有序度下降，物流业发展有序度提升，而且制造业发展有序度下降较为明显，因此在 2015 ~ 2016 年，二者协调度处于负值水平；2016 ~ 2017 年，尽管大连制造业发展有序度仍处于下降通道，但下降速度明显放缓。与此同时，物流业有序度缓慢提升。因此，在 2016 ~ 2017 年，二者协同度尽管还处于负值，但是已经呈现出向上趋势；2017 ~ 2018 年，大连制造业发展有序度进入上升通道，此时，物流业发展有序度仍然保持上升趋势。因此，在 2017 ~ 2018 年，大连市制造业与物流业协同指数由负转为正数，而且根据协同度评价标准，此时协调度参数为 0.0244，即为一般协同；2018 ~ 2019 年，大连市制造业与物流业发展有序度同时下降，但从协同度数据来看，二者仍处于一般协同状态。因此，在 2015 ~ 2019 年，尽管制造业和物流业有序度有升有降，但从协同角度来看，总体协同趋势一直处于上升通道；2019 ~ 2020 年，由于受到突发疫情影响，大连市物流有序度迅速下降，而制造业与上个周期发展有序度趋于一致，这就导致了在此期间，大连市的制造业与物流业协同参数由正转负，由一般协同转为不协同；2020 ~ 2021 年，因为新冠疫情的持续影响，大连市物流业有序度尽管比上一周期有所好转，但仍处于下降趋势。此时，由于国家精准防控政策落地，制造业受到疫情影响减弱。此周期内尽管大连市制造业与物流业协同度仍为负数，但已经呈现向好趋势。

从总体来看，大连市制造业与物流业的协同度在疫情发生以前一直处于上升趋势，即由不协同逐渐走向协同。疫情后期，制造业与物流业协同度也在逐渐向好。尽管与全国情况比较，大连市制造业与物流业协同度仍未达到较高协同标准，但是从协同度的趋势来看有逐渐转好倾向。从未来发展看，大连市制造业与物流业的发展会逐渐走向协同，体现出良性发展趋势。

（4）丹东市制造业与物流业有序度及协同度分析。根据表 4 - 2、表 4 - 3、表 4 - 4，绘制丹东市 2015 ~ 2021 年制造业与物流业发展有序度、协同度变化趋势图如图 4 - 2 所示：

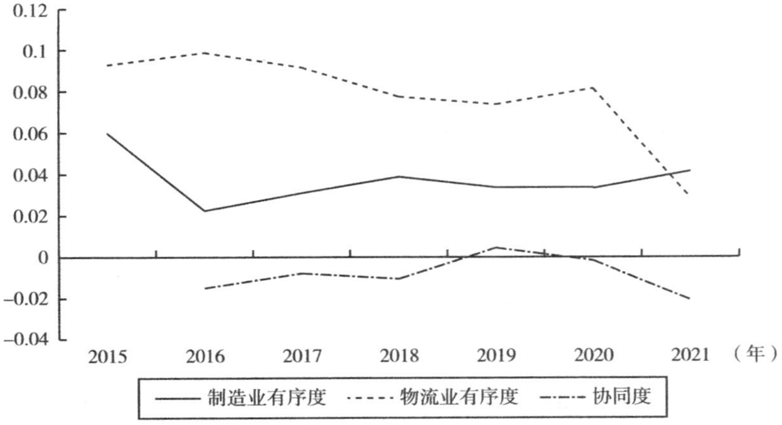

图 4 - 2　丹东市制造业与物流业发展有序度、协同度变化趋势

如图 4－2 所示，丹东市在 2015～2016 年，制造业有序度下降，而物流业有序度提升，从有序度参数来看，二者处于不协同状态；2016～2017 年，尽管丹东市制造业有序度转为正向趋势，但物流业有序度由正向转为负向。因此，在这两个年份，丹东市制造业与物流业协同参数仍为负数，即二者不协同，但不协同程度有所降低；2017～2018 年，丹东市制造业有序度持续上升，说明此时城市制造业发展情况较为良好，但物流有序度仍有下降，所以在此阶段，丹东市制造业与物流业仍处于不协同状态，不协同程度与上一周期持平；2018～2019 年，丹东市制造业有序度下降，物流业有序度也在持续下降，因此在此阶段，丹东市制造业与物流业协调度由负值转为正值。根据协调度评价参数，二者处于低度协同状态，但这种协同从趋势来看属于偶发，没有明显走向协同趋势；2019～2020 年，丹东市制造业有序度与上年度趋于持平，物流业有序度上升。此时，二者协同度又开始下降。这种情况主要是因为疫情影响了制造业发展，而丹东市物流业较大比重来自对外贸易，因此，在疫情期间，二者协同度较低；2020～2021 年，受到对外贸易滞缓影响，丹东市物流业有序度迅速下降，制造业有序度恢复上升通道，因此二者不协同状态更为加剧，协同参数处于最低水平。

总体来看，丹东市制造业与物流业的协同水平不高，而且也未呈现出向好趋势，尽管在 2018～2019 年，丹东市制造业与物流业出现了短暂的协同，但这一阶段的协同是偶发出现，并没有呈现明显向好趋势。造成这一现象的主要原因来自丹东市的物流物资结构，丹东市物流多为进出口物资，属于过境物流。因此，物流系统的变化主要受到国际贸易影响较多，受到本地制造业影响相对较小。这一原因造成了丹东市制造业与物流业的不协同现状。

（5）营口市制造业与物流业有序度及协同度分析。根据表 4－2、表 4－3、表4－4，绘制营口市 2015～2021 年制造业与物流业发展有序度、协同度变化趋势图如图 4－3 所示：

如图 4－3 所示，营口市在 2015～2016 年制造业有序度下降，物流业有序度上升，因此，在此期间二者协同度处于较低水平；2016～2017 年，营口市制造业有序度提升，与物流业有序度呈现同向发展趋势。在此阶段，制造业与物流业协同度由负转为正，根据协同度评价表，二者呈现低度协同；2017～2018 年，营口市制造业与物流业有序度逐渐提升，而且处于同向发展趋势。此时，营口市制造业与服务业协同度为正，处于低度协同状态，但协同度参数比较上一时段有所提升；2018～2019 年，营口市制造业有序度持续向上，而物流业有序度迅速下降。从数据来看，物流业数据下降的主要原因在于营口与大连在港口领域深度

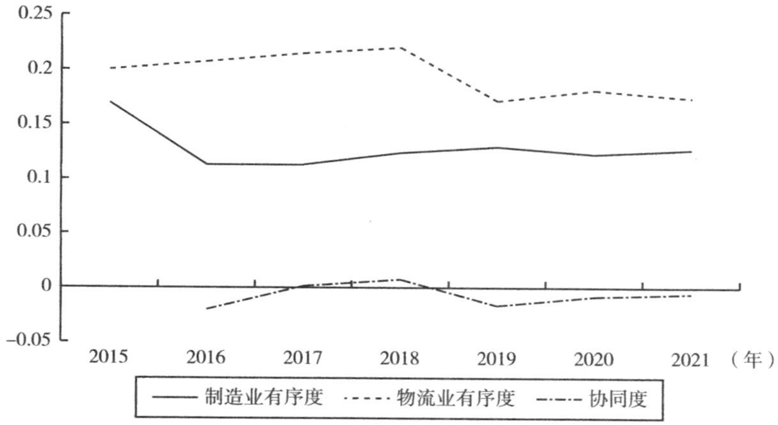

图 4-3　营口市制造业与物流业发展有序度、协同度变化趋势

合作后，二者在港口集装箱运输方面进行了细致分工，因此造成了营口港集装箱吞吐量指标向下波动，连带造成了物流指标下降，使营口市制造业与服务业协同度在 2018～2019 年开始迅速下降，并转为负值；进入 2019～2020 年，尽管受到疫情影响，营口市物流发展与制造业发展相对比较平稳，尽管二者有序度仍向相反方向发展，但其协同度已经开始转好；2020～2021 年，随着疫情逐渐平稳化，营口市制造业有序度开始向正向发展，尽管此时物流业有序度仍为负向趋势，但其与制造业协同程度已经开始向好的方向发展。即其协同指标开始从负数向 0 值靠近。

总体来看，营口市制造业与物流业协同度从 2015～2019 年总体趋势向好，但协同参数值刚刚为正，说明虽然从纵向来看协同度在缓慢提高，但提高幅度有限，制造业与物流业总体协同度不高。2019～2021 年尽管受到了新冠疫情影响，营口市制造业与物流业在协同参数上仍有向上趋势，但向上进程缓慢，提升程度不高。因此，从产业协同角度来看，营口市制造业与物流业协同趋势尚好，但协同度很低，且协同进程发展缓慢。

（6）盘锦市制造业与物流业有序度及协同度分析。根据表 4-2、表 4-3、表 4-4，绘制盘锦市 2015～2021 年制造业与物流业发展有序度、协同度变化趋势图如图 4-4 所示：

如图 4-4 所示，盘锦市在 2015～2016 年制造业有序度下降，物流业有序度缓慢提升。造成二者协同度为负数，按照协同指标看属于不协同；2016～2017 年，制造业有序度下降放缓，物流业有序度缓慢提升，虽然二者协同度仍为负

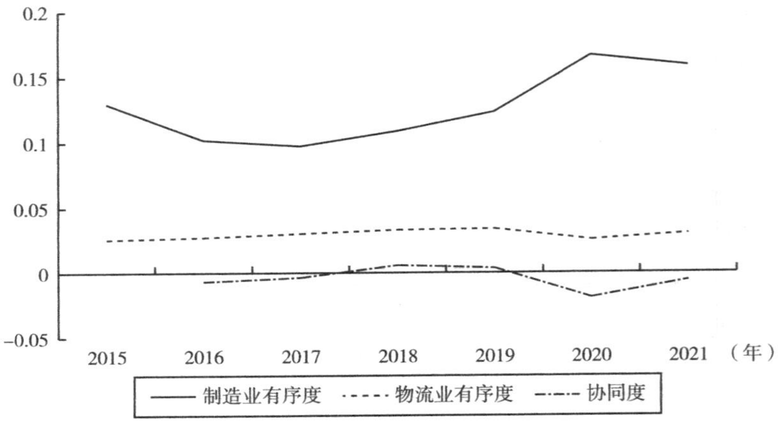

图4-4　盘锦市制造业与物流业发展有序度、协同度变化趋势

值，但是由于制造业有序度下降放缓，导致协同度比较上个周期有所提升，但仍为不协同；2017~2018年，盘锦市制造业有序度由负向转为正向，物流业有序度仍为缓慢提升，此时二者有序度呈现同向发展。因此，本周期内盘锦市制造业与物流业协同度为正值，根据评价表可知，制造业与物流业为低协同；2018~2019年，随着制造业发展有序度提升，物流业发展有序度仍缓慢上行，此时二者为同向发展，协同度为正值，但仍处于0.01以下，属于低协同状态；2019~2020年，由于新冠疫情影响，物流业有序度由正转负，而制造业仍迅速增长，这就造成二者协同度大幅度下降，由低协同转为不协同状态。造成这种现象原因是盘锦市的物流业有较大部分是快递业支撑，而快递业受到疫情影响较大。与此同时，盘锦制造业主要以石油化工产业为主，这类连续型生产企业受疫情影响较小。所以在此期间盘锦市制造业与物流业协同度大幅度下降，并转为不协同状态；2020~2021年，随着疫情对物流业影响减弱，尽管制造业受到影响有序度下降，但比照上个周期，二者的协同度有所上升，但仍为负值，为不协同状态。

从总体情况来看，盘锦市制造业与物流业协同度较低，主要原因是盘锦市制造业以石化产业为主，而物流业以快递业为核心。因此，二者在协同性方面不高，但在发展趋势方面，随着石化工业壮大，其运输体量在物流中比重加大，二者协同度也会逐渐提升。从疫情后期的数据来看，盘锦物流业有序度逐渐提高，制造业有序度水平也会稳步提升，二者的协同度也在逐渐向好，但存在的问题在于物流业提升速度缓慢，与制造业有序度变化幅度相比较更小，所以要从不协同状态进入低协同状态再到高协同状态需要较长的发展时间。

（7）锦州市制造业与物流业有序度及协同度分析。根据表4－2、表4－3、表4－4，绘制锦州市2015～2021年制造业与物流业发展有序度、协同度变化趋势图如图4－5所示：

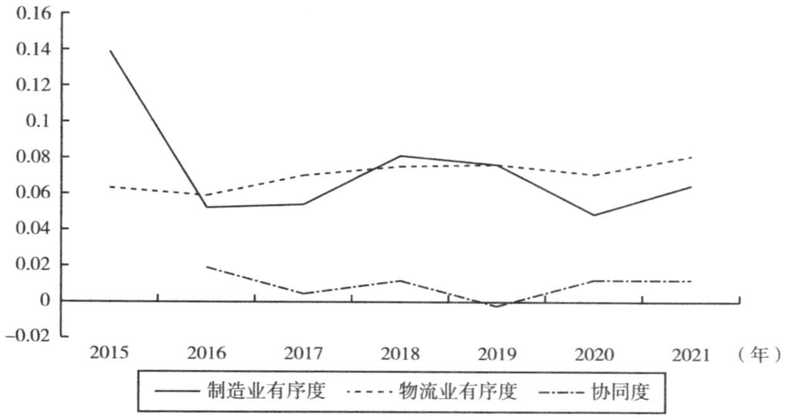

图4－5　锦州市制造业与物流业发展有序度、协同度变化趋势

如图4－5所示，锦州市在2015～2016年制造业有序度大幅下降，物流业下降幅度较小，二者呈现同向趋势，因此制造业与物流业的协同度为正值，同时数据接近0.02属于低协同向中度协同演化；2016～2017年，锦州市制造业有序度由负向转为正向，物流业有序度也同时向正向发展。因此，二者处于同向趋势，协同度为正值，制造业与物流业处于低协同状态；2017～2018年，制造业有序度向上攀升，且幅度较大，与此同时，物流业也处于向上趋势，但趋势并不明显，协同度为正值，但比上一周期协同度有所下降，仍处于低协同状态；2018～2019年，制造业有序度比照上个周期下降，但物流业仍有小幅度攀升，二者走向不同，因此协同度为负值，这也是从2015～2022年锦州市制造业与物流业唯一一次不协同状态；2019～2020年，新冠疫情袭来，锦州市制造业有序度和物流业有序度同时下降，但制造业下降幅度较大，主要原因是制造业受疫情影响严重，而物流业虽然也受到一定影响，但并没有和制造业同步下降，因此二者协同度为正值，但协同度较低，处于低协同状态；2020～2021年，随着国家疫情政策调整，锦州市制造业与物流业有序度同步提升，但二者提升幅度并不同步，虽然有序度为正值，但仍处于低协同状态。

总体来看，尽管锦州市在协同度数据上多为正值数据，唯一负值出现在2018～2019年。但是，总体协同度数据值不高，基本处于低度协同状态。主要原因在于锦州港口物流物资腹地在辽西和蒙古。因此港口物流中大宗商品运输与锦州地区制造业关联性不高，不能直接体现锦州制造业发展水平。但锦州石化企业产品多走港口物流，因此在这一方面，制造业与物流业呈现出低协同状态。也就是相对其他城市，锦州制造业对港口物流有一定程度依赖。所以出现了多个年份的低协同数据。

（8）葫芦岛市制造业与物流业有序度及协同度分析。根据表 4－2、表 4－3、表 4－4，绘制葫芦岛市 2015～2021 年制造业与物流业发展有序度、协同度变化趋势图如图 4－6 所示：

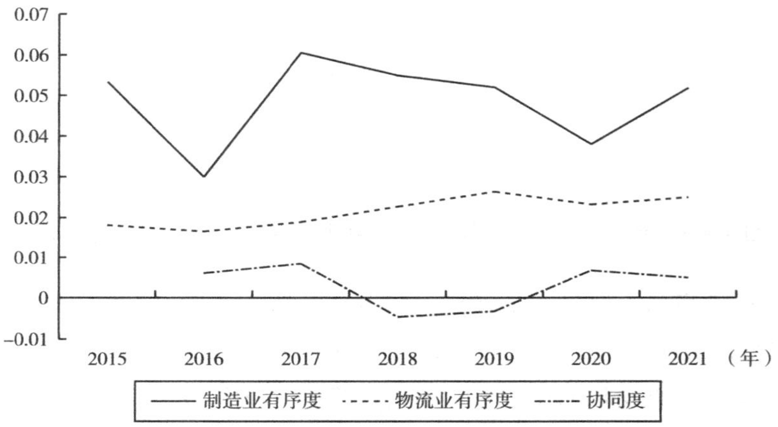

图 4－6　葫芦岛市制造业与物流业发展有序度、协同度变化趋势

如图 4－6 所示，葫芦岛市在 2015～2016 年，制造业有序度下降幅度较大，物流业有序度也呈现小幅度下降，由于二者同向变化，其协同度为正值；2016～2017 年，制造业有序度由负转为正值。此阶段，物流业有序度也由负向转为正向，但物流业有序度提升没有制造业明显，所以二者有协同度为正值，但处于低协同状态；2017～2018 年，制造业有序度转为向下通道，而物流业有序度仍有缓慢提升，因此二者协同度为负值，且比上一周期改变幅度较大。造成这一结果的主要原因在于葫芦岛市的物流系统，尤其是港口物流子系统与本市制造业关联并不明显，港口腹地主要来时辽西与蒙东，因此，葫芦岛市的制造业对港口物流依赖度较低；2018～2019 年，葫芦岛市制造业有序度和物流业有序度延续上一周期的状态，因此二者有序度与上一周期几乎持平，略有上升，但仍处于不协同状态；2019～2020 年，因受到新冠疫情影响，葫芦岛市制造业与物流业有序度均下降，二者协同度恰好出现正值，也就是在二者同时下降时在此呈现低协同状态；

2020～2021年，因疫情政策调整，葫芦岛市制造业有序度和物流业有序度同时由负向转为正向，协同度为正值，呈现低协同状态。但是由于制造业恢复程度与物流业恢复程度相差较大，所以与上一周期比较，协同度略有下降，但仍为低协同。从趋势来看，未来葫芦岛市制造业与物流业协同度走势并不明显，没有出现明显向上或者向下趋势。

总体来看，葫芦岛市制造业与物流业协同度较低，尽管在四个周期都出现了正值，呈现出低协同状态，但是从图像来看，制造业有序度变化幅度较大，而物流业有序度变化幅度较小。因此体现在数据上就反映出二者协同度较低。

（9）沿海六市制造业有序度对比分析。由于在协同度研究中，更加侧重2～3个参数之间的协同关系研究，如果涉及参数过多，协同参数计算结果就不能很好反映出多个主体指标的协同关系。因此，本书在对辽宁省6个沿海城市内部制造业与服务业协同关系研究基础上，把沿海六市的制造业有序度和物流业有序度分别进行描述，尽管不能用具体量化的协同度参数加以说明，但可以在时序图上进行直观观察，这样也可以在一定程度上体现出辽宁沿海六市相同产业之间的关联情况。

辽宁沿海六市制造业各有特点，侧重点也不尽相同。但是通过六市在制造业有序度图像中可以直观了解六市在制造业方面是否有关联，以及关联趋势如何。由于大连制造业有序度总体数据远高于其他5市，因此在数据处理方面为了能更加直观看到6市协同关系，因此对其总体数据向下平移处理，这样能够更加直观展现出六市的协同情况。具体图像如图4－7所示：

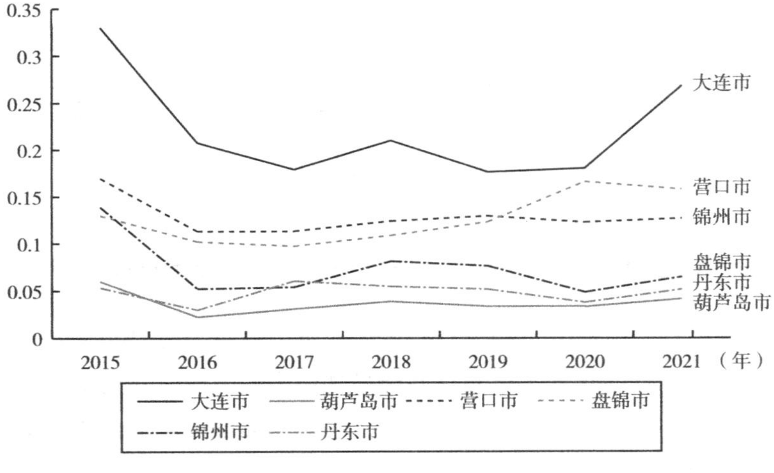

图4－7　辽宁沿海六市制造业发展有序度比较

从图4-7来看，辽宁沿海六市在总体制造业有序度走势图看，协调度不高，大连市在制造业有序度方面高于其他5市，但并没有显示出与其他5市的协同趋势，尽管在2015~2016年和2019~2021年，在制造业有序度总体趋势方面大连市与其他5市有同向发展的情况，但从图中观察，这种现象判断为偶发现象，并没有持续趋势，据此可以看出大连市制造业发展有序度好于其他沿海5市，但并没有实现对辽宁沿海经济带其他城市有效的引领和带动；从图中直观来看，其中盘锦市制造业与其他5市的协同度最低。主要原因在于盘锦市产业独特性明显，目前并没有与周边城市在制造业方面进行深度合作；丹东市制造业有序度较低，但有序度变化相对稳定，很少出现巨大波动。锦州市和葫芦岛市在制造业有序度方面较为接近，也存在一定协同，但是协同度很低。营口市与大连市制造业有序度最为接近，但是变化趋势并没有一致。尽管存在一定协同，协同度也在较低区间。

（10）沿海六市物流业有序度对比分析。辽宁沿海六市在物流业发展方面有一定协同关系，同为港口城市，在港口发展领域也进行了深度合作。因此在辽宁沿海六市物流业有序度发展方面呈现协同发展趋势。具体如图4-8所示：

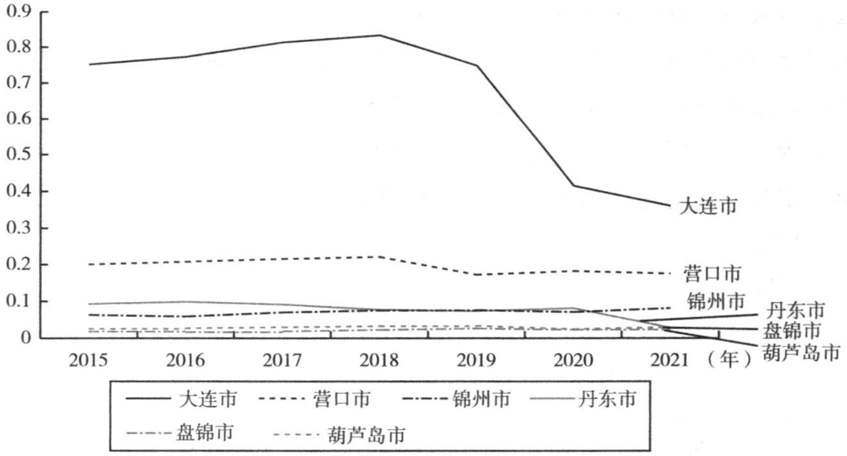

图4-8　辽宁沿海六市物流业发展有序度比较

本书在研究辽宁沿海六市物流有序度时，更多侧重了港口物流在城市整体物流中的比重，在港口吞吐量、集装箱吞吐量这两个代表港口物流能力的重要指标方面给予了更多侧重，因此在图像分析中，本书更多倾向于港口物流对制造业的影响。从总体数据上看，大连市物流业发展有序度远远高于辽宁其他沿海城市，这说明大连市在物流业发展中已经有了较为强劲的发展势头，但在疫情暴发以后受到的影响也最大。从 2015 ~ 2019 年大连市物流业总体呈现上升趋势，但在 2019 年以后受到新冠疫情影响很大，因此，其有序度迅速下滑，但是在 2021 年开始逐渐恢复；从图 4 – 8 来看，能够与大连物流业发展协同度较高的是营口市，二者在 2015 ~2019 年一直处于同向发展趋势，因此协同度相对较高。这种协同度高的主要原因在于大连港与营口港进行了战略合作。由于本书在研究物流业与制造业协同发展时，更多侧重了港口物流，因此二者在图像方面有较高的协调度；从 2015 ~2021 年的物流业数据来看，盘锦市、锦州市、葫芦岛市在物流业有序发展中存在一定协同，其有序度发展走势相对较为一致，这里的主要原因在于这三个城市港口空间距离较近，有一定相互联系，尤其是锦州港与葫芦岛港在腹地方面有较多的重复，因此其港口物流具有一定的协同度；丹东市在物流有序度发展时，与其他城市有明显的区别，不仅与大连市和营口市协同度较低，而且与盘锦市、锦州市、葫芦岛市协同度也很低。这里的主要原因在于，丹东市物流主要承担着与朝鲜进行商品贸易的作用，与其他沿海 5 市有着明显的区别，因此其物流系统相对其他沿海五市比较独立。

4. 小结

以上研究显示，辽宁省沿海 6 市在制造业和物流业发展中协同度不高，尽管有些城市存在制造业与物流业的低度协同，但是趋势不明显，二者相互联系不充分。从结果来看，除了大连市以外，其他各个沿海城市无论是在制造业发展有序度还是在物流业发展有序度方面都相对较弱。尽管大连市在制造业有序度和物流业有序度方面相对较好，但从六市产业有序度图像来看，大连市缺乏对其他沿海城市制造业与物流业的带动，发展相对独立。从沿海六市物流业有序度比较图中看出，大连市和营口市在物流业发展中存在协同。除此以外，锦州、盘锦、葫芦岛三市在物流业有序度发展中存在较低协同，而丹东市物流业与其他城市没有协同特征。在辽宁沿海六市制造业发展中，城市之间在制造业协同方面不明显。从图像上看几乎没有协同特征。这说明在辽宁沿海六市制造业发展中缺乏相互关联，都在集中发展各自特色产业，无论是在横向企业合作或者产业链合作都没有实质性开展。因此，造成了辽宁沿海六市制造业协同度低的结果。通过此项研究，我们可以看出，辽宁沿海经济带面对东北陆海大通道建设的新机遇，在产业协同发展方面还有很大提升空间。

本章参考文献：

[1] 赵春雨，薛曼．新发展理念下制造业竞争力评价指标体系构建［J］．经济师，2023（5）：7-8.

[2] 郭灵康，王鑫．先进制造业评价指标体系及发展战略研究［J］．工信财经科技，2021（1）：81-94.

[3] 袁娜，杨朔，于晓艳．沈阳先进装备制造业竞争力评价指标体系的构建［J］．中小企业管理与科技，2019（10）：57-58.

[4] 钟昌宝，蒋媛，程绍彬，高鹏．我国物流产业高质量发展评价指标体系构建［J］．物流工程与管理，2022（7）：1-5.

[5] 张彩霞，赵君妹．物流业与区域经济协调发展评价指标体系研究［J］．统计与管理，2018，10（1）：102-105.

[6] 刘和东．高新技术产业创新系统的协同度研究——以大中型企业为对象的实证分析［J］．科技管理研究，2016，36（4）：133-137，161.

第五章

基于东北海陆大通道的辽宁沿海经济带高质量发展路径

辽宁沿海经济带位于辽宁环渤海地区的重要位置和东北亚经济圈核心地带，是东北地区最便捷出海通道和重要对外开放窗口，战略地位突出，资源禀赋优良。作为我国北方重要的开放门户，辽宁沿海经济带向海通陆辐射优势明显，是东北海陆大通道和“一带一路”的重要节点。随着东北海陆大通道的建设，中欧班列的开行，物流、商流、资金将加快向辽宁沿海经济带集聚，促进辽宁沿海经济带成为国际经贸网络的重要枢纽。充分发挥东北海陆大通道建设在新时代东北振兴中的引领作用，依托东北海陆大通道建设，促进辽宁沿海经济带城市协同发展、高质量发展，凝聚合力带动辽宁经济乃至东北经济高质量发展，是摆在辽宁人面前的一个重大课题。

一、以海陆通道为牵引，构建产业发展新格局

东北海陆大通道建设进一步推动“一带一路”倡议的海陆衔接，成为带动东北对外开放的新高地，推动沿线经济发展的新引擎。大通道的建设带动沿线各市高效协同一体化发展，以大通道建设促进大流通、培育大市场、畅通大循环，赋能东北地区经济高质量发展。

（一）依托大通道牵引，驱动东北振兴引擎

明确东北海陆大通道主辅框架及路径范围，匹配辽宁沿海经济带与东北海陆大通道关联的重点支撑区域是促进辽宁沿海经济带各城市产业协同发展的前提。从当前来看，东北海陆大通道在辽宁范围内涉及辽宁沿海城市主要有三条通道：大连—欧洲主轴通道，以大连、营口和盘锦等地为支撑重点；长白通丹通道，以丹东和大连为支撑重点；锡赤朝锦通道，以锦州、葫芦岛和盘锦为支撑重点。海陆通道作为支撑东北发展的大动脉，在交通设施、要素流、产业政策及市场机制的共同作用下，牵动辽宁沿海经济带高质量发展，从而成为驱动东北全面振兴的战略引擎。

（二）坚持三区驱动，推动核心产业协同发展

“三区”是指以辽宁沿海经济带六个城市为主要依托的作为通道核心区域、发挥主要驱动力的三个城市联动板块。具体包括：

“大连—营口—盘锦—沈阳”城市板块是大连—欧洲主轴通道的主动力源；确立大连作为东北海陆大通道核心枢纽和战略门户的定位，推动大连、营口及盘锦围绕大连—欧洲主轴通道发展需求，实施产业协同发展。推动营口沿海产业基地、仙人岛经济开发区和盘锦辽东湾新区合作共建，促进仙人岛、鲅鱼圈区与大连太平湾合作创新区协同发展。深化大连、营口、盘锦、锦州和葫芦岛石化及精细化工产业协同发展，合力打造世界级石化产业基地和精细化工产业带。发挥大连、盘锦、葫芦岛等高技术船舶和海工装备研发制造优势，打造具有国际竞争力的海洋先进装备制造基地。充分利用 RCEP 机制，加强装备制造产业链国际合作；推动装备制造等传统优势产能向东南亚、蒙古和俄罗斯转移；加强与俄罗斯在装备制造、能源电力、海洋产业、旅游等领域互利合作，支持沿海经济带企业在俄投资开发油气田、有色金属矿山等项目。拓展与日韩在电子信息、新能源汽车和生物制药等领域合作，使辽宁沿海经济带成为以中国为最终消费市场的日韩产业链承接地。

“锦州—葫芦岛—盘锦—朝阳”城市板块是锡赤朝锦通道的主动力源；确立锦州在东北海陆大通道中的“重要战略门户”定位，构建以锦州为龙头，以葫芦岛、盘锦为两翼，朝阳、阜新为重要支点的融合发展新格局。推动锦州成为锡

赤朝锦通道的产业组织中心，发挥区域集散效应。从抓好辽蒙合作入手，连通环渤海及东南沿海地区，推动与蒙古、俄罗斯和欧盟的开放合作，辐射日本和韩国，构建贯通东北亚经济圈的产业发展廊道。充分发挥锦州经开区、锦州高新区等产业载体的引领作用，联合盘锦、葫芦岛、朝阳、阜新的重点园区，在钢铁冶金、新材料、农产品精深加工、汽车及零部件、特色装备制造、石化与精细化工、电子信息、数字经济、清洁能源等领域构建产业链、创新链、供应链和人才链，实施协作配套和优势互补。支持锦州引进粮油头部企业，在临港区域布局大型粮油加工项目，发展进境粮食保税加工；推动锦州和盘锦协同对接国家“北粮南运”战略，合力建设东北粮食集散和精深加工基地。对接蒙古、俄罗斯、欧洲及日韩的产业需求，发展临港出口加工区。全力推动以锦州为战略门户枢纽的辽西区域协同发展，加快打造辽蒙合作先导区、辽河三角洲高质量发展试验区，为辽宁沿海经济带高质量发展注入新动能。

“丹东—大连—白山—通化”城市板块是长白通丹通道的主动力源。加快“黄海翼”北黄海经济合作区建设。推动丹东与大连紧密合作，同时加强与吉林省白山、通化及长春等市协作，成为长白通丹通道运行主动力源。推动丹东东港市和大连庄河市在产业发展、基础设施、环境治理等领域开展合作。加强丹东高新区与大连高新区交流合作，推动丹东高新区创新发展，争创国家级高新区。推进丹东边境经济合作区与大连经济技术开发区合作，承接产业转移，学习先进经验。加快丹东边境城市贸易创新发展区建设，面向朝、日、韩、俄、蒙五国，协同大连等沿海经济带其他五市，发展跨境产业合作；加快日本产业园、韩国产业园建设。加强丹东与吉林白山市在绿色食品、中医药等绿色加工领域合作，与通化市在农产品深加工、装备制造、化工及新材料等领域协同发展。

三大板块动力区承担生产、集散、衔接、转换、增强和支撑功能，相互融通、协同推动海陆通道要素流通和商品贸易高效运行，成为畅通国内外双循环的经济大通道。

（三）激发多点支撑，推进特色产业联动发展

依托辽宁沿海经济带国家级经济技术开发区、国家高新技术产业园区、国家级新区、自贸区片区、港口及机场等重点开发开放平台，面向东北海陆大通道，错位发展，协同互补，构建“三区驱动”的主体支撑。探索大连金普新区，辽宁自贸试验区大连片区和营口片区，大连大窑湾、大连湾里和营口综合保税区，

丹东边境经济合作区，大连、营口和盘锦跨境电子商务综合试验区等面向东北海陆大通道发展的内在机制，辽宁沿海经济带协同发展路径，培育壮大特色产业集群，打造若干具有较强竞争力的区域经济增长点。

1. 以大通道物流为纽带，加快物流业协同发展

以辽宁沿海经济带为枢纽廊带，带动全省，联动吉林、黑龙江和内蒙古，连接环渤海经济圈及东南沿海地区，构建向东辐射日本、韩国，向南连通东盟国家，向北向西连接蒙古、俄罗斯、欧盟及中亚国家的“干支结合、枢纽集散”的高效集疏运体系。确立大连港、锦州港、丹东港在通道体系中的门户枢纽港地位，发挥营口港、盘锦港的重要枢纽作用、葫芦岛港的支点效应。推动锦州、盘锦建设国家物流枢纽城市，推动朝阳打造区域物流集结中心。围绕海陆大通道优化沿海六市物流园区、物流中心等平台布局。拓展大连机场面向日韩、蒙俄欧、中亚、东盟等区域的航线，开通或加密货运航线；推动营口、锦州、丹东机场在国内的辐射范围，开通或加密货运航线，与沈阳、大连机场协同打造东北亚国际航空枢纽。加强港口基础设施建设，完善多式联运体系。推进“智慧港口”建设，建立以港口为枢纽的东北海陆大通道综合运输公共服务平台，实现铁路、港口、海关、船舶等信息数据互联互通。组建东北海陆大通道港口物流联盟。深化沿海港口在吉林、黑龙江、内蒙古的内陆港建设，提升港口服务通道的能力。推动锦州、盘锦、葫芦岛三港联动开展油品保供，发挥北粮南运枢纽港作用。

推进大连、营口、丹东等国家物流枢纽及口岸设施建设，支持锦州、盘锦申建港口型国家物流枢纽承载城市。支持锦州建设辽西中心城市纳入省协调发展总体布局；支持锦州港扩能建设辽西蒙东枢纽港；筹建珠恩嘎达布其国际物流园；加快外贸直航航线建设；提高物流枢纽通关和保税监管能力；加强与通道沿线重要能源与原材料产地、制造业基地、物流中心等合作；用好中欧班列运力资源；加快中国北方能源交易基地建设，带动高端精细化工产业大发展；支持设立各类交易平台，深化锦州大宗商品服务中心项目建设，提升大宗商品物流和运营组织中心功能。支持锦州以海陆通道 15 市（盟）为依托，创建综合保税区，承担口岸、物流、加工、展示功能，享受特殊税收政策，形成对外开放新优势。推动锦州电子商务产业深入发展，打造跨境电子商务产业链和生态链，建设跨境电商综合试验区。

提升大连货物集结枢纽服务能力，依托沈阳中欧班列集结中心申建，研究推进锦州建设中欧班列货源集结中心场站，打造锦州作为辽宁沿海经济带和辽西蒙东地区海陆空货源集疏货重要枢纽城市。探索推动丹东作为长白通丹通道货源集结枢纽。推进锦州、丹东与沈阳之间开展沈阳中欧班列共建共享合作。

2. 以大通道贸易为动力，促进跨境电商产业协同发展

促进跨境电商跨区域协同发展，构建大连、丹东、营口、盘锦、锦州跨境电商联盟，面向东北海陆大通道建设制定电商发展规范，在平台建设、货源采集、产品宣传、渠道推广等方面实现标准规范模式，打造辽宁沿海经济带跨境电商品牌。强化电商与物流网络的无缝衔接，构建海、陆、空电商物流一体化建设。结合东北海陆大通道建设，沿海6市物流行业协会协商配合电商发展优化物流路径，开设电商物流绿色通道，提升电商物流效率。推进电商物流基础设施一体化建设，在仓储、物流、运输设备采购和建设方面加强沟通与协同，实现设备标准化和设施建设错位化发展。从物流系统设计方面全面降低整体电商物流成本。沿海6市共建电商金融支撑网络，各级金融部门配合打通金融数据链，推动跨境电商交易、结算标准化和国际化，提供便利的交易方式。同时，加强网络数据安全共建共管，维护跨境电商网络秩序，防止非法交易和窃取交易数据。

3. 以大通道科创平台为支撑，强化科技服务业共享发展

统筹沿海科创资源布局，联手营造创新生态，打造东北亚区域原始创新高地。以大连重大科创平台建设基础打造大通道科创平台，增加其他五市创新平台布局。围绕石化及精细化工、装备制造、冶金、汽车及零部件等主导产业，建设产业协同创新大平台。大力支持产业链中试基地建设。深化重大科研基础设施、大型科研仪器、科学数据、科技文献等科技资源的充分流动与开放共享机制。构建辽宁沿海经济带技术交易市场联盟，推动发展环渤海区域性技术产权交易市场，联合构建国家科技成果转移转化示范区。建立日、韩、俄罗斯及中东欧等重点国家和地区的技术转移转化机制与合作模式。建设“大连＋其他五市”科技飞地园区，形成“研发在大连、创业在五市”的扩散效应。推动大连、锦州等地高校面向东北海陆大通道优化学科专业培养定位，为产业发展培养适用型人才；支持省内外名校及高水平科研机构在沿海6市建立特色研发机构、院士工作站和创新创业基地。

4. 以大通道沿线为目标市场，推动旅游服务业联动发展

面向海陆大通道，构建辽西、辽南、辽东三大区域旅游板块，强化联动效应，协同建设中国最北海岸线休闲旅游观光带。推进大连建设东北地区国际邮轮旅游中心，开通辽宁沿海观光航线，创建辽宁海岛游特色项目；推动大连港建设成为环渤海地区重要的邮轮始发港和东北亚一流的国际邮轮母港；提升大连国际游艇产业展会在东北亚影响力。以锦州建设辽西中心城市为依托，联合朝阳、阜新、葫芦岛和盘锦，以辽沈战役纪念馆、笔架山、医巫闾山、兴城古城、红海滩等知名景观为载体，擦亮“红色文化”“玛瑙文化”“古玩文化”“古城文化”“湿地文化”“化石文化”等特色名片，协同开展“辽沈战役红色之旅”爱国主义教育项目，打造辐射全国、享誉海内外的“辽西”文旅品牌，推动锦州构建区域旅游集散中心。支持丹东打造抗美援朝红色旅游品牌，推进鸭绿江边境旅游带建设；深化“白通丹”鸭绿江等旅游联盟运作，强化与吉林、黑龙江等城市旅游合作，实现“引客入丹”；融入大连海岛游“大长海”战略，共筑北黄海国际海岛旅游黄金走廊。推动沿海城市联合推出旅游精品线路，开发滨海旅游数字化平台，统筹安排旅游节庆活动，对通道沿线境内外游客加强联合宣传，打造旅游整体品牌形象。

5. 促进大通道产业融合，推动特色产业园区协同共建

探索与俄罗斯、日韩、欧盟及东盟国家进一步完善贸易与投资合作机制，推动产业合作。充分利用 RCEP 和中国—东盟自由贸易区合作机制，借鉴西部陆海新通道中外合作园区建设经验，推动辽宁沿海经济带城市与东盟国家及日韩共建高起点、高水平的产业园区；重点围绕电子信息、新能源汽车、装备制造、生物医药、新材料、现代航运等领域，加强上下游产业链合作。突出大连的示范效应，加快建设中英（大连）先进制造产业园，支持大连金普新区打造中日、中韩开放合作园区。支持国内外企业以中国和东盟为主要市场、将制造业重要环节布局在辽宁沿海经济带，打造内联外合、承上接下的区域性国际加工制造基地。鼓励围绕跨境产业链重要环节发展加工贸易产业。支持吉林、黑龙江和内蒙古等省份在辽宁沿海经济带建设“飞地园区”，参与向海经济发展。拓展丹东边境经济合作区功能，推动其在东北海陆大通道建设中发挥更大作用。加快辽宁自贸区锦州、葫芦岛协同创新区建设，推动跨境产业发展。支持丹东创建综合保税区，发展跨境电商产业。支持锦州、营口和丹东发展临空经济区。

6. 大力推进海洋新兴产业协同发展

（1）结合辽宁当前现状，制定辽宁沿海经济带海洋战略新兴产业发展规划。

根据自身的产业优势与海洋新兴产业相结合更好地提升辽宁海洋新兴产业的特色和竞争力。辽宁在先进装备制造业领域具有传统优势，近年来也有了长足发展。因此，在辽宁海洋新兴产业发展规划中要结合辽宁先进装备制造业优势进行整合式推进。在海水养殖、海工装备制造、海洋生物医药等新兴产业领域与制造业对接。激发辽宁装备制造业新的活力。辽宁沿海经济带各沿海城市结合自身发展现状制定切合实际的海洋新兴产业可持续发展方案。辽宁各沿海城市发挥自身传统产业优势：丹东的海水养殖产业；大连的船舶制造产业；营口的海工装备制造产业；盘锦海洋石油化工；锦州海洋旅游和体育产业；葫芦岛海洋轻工业。在发展辽宁海洋新兴产业同时，必须与原有产业结合，实现强强联合，协同发展。

（2）构建辽宁沿海经济带海洋新兴产业发展管理机构，协调管理辽宁海洋新兴产业发展。首先，加强海洋经济发展组织领导，探索组建省级综合性、跨区域的海洋产业发展管理机构，专门服务于辽宁海洋战略新兴产业协调与沟通，从组织方面进行切实筹划与保障。统筹协调解决辽宁海洋战略性新兴产业领域重大事项。其次，发挥辽宁海洋战略新兴产业协调管理机构作用，打破辽宁沿海城市的行政分割和地域界限，遵循“互惠互利、优势互补、效率优先”的原则，促进辽宁海洋战略新兴产业协同布局，优化产业分工、推动跨区域的海洋产业发展合作。最后，发挥辽宁海洋战略新兴产业发展协调管理机构监督和评估的作用，为辽宁海洋战略新兴产业发展做好阶段性评估，并持续向省级决策部门提供辽宁海洋战略新兴产业发展的数据，为辽宁海洋战略新兴产业提供政策制定的依据。从而协同促进辽宁海洋战略新兴产业良性可持续发展。

（3）依托城市产业基础，打造海洋战略新兴产业发展特色。依托辽宁沿海城市现有产业基础，积极规划和建设与之关联的海洋战略新兴产业。大连依托船舶制造产业积极发展与船舶制造相关联的新技术、新材料产业，促进产业升级。依托海洋旅游产业，积极推进海洋会展、国际旅游项目的建设和开发；丹东依托紧邻黄海优势，大力发展海洋牧场相关产业，并培育海水养殖、海产品加工、海产品运输销售为一体的完整产业链；营口依托海产品制造、海洋盐业发展海产品加工、保鲜等食品产业链，依托临港石化、海洋冶金、海洋装备制造发展海洋先进装备制造业；盘锦依托石油化工发展海洋石油化工相关产业；锦州依托旅游文化优势发展海洋旅游产业；葫芦岛依托海洋轻工业发展海洋轻工新材料、服装等相关产业。

（4）整合战略科技力量，构建辽宁海洋战略新兴产业科技创新战略平台。建设辽宁海洋科技创新平台是快速推动辽宁海洋战略新兴产业发展，实现弯道超车的核心力量。通过与国家海洋实验室、高端实验平台等战略科技力量合作，打造辽宁海洋科技产学研用之间的融合协同创新模式。有效利用国家级、省级重点实验室，各级科研中心整合服务于辽宁省海洋科技创新平台；有效利用现代信息技术平台实现跨区域科研团队协作融合。辽宁沿海经济带发挥平台协同共建优势参与国际海洋科技创新活动；并结合辽宁海洋产业重点项目，依托国家战略科技力量开展国际海洋创新领域合作。

（5）海洋科技人才引进与人才培养相结合。实现人才引进的带土移植，并把智力引进与人才租借相结合，依托海洋战略新兴产业创新项目的设立，构建人才网络合作平台。在东北海陆大通道建设中促进人才和知识的异地合作。并形成海洋科技项目运作和运行的人才协作机制，为跨区域长期合作奠定人力资源基础。

积极培养海洋科技创新人才，基于东北海陆大通道制定海洋人才引进的特殊政策和培养机制，为辽宁省海洋战略新兴产业发展提供必要的智力支撑。依托辽宁省教育资源优势鼓励发展辽宁省涉海高等教育和辽宁省涉海职业教育，依托大连海事大学、大连理工大学、渤海大学等高等教育院校建设海洋人才培养基地；推进产学研一体化，加强海洋企业与海洋科研院所的联系和交流；深化企业与国内外优秀海洋科研机构和国际知名海洋科研机构的互动交流与合作，培养一支与海洋新兴产业快速发展相适应的海洋科学技术高水平人才队伍。

（6）推动海洋牧场建设，打造辽宁“蓝色粮仓”。大连、丹东、营口近海岸线有众多海洋生物种类，大连海参、鲍鱼等海产品是传统特色；丹东蚬子、皮皮虾也逐渐成为城市美食名牌。促进海洋牧场的建设，打破靠天吃饭的传统海洋捕捞模式。海洋牧场建设在恢复和增加海域渔业资源、修复和改善海域生态环境中起到重要作用。同时，海洋牧场建设更有利于促进渔业产业结构转型升级，保证渔民增收和渔业增效。因此，大力推进以大连为龙头，丹东、营口为两翼的海洋牧场产业集群，将会为辽宁打造“蓝色粮仓”提供重要支撑，成为辽宁经济新的增长点。

（7）依托气候优势打造辽宁“特色海洋”旅游观光带。促进冰雪旅游文化与海洋旅游文化相结合。作为北方冬季旅游大省，冰雪旅游是辽宁传统特色旅游项目，辽宁海洋旅游产业发展应与其集合，打造冬季海洋旅游特色。如海冰帆船、冬季海产品捕捞体验等；海洋旅游与海洋体育相结合，充分发挥锦州、葫芦岛海洋体育产业优势，与辽宁海洋观光带整合为一体，发展海洋体育沉浸式旅游，打造体育体验和体育训练为一体的特色旅游项目；海洋旅游与历史文化相结合。充分发挥锦州、沈阳、丹东、大连传统红色文化优势，与滨海旅游相结合，打造海洋—红色文化一站式旅游项目。通过特色旅游产品吸引东北海陆大通道观光游客。通过“特色海洋”旅游产品的设计打造辽宁“特色海洋”旅游观光带。

（8）打造特色“飞地”，助力先进制造业与沿海产业融合。作为海洋大省，要充分发挥海岸线优势，使辽宁内陆城市也能积极参与海洋新兴产业发展，可以开拓性的建设内陆城市在沿海城市的“飞地”规划。为有海洋产业发展需求的内陆城市规划一部分沿海开发区，承接内陆城市海洋相关产业转移，为辽宁内陆城市发展海洋产业提供岸线资源。如沈阳、抚顺先进装备制造业、本溪生物医药产业向“飞地”转移。在管理层面可以探索城市间的“飞地”协同管理。要建立合理的城市发展考核指标，“飞地”经济发展与“飞地”隶属内陆城市经济发展挂钩。不能只规划不建设，更不能建设后无业绩。

（四）强化组织协调和政策支持，为产业协同发展提供坚实保障

加快推动东北海陆大通道建设上升为国家战略。发挥省部级、地市级联席会议机制的协调作用和统筹作用，及时解决跨行业、跨部门、跨地区重大问题，推进重点任务落地落实，重大事项及时向党中央、国务院请示报告。提请国家有关部委推动锦赤巴珠线断点铁路建设，协调蒙古国境内铁路建设进度。做好中欧班列运输协调工作，加强与通道沿线地区的协同联动，推动物流各方紧密衔接、企业合作共赢。建议省发改委制定《辽宁沿海经济带面向东北海陆大通道产业协同发展指南》，打破行政区划壁垒，推动相关省市产业发展规划对接，通道沿线产业园区协调合作。

优先支持重点基础设施项目建设和重点产业发展。加大对引进重点项目投资奖励，创新税收优惠政策。对符合使用政府奖励资金的项目，优先列入申报中央资金、地方政府专项债券项目计划和财政预算。支持地方政府依法合规采用 PPP 方式推动海陆通道项目建设。拓宽企业融资渠道，推动东北四省区联合组建东北海陆大通道建设投资基金，设立新兴产业融资担保基金。对重点项目加大用海用地保障，推动解决锦州港航道码头改扩建等项目用海用地指标限制问题。创新支持开展市场化招商，促进产业链招商。加大企业经济贡献奖励力度，扶持企业做大做强。

支持拓展多种形式的跨区域产业合作。通过引导政策，从辽宁沿海经济带区域内外两个方向加强跨产业合作。在沿海经济带内，促进城市间产业跨区域合作

政策探索，推动物流、制造业、科技服务业、旅游业在辽宁沿海六市的协同发展政策共建，鼓励产业跨城市进行产业链的整合和联动，重点通过港港合作、组合港建设、多式联运等形式推进物流业与制造业协同发展；重点通过共建产业园区、产业转移等形式促进城市间产业协同发展；通过产业配套、电子商务整合等方式促进城市间不同产业的融合。在辽宁沿海经济带与区外合作中，依托东北海陆大通道建设，促进辽宁沿海经济带与区域外国家和城市间的合作政策制定，在科技创新、人才共享、产业合作等政策方面着力共建，重点通过创新平台建设、技术引进等方式推动辽宁沿海经济带科技创新能力提升；通过基于东北海陆大通道的人才引进、项目合作等方式推动大通道沿线国家和地区人才合作；重点通过产业配套、企业落户等方式实现辽宁沿海经济带与区外地区产业对接。

二、以临港产业为基础，推进制造业协同发展

东北海陆大通道的建设为不仅为辽宁港口物流发展注入了新的活力，同时更为辽宁各城市临港产业的发展带来新机遇。辽宁沿海经济带是东北海陆大通道的重要海陆中转与枢纽地，辽宁沿海六市港口是海陆大通道的出海口和中欧班列海上贸易枢纽。目前，辽宁沿海港口经历了资本、资源与业务层面的整合，初步构建了以大连—营口为中心，以丹东为东翼，以盘锦、锦州、葫芦岛为西翼的“一个中心、东西两翼”港区发展格局。辽宁港口的整合与发展对辽宁临港产业发展提供了有效的物流支撑。因此，依托东北海陆大通道建设，充分发挥辽宁沿海六市港口的带动与连接作用，给辽宁沿海六市临港产业发展的带来重要机遇。根据三区联动的总体设计，辽宁沿海经济带临港产业划分为“大连—营口—盘锦—沈阳”城市板块；“锦州—葫芦岛—盘锦—朝阳”城市板块；“丹东—大连—白山—通化”城市板块。

（一）推动辽西地区制造业联动发展

“锦州—葫芦岛—盘锦—朝阳”城市板块是东北海陆大通道中锡赤朝锦通道的主动力源。辽宁沿海经济带锦州港、葫芦岛港、盘锦港作为辽西沿海地区的主要港口在东北海路大通道建设中承担着中蒙俄贸易枢纽港的重要作用和基础地位。东北海陆大通道的建设会极大程度带动辽西地区制造业的发展。新的发展态

势要求辽西地区产业实现融合式协同发展。实现产业链的衔接和共建，促进辽宁各城市产业合作，推进一体化发展。

加强锦州港与葫芦岛港的持续合作，促进锦州市与葫芦岛市在石油化工、能源电力、机械制造、电子商务领域深入融合，推进锦州市滨海开发区与葫芦岛连山区一体化发展。在石油化工领域锦州市与葫芦岛市合作共建产业园区，促进精细化工、新能源、新材料相关企业落地，依托锦州石化产业的带动作用，实现园区的外向发展，通过海陆大通道的锦州港和葫芦岛港打通石油、粮食产业与蒙古、俄罗斯的贸易线，同时依托大通道向我国南方市场拓展。在电力能源领域，促进太阳能、风能的技术合作，并积极利用辽西地区风能优势拓展海洋潮汐能产业建设。在机械制造领域促进新能源汽车、船舶机械的配套产业发展，锦州市、葫芦岛市为大连造船行业进行配套，沈阳、丹东汽车行业协同发展形成产业配套与互补，并充分发挥海陆通道的枢纽港作用，实现机械制造产业的外向拓展。发挥锦州港与葫芦岛港合作优势，共同开发港口腹地，除原有腹地外，加强与阜新、朝阳合作建立农副产品集散中心，在食品原料和成品外运领域加强整合，建立临港食品和农副产品转运中心。通过东北海陆大通道实现农产品的国际推广。

盘锦市与锦州市石化产业合作前景广阔，随着盘锦市沙特阿美综合石化项目的落地，盘锦市在石油冶炼及附属产品深加工方面获得新的发展机遇，盘锦市与锦州市在石油冶炼、石化产品深加工等方面通过产业链协同，实现盘锦市石油化工产业链延伸。盘锦市与锦州市可共同打造“双锦”石油产业园区，发挥各自优势，实现产业链合作和产业错位发展，共同打造东北地区石油化工特色产业基地，做强做大盘锦市石油化工产业，并依托东北海陆大通道实现石油产品的品牌打造和产品输出。此外，在东北海陆大通道建成后，探索与俄罗斯原油相关产业深度合作，在“双锦”石油产业园区建立中俄石油产业合作试点，打造我国石油产业的重要制造基地，并带动相关产业升级，努力使盘锦成为我国石油产业之都。

阜新市与朝阳市、锦州市、盘锦市在装备制造、农产品深加工、电子商务领域合作前景广阔，推动锦州成为锡赤朝锦通道的产业组织中心，发挥区域集散效应。尤其在农产品深加工领域，阜新、朝阳具有农产品种植优势，推动锦州和盘锦协同对接国家“北粮南运”战略，合力建设东北粮食集散和精深加工基地。阜新市、朝阳市与锦州市通过临港食品深加工产业园区建设，提升农产品附加值，并利用海陆大通道的路径优势，使特色农产品向蒙古、俄罗斯输出。打造辽西特色农产品品牌，并在国际市场赢得竞争优势。在电商领域，依托阜新、朝阳、盘锦特色农产品优势，构建农产品电商基地和农产品深加工基地，基地可以设在锦州港临港电商产业园区，并利用锦州交通优势，依托海陆大通道建立农产品电商外贸枢纽，利用电子商务为阜新、朝阳、盘锦农产品打通国际市场。

（二）推动大连、营口及盘锦制造业协同发展

“大连—营口—盘锦—沈阳”城市板块是大连—欧洲主轴通道的主动力源。以大连产业为引领，在营口高标准建设经济合作区、科技园区等，推动大连产业资源向营口扩散转移，形成研发在大连、制造在两翼、链式配套、梯度布局的产业分工体系。

推动大连太平湾合作创新区政策与营口协同，建议将仙人岛、鲅鱼圈区纳入太平湾合作创新区的协同区或拓展区，推进两市优势产业互补和协同发展。大连太平湾打造新能源新材料、船舶与深海装备、农产品食品精深加工 3 大支柱产业，大数据、大物流、大健康 3 大主导产业，培育产融服务、通用航空、科创孵化、都市农业等 N 个新增长点，形成“2 + 3 + 3 + N”的现代产业体系。从产业发展来看，大连太平湾与营口鲅鱼圈经济开发区都属于新兴产业发展地区，产业发展具有很强的可塑性和协同性。同时，从产业链延伸来看，营口鲅鱼圈在新兴装备制造业、输变电、港口物流等方面与大连太平湾产业有较强的互补性。因此，可以实现两个城市在开发区建设中相互促进与融合。在园区规划、产业链关联、配套设施建设等方面进行深入合作，共同参与同一园区构建。这种开发区的深度融合一方面可以促进产业链合作，另一方面在东北海陆大通道建设中，可以打造产业合作示范基地，为做大做强大连市与营口市的装备制造业和精细化工产业提供强有力的示范和支撑作用。同时，也为辽宁沿海六城市的产业合作与发展提供可借鉴的成功经验。

在产业融合发展同时，要充分发挥鲅鱼圈优越的城市服务保障功能，为大连太平湾建设和人员衣食住行提供配套服务。在产业发展同时，新区配套设施建设尤为重要。营口鲅鱼圈新区已经在医疗、教育、交通、商业领域发展相对成熟，为营口鲅鱼圈产业建设与发展提供了重要的基础服务保障。在大连太平湾新区建设中，为了避免重复投资，可以充分发挥和利用营口鲅鱼圈基础服务设施优势，为太平湾新区产业发展提供服务，这样不仅可以为太平湾新区建设节约资源，同时也可以为鲅鱼圈经济发展注入了新的活力。

推进两市港口一体化发展，协同构建跨区域投融资平台，打造跨区域产业创

新中心。合力打造“辽宁沿海经济带一体化发展示范区”。在东北海陆大通道建设背景下，促进中欧贸易节点建设，随着两个新区之间的经济联系和贸易往来日益紧密，投融资活动也呈现出跨区域的趋势。协同构建跨区域投融资平台，首先，需要建立一个统一的信息共享系统。这个系统在设计上能够集成不同地区的投融资信息，并将其以统一的格式进行展示和交流。因此，需要实现大连太平湾新区与营口鲅鱼圈建立金融信息合作与共享平台。投资者和融资方就可以更加方便地融入系统并获取周边地区的投融资机会和市场需求信息，从而提高民间资本在跨区域投融资中的效率和准确性。其次，协同构建大连与营口的跨区域投融资平台需要建立有效的风险管理机制。为了降低跨区域投融资活动面临更高的风险，要在大连市与营口市在金融相关政策上保持协调一致，同时共同建立起一套完善的风险评估和管理体系，从而帮助投资者和融资方更好地识别和应对金融风险。

大连太平湾开发区与营口鲅鱼圈开发区在产业融合、港口合作、基础设施共享、投融资平台建设等方面的广泛合作不仅为两个城市新区建设提供了产业优势互补、资源共享的优势，更重要的可以为辽宁省沿海城市在产业发展领域提供实践借鉴和政策依据。在东北海陆大通道建设背景下，这种跨城市的产业新区合作在提升城市产业竞争力，产业链的延伸以及产品品牌的打造方面都具有重要的引领和示范意义。大连市和营口市合力打造“辽宁沿海经济带一体化发展示范区”对于辽宁沿海经济带整体融入东北海陆大通道具有重要的示范、引领和带动作用。

加强大连—营口—盘锦精细化工、先进装备制造业、粮食深加工领域深度合作。促进石油产业和先进装备制造业产业链上下游的整合，并联合龙头企业、科研机构构建协同创新中心，大力发展石化产业、装备制造业的技术创新，打造国内石化科技创新高地，为未来大通道建成后石化产业发展奠定技术基础。围绕太平湾粮油供应链产业园建设，充分发挥营口港作为全国粮食吞吐量最大港口和“北粮南运”重要枢纽港口的作用，以及营口粮油贸易市场体系和配送、供应网络健全的基础优势，发挥盘锦市水稻种植的品牌效应，共同打造世界最大的综合性油脂加工及粮油食品基地。在东北海陆大通道建成后，开辟大通道沿线的综合性油脂及粮食市场。

（三）推动丹东与大连、白山、通化制造业协同发展

“丹东—大连—白山—通化”城市板块是长白通丹通道的主动力源。以大

连—沈阳—满洲里—欧洲、大连—沈阳—霍尔果斯—欧洲等运输通道为主轴，以长（春）白（山）通（化）丹（东）、锡（林郭勒）赤（峰）朝（阳）锦（州）等运输通道为支撑，联通蒙俄和欧洲铁路干线、连接沿线枢纽和口岸，形成综合交通运输网络。白山市、通化市作为东北海陆大通道的重要运输节点，在城市的产业发展、产业链合作等方面与辽宁沿海经济带也有着密切的关联。在未来产业发展中也趋于走向协同。

推动丹东东港市和大连庄河市在产业发展、基础设施、环境治理等领域开展合作。加强丹东高新区与大连高新区交流合作，推动丹东高新区创新发展，争创国家级高新区。推进大连市装备制造业、新能源汽车、农产品和海产品深加工、跨境电商产业领域与丹东高新区合作，促进新能源技术的联合攻关。促进丹东市轻工业与大连市轻工业建立合作联盟，加强物联网燃气表、水表、热量表、智能数字产品等新产品的联合开发与推广，促进丹东中小轻工企业与大连产业龙头企业对接，实现产业链互补，共同开发轻工产品市场。

在产业发展基础方面，白山市为资源型城市，在发展过程中其矿产资源逐渐枯竭，城市也在不断寻求转型。从近几年的产业发展来看，农产品种植和深加工、绿色食品产业、矿产新材料产业、旅游产业成为白山市经济发展的支柱产业；通化市医药产业、旅游业、电商产业在城市经济发展中所占的比重相对较大。总体来看，白山市与通化市在制造业发展领域相对薄弱，农业和旅游业是白山市与通化市经济发展的主导产业。构建白山、通化与大连、丹东产业协同通道，以大连为出海口，打造白山、通化市农产品出海路线，并加强白山市、通化市与大连农产品深加工产业合作，提升两市的农产品附加值，依托海陆大通道开拓国际市场。促进白山市与大连市旅游产业合作，围绕“海山融合”旅游产品，发展长白山和大连旅游附属产品制造业，例如服装、纪念品等，打造旅游产品制造业产业园区，服务大通道旅游市场。

在产业互补性方面，大连市作为辽宁省的经济中心和重要的对外开放窗口，具有发展航运、物流、金融和现代服务业等优势。丹东市位于中国东北与朝鲜接壤的边境地区，拥有与朝鲜开展国际贸易的位置优势。大连市与丹东市拥有丰富的制造业资源和创新资源。而白山市以其独特的自然风光和丰富的旅游资源而闻名，可以发展以旅游业为主导的产业。通化市则以煤炭、石油和化工等资源为支撑。从产业互补性来看，通化市一方面可以通过城市现有矿产资源为大连制造业提供工业原料，并为大连市制造业提供制造业产业链上游的配套支持，与此同时大连资源型制造企业可以向通化转移，节约大连土地资源。另一方面，在东北海陆大通道建成后，通化市也会成为重要节点，可以为大连提供制造服务业保障；白山市制造业以人参等经济作物加工和制药业为核心，充分发挥丹东市与大连市农产品深加工和海产品深加工优势，与白山市农产品相关产业合作打造经济作物电商示范基地，依托东北海陆大通道向国内乃至世界推广。探索“产业飞地”建设，尝试在大连和丹东建立白山市与通化市的产业飞地，通过飞地建设为白山和通化两市建立滨海产业中心，实现内陆城市产业的向海发展，尝试探索白山、通化两市在农作物种植、农产品加工、海洋新兴产业培育方面与大连市、丹东市合作，探索新的产业发展领域。

在交通基础设施建设方面，这四个城市也存在着相互关联，协同发展的潜力巨大。大连市作为中国重要的港口城市，具有发达的港口和航运网络，可以为丹东市、白山市和通化市提供便捷的物流通道。同时，丹东市作为边境城市，可以通过与白山市的合作，打造中朝经济合作区，促进跨境贸易和旅游的发展。白山市和大连市则可以通过相互协商和沟通加强基础设施建设，提升交通网络的连通性，使得这四个城市之间的人员流动以及物资流通更加快捷和便利。

此外，这四个城市在科技创新和人才培养方面也存在协同发展的必要性。大连市拥有多所高水平的大学和科研机构，可以为丹东市、白山市和通化市提供科技创新的支持和创新人才资源。通过加强科技合作和人才交流，可以促进这四个城市在高新技术产业和创新创业方面的发展，提升整体的科技水平和市场竞争力。

（四）围绕跨区域产业链全力打造沿海先进制造业产业集群

东北海陆大通道建设，为辽宁沿海经济带制造业发展提供了广阔的市场前景和市场机遇。利用海陆大通道，地方产业集群可以更加便利地与其他地区进行贸易往来，拓展销售渠道，开拓新的销售市场。这将有助于辽宁沿海经济带各地方产业集群的优质特色产品更好地满足大通道沿线地区和国际市场的需求，提高特色产品的知名度和市场份额。但是这种新的发展态势也给辽宁沿海经济带制造业发展带来新的挑战，如何形成产业合力应对这些挑战，如何打造辽宁制造业品牌并推向国际市场，这些都是未来辽宁沿海经济带制造业发展中需要解决的核心问题。辽宁沿海经济带各个城市在产业发展中存在一定的同构性，某些产业重复建设现象明显。因此，要依托海陆大通道推动辽宁沿海经济带制造业走出国门，必须进行整合与协同，结合辽宁沿海经济带各城市产业特点，进行产业的差异化发展。

建立并推动石化产业链建设，形成盘锦—大连—锦州—葫芦岛为轴心的石化工业综合产业集群。石化产业是盘锦、锦州的优势产业。盘锦在石化产业和精细化工领域走在前列，围绕石化及精细化工全产业链整体发展和头部企业的上下游、前后端快速实现延链补链强链的同时，把重点产业链打造成招商品牌，形成更集中、更系统的产业发展态势。锦州石化也不断寻求技术革新和改造，探索新的发展空间。葫芦岛石化企业规模相对较小，主要以石油精细化工为核心。随着海陆大通道的建设，来自俄罗斯原油产品迅速进入国内市场，在此情况下，仅仅依靠盘锦市不能完成所有石化产品的生产。因此，需要以盘锦石油化工产业为引领，锦州、葫芦岛石化产业为有效支撑的石化产业链。在产业链构建时首先做好产品分工，各自依托原有优势壮大实力，同时也要对相似产品进行对接和转移。为了避免相互竞争情况发生，需要建立石油化工跨市产业联盟。利用联盟的信息沟通，实现市场一体化，实现石化产品互补，产业发展互补，企业合作互补的补短板合作模式，以此打造辽宁石化联盟品牌。

组建并完善海工装备制造产业链，形成以大连为中心，营口、丹东为两翼的跨区域综合产业集群。海工装备制造业是大连市传统优势产业，在产业发展中也实现了技术和基础设施的积累。在以大连为中心，营口、丹东为两翼的海工装备制造产业链建设时，主要通过大连市产业转移和为大连产业配套的方式进行产业链建设。营口和丹东作为紧邻大连两翼的沿海城市在承接大连产业链转移中具有天然区位优势。东北海陆大通道建成后，随着国内外市场需求的增加，会极大程度推动大连装备制造业发展，为了实现核心技术和企业升级改造，势必会使配套企业重心外移，此时营口和丹东是最为合适的承接地。同时，营口和丹东也要积极建设相关产业园区为大连海工装备业做好基础配套工作，培育相关中小企业与大连海工装备企业实现产业链联合，积极推动跨市产业集群合作。

整合并升级锦州—大连—丹东新能源汽车配套零部件产业链，实现跨区域产业集群的整合。汽车零部件产业，尤其是电动汽车零部件产业在辽宁沿海经济带三城市相继发展，锦州以电动汽车电机为核心进行产业配套发展；大连自贸片区汽车整车及零部件产业发展起步较早、集群优势突出，拥有奇瑞、东风日产两大整车组装企业；丹东汽车零部件产业以黄海汽车为核心向产业链上游延伸，从产品结构方面，以上三城市产品互补性强，直接竞争较少。因此具备产业链合作条件。东北海陆大通道建成后，锦州、大连、丹东应构建以整车组装为核心的新能源汽车产业链。以大连奇瑞、东风汽车为产业链核心，以锦州汉拿电机、万得汉拿等新能源汽车动力配套企业为辅助，以丹东黄海汽车为代表的机械零部件为配套，构建区域产业集群。从订单下达到整车出厂，实现一站式组装生产。同时，依托大连整车制造企业技术优势，带动锦州、丹东零部件配套企业技术升级。从而在东北海陆大通道建成后能够融入全国新能源汽车产业链，提升大连、锦州、丹东汽车整车和汽车零部件产业整体竞争力，打造辽宁汽车品牌。

建立大连、丹东、盘锦、锦州海产品及农产品深加工产业链，并利用跨境电商推广。大连海参、丹东黄蚬子、盘锦河蟹、锦州水果是各城市具有传统优势的农产品。在产品深加工和推广方面还需要进一步深挖。以上四城市可以在大连共同构建海产品、农产品加工基地，并通过港口打通海上农产品、海产品物流通道。在产品推广方面，利用锦州市、盘锦市、丹东市、大连市电商产业联盟进行推广，利用物联网技术实现产、供、销品牌建设。从农产品源头开始建立可溯源机制，在运输、储存、销售方面建立网络信息可视化，在东北海陆大通道农产品市场打造高端农产品品牌，加强辽宁沿海经济带农产品品牌的建设，为以上城市农产品建立辽宁沿海经济带农产品专用标识。并在电商网站建立专区进行整体推广，同时可借助新兴网红推广模式，实行大连、丹东、盘锦、锦州各市市长轮值推广制，打造辽宁沿海经济带农产品城市网红。

三、发挥大连带动效应，打造黄渤海科创走廊

依托东北海陆大通道建设，辽宁沿海经济带在大力发展地方产业同时更要积极推动科技创新发展。尤其要发挥大连在科技创新领域的引领和带动作用，促进辽宁沿海各城市在科技创新领域的协同发展。大连市在科技创新领域具有传统优势，在高校、企业中拥有国家级重点科研机构和科研平台。在东北海陆大通道建设中，充分发挥大连科技创新带动效应，整合大连与辽宁沿海五市以及域外科技创新资源，打造黄渤海科技走廊将会为辽宁科技创新增加重要支点和力量。

（一）强化大连创新能力，打造东北亚科创中心

1. 充分发挥大连高校智库优势，建立校企双向互动模式

大连理工大学三束材料改性国家重点实验室、工业装备结构分析优化与CAE软件全国重点实验室、高性能精密制造全国重点实验室、大连海事大学水路交通

控制全国重点实验室等实验平台在制造、化工和交通领域具有很强的科研能力和实践应用能力。促进大学智库服务于产业发展，首先，要从创新项目入手，高校智库与大连市企业共同进行项目开发，尤其是对于“卡脖子”的重点项目，集中多个智库联合研发，为大连市制造业提供智力支持。其次，大连各个智库也要向企业不断输送专业人才，通过定向培养和企业培训模式，把大学智库培育的优秀人才输送到企业创新一线，直接服务于企业。在此过程中，由于创新人才来自高校智库，因此会为企业与高校智库搭建起合作桥梁，企业对智库的创新能力有全面了解，智库也会及时获得企业需求信息，这种人才服务互动也将会不断深化，进而形成校企双向互动创新模式。

2. 发挥重点企业创新优势，整合攻关“卡脖子”技术

促进精细化工、装备制造、新材料、微电子等行业领军企业联合产业链上下游大中小企业、产学研等力量组建体系化、任务型创新联合体，建立产学研市场化利益联结机制。推动形成以企业为主体、以市场为导向、产学研用深度融合的科技创新体系。支持有条件的科技创新企业牵头或参与国家产业创新中心、国家技术创新中心、国家制造业创新中心等科创平台的建设，支持符合条件的创新型企业带头参与国家工程研究中心、国家企业技术中心的建设。引导科研平台、科研报告、科研设施、科研基础数据等重要创新资源向创新企业开放。实施科技型企业培育计划，开展高新技术企业上市培育行动，如大连探索者科技有限公司、新源动力股份有限公司、大连美恒电气有限公司等。落实高新技术企业所得税优惠政策，引导创新型企业用好创新研发费用加税收计扣除等创新优惠政策，完善科技型中小企业创新税收优惠政策，鼓励科技创新企业加大研发投入。

充分发挥重点创新型企业在创新领域的引领和示范作用，如通过鼓励大连豪森设备制造股份有限公司、大连华锐重工集团股份有限公司、瓦房店轴承集团有限责任公司、中冶焦耐工程技术有限公司等国家级科技创新示范企业参与企业联合创新。依托东北海陆大通道的连通作用，实现技术和人才的引进，推动企业跨国合作，提升创新竞争力，打造科创中心。首先，在产业创新文化方面，要通过激励手段打造积极的创新文化和氛围。激发员工创新热情，鼓励企业员工提出新的创新想法和观点，并通过政策和资金的支持为他们提供展示和实施这些创新想法的机会。管理者积极支持创新，并将员工创新思想视为企业发展的重要驱动力。其次，政府要通过税收等政策鼓励和推动创新型企业持续投资于科技研发和技术创新。这包括企业共建研发实验室、招聘高素质的研发团队以及与高校和研究机构建立合作关系。通过持续研发投入，企业可以加强自身的技术实力，从而解决“卡脖子”关键技术难题。最后，要利用东北海陆大通道建设契机，积极推进企业创新跨国合作，通过产业配套、技术引进等方式实现大连本地企业创新升级。

3. 依托东北海陆大通道，推动大连科技创新跨区域合作

政府对城市科技创新推动主要通过创新政策体现，为构建以大连市为中心的黄渤科技走廊，大连市政府未来应从以下方面进一步加强。首先，在东北海陆大通道建设中，持续加强创新文化引进与建设。打造一种开放、包容和鼓励的文化氛围。大连在中欧贸易合作以及与日韩贸易合作中，加强技术合作与创新。并利用大通道的连接作用，促进与沿线地区联合创新，并通过宣传和教育，倡导创新精神和创新意识。鼓励企业和个人在创新过程中承担一定的风险，鼓励对失败的容忍和尊重。加强知识产权的保护，尤其在跨区域联合创新过程中，更应提升知识产权意识，进一步激发创新活力。其次，加强东北海陆大通道创新资源的整合和共享。企业科技创新的发展需要各种创新资源的支持，包括人才、技术、资金和市场等。政府可以通过建立创新平台和科技园区，促进大通道沿线各种创新主体之间的合作与交流。持续鼓励企业与跨地区高校、科研院所等机构开展合作研究，共享科技资源和创新成果。通过整合和共享创新资源，企业可以提高创新效率和产出，推动创新型城市的发展。最后，应该促进东北海陆大通道沿线高校的技术交流与合作。可以通过改革教育模式，定向培养等方式鼓励在大通道沿线实现校企、校校联合，提升高校实践水平，培养更多的应用型创新人才。

4. 建立高质量科创合作平台，助力创新协同发展

高质量建设沈大国家自主创新示范区，规划建设大连英歌石科学城。积极创建基于东北海陆大通道的重大科技创新平台，谋划布局重点实验室、大科学工程等重点项目，支持优势科研力量参与相关国家实验室建设，谋划建设超大容量（GW）储能系统、分离测量化学、高端精密制造、无人船舶系统及设备关键技术等重点实验室。与大通道沿线地区和国家合作推进辽宁精细化工实验室与催化研究中心、智能制造研究中心建设。依托大连海事大学、大连海洋大学等高等院校和科研院所优势，探索与日、韩、俄罗斯和欧洲国家共同组建海洋产业技术创新战略联盟，推动建设辽宁海洋产业技术创新研究院。加强科技创新成果在本地特色产业发展中的转化，创建辽宁沿海经济带国家科技成果转移转化示范基地，加快发展环渤海区域性技术产权交易市场、中试基地，推动建设科技成果转化应用新高地。

大连市政府根据大连市科技创新优势和产业发展优势，依托海陆大通道，扩大推进国际科技合作交流活动，通过举办科技创新大赛和论坛等方式，促进东北海陆大通道国内外科技企业和创新人才之间的交流与合作。首先，建立与国内、外对应强势产业建立创新横向合作。以企业为核心搭建合作桥梁，通过技术引进、创新项目合作攻关、产业链配套等方式融入国内外产业创新体系，进一步鼓励大连企业和高校参与创新体系，从而了解行业前沿，参与前沿科技创新。其次，建立一个完善的科技创新生态系统。这个生态系统应该包括科技企业、高等教育机构、研究机构、孵化器和投资机构等各个方面的参与者。通过与大通道沿线科创组织联合组建科技园区、孵化器和创新中心等载体，提供办公场所、实验室设施和创业支持等资源，为科技企业和创新团队提供一个良好的发展平台。最后，要加强人才培育，通过海陆大通道的连通作用，实现人才走出去、请进来。通过参与中外科技创新合作平台和企业创新项目培养大连科技企业和高校的科技创新人才。还可以依托大连市产业创新项目邀请国内外同行业创新人才加入本市、本企业科技创新项目。最终实现稳定的多行业、多企业科技创新平台建设。

（二）加强五市科技创新体系建设，提升产业创新能力

依托东北海陆大通道的连接作用，打造黄渤海科技走廊，不仅需要大连起到引领和带动作用。辽宁沿海经济带其他五市也要充分发挥自身产业优势和科技创新优势，能够与大连市形成技术衔接，并能够相互实现技术互联互通，打造一体化合作创新联盟。

丹东市要积极利用东北海陆大通道支线的连接作用，与白山、通化加强产业合作，尤其在农产品深加工领域加强技术创新合作，利用丹东原有的轻工业优势，促进与白山、通化在人参深加工领域合作创新，并在后期电商宣传推广领域加强创新合作；在汽车制造领域，大力推进与大连市、锦州市、沈阳市专业科研机构建立合作创新平台，并与国内知名车企建立横向合作，实现技术引进和再创新；在海产品深加工领域，与渤海大学、大连海事大学等专业高校合作，实现丹东海产品深加工技术含量提升，打造海产品品牌；在测控仪表领域，深度挖掘与上海、北京科技创新平台合作潜力，形成产业集群创新联盟，实现产业整体技术革新和推广。

营口市在石油化工等领域具有创新优势产业中，加强与盘锦、锦州合作，以创新项目带动跨区域创新平台建设，在未来东北海陆大通道建设中，探索与俄罗斯石油产业合作，加强原油产品加工的技术创新，与俄罗斯企业建立创新合作平台，实现石油产业跨国技术合作。在食品生产与深加工创新领域与大连、锦州具有食品专业高校合作，提升农产品、海产品科技含量，通过技术创新走中高端食品产品路线，依托东北海陆大通道把产品推广到南方地区和国外。在有色金属加工领域，与江西抚州市等有色金属产业基地建立合作，在有色金属冶炼和加工方面引进先进技术并融入国内外市场。

盘锦市的支柱产业是石油化工产业，近年来也在手机零部件、港口物流领域有所突破。在石油化工创新领域，依托现有与中科院大连化物所盘锦产业技术研究院、大连理工大学盘锦产业技术研究院等 15 家高水平产业技术研究院合作，持续建设升级工业装备结构分析、精细化工等 4 个国家重点实验室分室。拓展与大通道沿线石油企业的联合，依托沙特阿美合作项目，引进国外先进石油加工生产和冶炼技术，并把自研创新产品推向国际市场。加强与辽宁沿海经济带城市横向合作，联合营口、锦州石化企业建立石油化工产业科技创新联盟，实现创新分工，通过产业链核心企业升级，促进产业链科技创新发展。并依托东北海陆大通道的连接作用，实现与俄罗斯石油产业的深度合作，与俄罗斯、沙特阿拉伯等国家建立跨国石化科技创新平台，通过技术合作和产品合作，打造石化产品跨国产业链。通过技术升级提升盘锦石化产业链在国际市场竞争力。

锦州在科技发展中应该重视高等院校与科研机构的整合，构建实质性校企合作平台，在太阳能电池、汽车电机、石油化工等产业推进与高校联合建立创新实验室，并能够实现创新项目落地。通过搭建校企、校校、企业间的合作创新平台，解决“卡脖子”关键技术。在创新人才政策领域持续升级，在东北海陆大通道建成后积极引进国际先进技术和科技人才，在人才政策方面坚持“一事一议”的原则，实行个性化支持政策。加强科技创新创业载体建设。鼓励支持县（市）区、驻锦高校、企业等盘活资源，改造创建一批科技企业孵化器、众创空间等创新创业载体，为全民创新创业提供专业化的科技创新服务，提高科技企业培育成效。通过“揭榜挂帅”形式，在新材料、新能源、先进装备制造、生物医药、精细化工、现代农业等重点产业持续组织实施高水平科技攻关项目，加快破解制约汽车零部件、锦州市石化、新能源产业发展中“卡脖子”技术、关键共性技术和科技创新前沿引领技术问题，以关键核心技术突破促进产业链延伸、产业集群打造。

葫芦岛市科技发展水平不断提升。高新技术产业形成了以船舶、冶金、石油化工三大传统产业为主导，新兴高新技术产业为补充的产业发展格局。同时，以泳装生产为主导的传统轻工业也是葫芦岛在科技创新领域重点扶持产业。从科技创新发展来看，葫芦岛市应统筹布局辽宁工程技术大学等高等院校、企业、科研院所、人才、平台等科技创新要素。在葫芦岛船舶制造、石油化工、泳装产业制定“网络 +”“智慧 +”“数字 +”等科技战略。引导具备研发优势和创新能力的国有企业进行战略性关键技术的攻关和创新产品研发，提高自主创新研发水平。支持和鼓励具有创新潜力的民营企业参与国家重大基础设施项目技术研发。加快推进互联网大数据分中心建设，提升行业、产业、企业，尤其是中小微企业在科技创新领域的风险防范和预警能力。搭建企业创新驱动孵化平台，以“平台 +”产业链、创新链、资金链的模式，整合具有科技研发能力的企业，开展技术联合研发攻关。有效融合地方政府、学校、科研机构、企业、社会资本，创建“政、产、学、研”协同发展的研发机构。

（三）构建创新链，形成黄渤海科创走廊

东北海陆大通道的建设为辽宁沿海六市科技创新带来了发展契机，如何能够更好地利用东北海陆大通道打造辽宁沿海经济带六市科技创新硬实力，成为当前辽宁沿海经济带科技创新的新问题。辽宁沿海经济带六市都围绕各自城市产业发展构建创新体系，如何加强六市创新合作，构建创新链，是未来辽宁沿海经济带打造黄渤海科技走廊的关键所在。

1. 加强城市间科技资源的共享与整合

不同城市拥有不同的科技资源和优势，通过科技创新合作实现创新资源的互补与优化配置，提高企业和创新机构在科技创新方面的效率和质量。大连市是辽宁沿海经济带科技创新龙头，创新资源丰富。在辽宁沿海经济带科技创新协同发展方面，大连市可以通过产业合作带动科技创新合作。建立产业创新平台，通过平台整合创新资源，并推动大连市高等院校资源、企业创新平台资源共享。例如，在海工装备制造领域，通过与营口、丹东的产业链整合，推进产业联盟科创平台建立，并依托海陆大通道与国内外先进企业联合，扩大产业创新平台的资源共享范围，提升产业整体实力。同时，其他辽宁沿海各城市也要加强创新资源整合和共享，依托城市间的产业关联和互补性，建立产业链科技

共创平台，通过核心企业创新能力和资源共享，带动提升整个产业链创新实力。

2. 依托大连科创基地，吸引域外科技创新企业和机构入驻

通过建立科技创新园区“飞地”形式，为辽宁沿海五市提供融入大连科技创新体系的条件。在科技创新园区政策方面实现协同，为辽宁沿海经济带城市同类型企业提供合作创新机会。这些融入大连市科技创新体系的企业通过产业链合作与企业横向交流也会带动本地企业在创新领域的创新能力提升，通过资源和信息共享，真正实现了在产业协同发展同时推动了科技创新体系融合，打造黄渤海科技创新走廊。在科技创新平台对外技术合作方面，促进大连科创基地与东北海陆大通道沿线地区合作共建科创平台，通过技术引进、人才交流、设备共建等方式推动产业技术合作，在创新平台建设中，还要加强与域外科创平台的合作，实现平台联合共同研发创新项目。

3. 以海陆大通道为牵引，加强辽宁沿海经济带科技创新政策协同

基于东北海陆大通道，建立辽宁沿海经济带跨区域科技创新政策协调机制至关重要。这个机制可以由大连市政府牵头，并邀请大通道沿线各个城市的创新专家和企业专家参与。通过定期的会议和研讨会，辽宁沿海经济带各城市可以分享彼此在科技创新政策制定方面的经验和实践，好的科技创新政策可以在东北海陆大通道各城市同时实施，以促进政策的协同和协调。城市间可以建立一个科技创新政策信息共享平台，用于分享科技创新政策的信息和数据。通过以上途径，辽宁沿海经济带各城市可以更好地了解彼此在科技创新政策方面的措施和实施效果，从而进行经验借鉴和互相学习。此外，加强东北海陆大通道沿线城市间的交流和对话也是实现科技创新政策协同的重要途径。牵头城市大连还可以定期举办科技创新政策研讨会和论坛，邀请各城市的政府官员、学者和企业家参与。通过这些交流平台，各城市可以分享彼此的政策经验和创新理念，促进政策的协同和创新。

4. 推动东北海陆大通道科技人才的交流与合作

科技人才是科技创新的核心驱动力量，不同城市拥有不同的科技人才队伍和培养机制。通过建立跨地区的科技人才交流与合作机制，可以实现经验的共享和技术的互补，提高科技人才的整体创新水平和科技创新能力。例如，盘锦市可以通过组织辽宁沿海经济带石化产业链科技人才的交流活动、开展创新技术联合培训项目等方式，促进营口、锦州、葫芦岛之间的人才合作与交流。在海陆大通道建设中，更要加强沿线各个地区和国家的人才交流与合作。通过跨地区科技创新项目实现人才互动，并有效利用互联网技术构建人才合作虚拟平台，实现人才间交流的有效性与便捷性。例如，通过定期网络会议、技术小组讨论等形式实现人才交流的便捷性。加强与京津冀创新人才合作平台构建，融入京津冀科技创新体系。通过产业合作、会议交流、项目引领等方式深入探索人才合作新模式，并带动黄渤海科技走廊建设。

（四）加强沿海经济带与国内外科技合作

东北海陆大通道建成后，辽宁沿海经济带六市在科技创新领域与国外科技合作逐渐密切。辽宁沿海经济带在科技创新领域不仅要实现科技创新协同，还要实现科技创新的国内外合作。

1. 依托东北海陆大通道，推动国内创新资源跨区域合作

从国内来看，要以国内大循环建设为主体，以辽宁沿海经济带产业基础为抓手，充分发挥京津冀国家技术创新中心优势，实现科技平台的衔接与产业技术衔接，在项目、技术、人才等方面积极参与京津冀国家科技创新中心合作，采用构建虚拟创新平台方式引进技术与人才，使国家创新平台能够为我所用。同时，要加强辽宁沿海经济带六市与长三角、珠三角、长江经济带的跨区域创新合作。这种跨区域的科技创新合作包括知识共享和技术交流。辽宁沿海经济带重点创新企业和长三角等地区的大型创新企业可以通过共享彼此的知识和经验，加强彼此的技术交流，推动创新的发展。这种合作可以通过企业间的合作协议、合作项目或联合研究等形式来实现。跨区域创新合作还可以涉及资源共享和合作开发。不同地区的组织可以共享彼此的资源，如辽宁沿海经济带城市可以通过与长三角、珠三角、长江经济带重点企业合作开发本地资源，如食品深加工、海洋牧场、海洋信息产业等，以加快创新的进程。同时，这种跨区域合作可以实现新产品开发或新技术研发，共同分享成果和利益。此外，这种跨区域创新合作能实现新技术的市场拓展和新产品的合作营销。不同地区的组织可以共同开拓市场，共享市场资源和渠道，以扩大创新成果的应用范围和市场份额。企业可以通过联合推广、合作营销等方式，共同提升创新产品或技术的市场竞争力。例如，在东北海陆大通

道建成后，辽宁沿海经济带城市通过与长三角、珠三角、长江经济带产业和创新合作，共同开拓海陆大通道连接的国家和城市市场，实现技术创新的合作共赢。

2. 基于东北海陆大通道建设，提升国际创新合作水平

从国际科技创新领域来看，辽宁沿海经济带要加强学习和利用全世界范围内优秀基础科学研究成果、颠覆性科技产品、重大原创性科技发明。通过技术许可、研发合作、企业并购等形式将外部知识资源引入国内大循环。东北海陆大通道建成后，辽宁沿海六市与国外科技创新平台交流机会日益增加，创新合作也逐渐增多。更好利用海陆大通道的连接优势，在提升辽宁沿海经济带科技创新的国际化，提升辽宁沿海经济带乃至辽宁省重点产业的科技创新能力方面有重要的作用。依托东北海陆大通道建立跨国合作平台是实现辽宁沿海经济带科技创新与日、韩、俄罗斯合作的关键。构建平台可以采取两种方式，一是建立在产业链上的合作创新组织，这类组织以产业链合作为基础，通过辽宁沿海经济带产业链核心企业影响力促进创新平台构建和产业链技术升级。例如在船舶制造领域，大连与韩国建立产业合作，通过产业链企业间上下游的合作实现技术的交流与创新融合。二是通过定期召开具有国际影响力的科技创新交流会议实现科技创新跨国合作。通过会议平台，辽宁沿海经济带科研机构和企业科技创新人才可以与日本、韩国和俄罗斯的科研机构和企业专家进行直接对话和讨论，促进技术的交流和创新的合作。例如，在大连主办多个行业国际技术交流会议，定期邀请日韩、俄罗斯专家与辽宁沿海经济带各城市技术创新企业及高校创新平台科技人才进行科技创新技术交流。逐渐把会议交流深入到企业交流，以创新项目为引领推进实质性的技术创新合作。

四、聚焦四大重点领域，推动服务业联动发展

辽宁沿海经济带服务业发展中逐渐形成了以港口为支撑，旅游产业为纽带，零售业为推手，科技、教育、人才为保障的服务产业发展趋势，四大产业为辽宁沿海经济带服务业发展注入了活力。依托东北海陆大通道建设，推动四大重点领域更好、更快发展将成为辽宁沿海经济带各城市服务业联动发展的有效抓手。也是促进辽宁沿海经济带服务业国际化的重要环节。

（一）加快港口物流业协同发展

1. 加速港口转型升级，突出辽宁港口特色发展

充分发挥辽宁沿海经济带港口在东北海陆大通道综合运输体系中的枢纽和节点作用，完善公路、铁路、港口集疏运体系，围绕建设东北海陆大通道，大力发展大连港、营口港集装箱多式联运、海铁联运、甩挂运输等运输方式，持续推进大连港、营口港多式联运示范工程建设。统筹规划、合理布局东北海陆大通道内陆无水港建设，加强辽宁各个港口与海陆大通道无水港连通，畅通东北海陆大通道拓展我国东北地区及蒙古国、俄罗斯远东地区的内陆无水港网络，有效延伸港口服务链和价值链。积极争取启运港退税政策，并由辽宁沿海港口覆盖至主要内陆无水港，切实提高外贸货物通关效率，增强沿海港口对腹地经济的吸引力、辐射力和服务能力。以降低物流成本、提高物流组织和运营效率为目标，依托辽宁六个港口装卸、仓储、运输等基础功能，配套和完善加工、信息、商贸、金融等综合服务功能，建设以大连港、营口港为代表的规模化、功能化、信息化的港口物流产业集群。持续建设并强化大连港大窑湾冷链物流园区、营口港物流贸易园区、丹东港粮食现代物流园区、锦州港大宗商品贸易物流基地等十大港口物流园区及相关物流项目。积极推进港口资源整合。以营口和盘锦建设组合港为引领，继续推进省内主要港口企业全面开展港口整合工作，通过政府引导和市场调节等方式，鼓励物流企业打破原有业务界限，实现辽宁沿海经济带各主要港口之间在国际班轮航线开辟、集装箱码头运营、物流平台建设等方面开展有序合作，并逐步扩展到物流资本运作、信息服务、内陆无水港建设等相关领域，提升辽宁沿海港口群的整体竞争实力。增强港口与口岸服务能力。利用现有港口与口岸资源，在辽宁沿海经济带主要港口建立一批“国际贸易与航运服务中心”，通过集聚政府部门、口岸单位及商贸、金融、仲裁、中介等多方机构，为船东和货主提供一站式服务。优化口岸通关环境，实现全天候通关和一站式通关，切实提高口岸通关效率；推进辽宁电子口岸的港口平台建设，开展港航增值信息服务及决策支持系统研究。突出港口特色发展道路，发挥大连港带动作用，通过与营口港深入合作探索与辽宁其他港口合作模式及细化分工；发挥锦州港地理位置优势，充分提升海陆联运、海铁联运水平，成为东北海陆大通道的重要中转枢纽；丹东港利用自身码头优势，有效服务东北东部钢铁、电力产业发展，积极打造吉林出海大通

道；进一步发挥营口港与大连港的协同作用，实现港口功能的深入分工；挖掘盘锦港在特色化工产品的枢纽作用，加强石化物流基础设施建设。

2. 以东北海陆大通道新格局为支撑，推动辽宁沿海经济带港口协同发展

根据东北海陆大通道中辽宁沿海经济带发展新格局的构建，大连—欧洲主轴通道，以大连、营口和盘锦等地为支撑重点；长白通丹通道，以丹东和大连为支撑重点；锡赤朝锦通道，以锦州、葫芦岛和盘锦为支撑重点。重新对辽宁沿海港口进行整合，构建以大连“枢纽港”为核心的“组合港”发展模式。围绕大连东北亚国际航运中心建设，打造以大连港为中心的港口集群，组建联盟型辽宁组合港。随着辽港集团铁矿石“组合港”运输业务正式进入规模化运作阶段，组合港模式已经进入实质性发展阶段。从辽宁沿海经济带各城市产业发展情况和东北海陆大通道的建设实际来看，组合港建设将会为辽宁沿海港口物流发展带来新的发展机遇。

根据融入东北海陆大通道后，辽宁沿海经济带城市三区驱动格局，可以构建三大组合港：一是建立以大连为中心，大连—营口—盘锦—沈阳为主要支点的大连石油化工、船舶制造、海工装备、有色金属和铁矿石联合运输组合港，主要服务于大连、营口、盘锦、沈阳区域，促进大连港、营口港、盘锦港重点服务于盘锦、营口、大连石化产业基地和精细化工产业。利用该组合港加强装备制造产业链国际合作；推动装备制造等传统优势产能向东南亚、蒙古和俄罗斯转移；二是建立以锦州为中心，葫芦岛—盘锦—朝阳为支点的煤炭、农产品、矿石联合运输组合港，东北海陆大通道建成后主要服务于东南沿海地区的产业发展，并实现粮食作物向蒙古外运的枢纽作用。从辽蒙合作入手，连通环渤海及东南沿海地区，推动与蒙古、俄罗斯和欧盟的开放合作，辐射日本和韩国，构建贯通东北亚经济圈的产业发展廊道；三是建立以丹东—大连为中心，白山—通化为支点的海产品、农产品、中医药、化工材料运输组合港，建立大连—丹东—白山—通化农产品、海产品运输通道，依托东北海陆大通道，实现大连、丹东、白山、通化地方特色农产品、水产品的外运，服务于蒙古、俄罗斯及南方沿海省份。

3. 构建以“四大体系”为核心的辽宁沿海港口数字化港口协同平台建设

依托东北海陆大通道的建设，辽宁港口在服务于海陆大通道，完善海陆转运节点方面需要实现一体化管理。因此，构建跨港口的数字化管理平台势在必行。平台通过建立跨港区指挥科学调度体系、全程跟踪式智慧物流体系、全港可视安全应急监控体系和多港联动一站式服务体系实现港区联动、跨港协同、统筹兼顾、快速响应的港口生产组织和服务平台管理；并实现船舶作业直观化、生产调度指挥信息化、全港作业监控可视化、客户服务网络化、调度指挥信息化、生产分析可视化、数据决策科学化。

平台建设数据为先，广泛应用物联网、云计算技术，实现海量物流数据的实时采集、自动清洗和智能筛选；创新、深化数据可视化技术的应用，实现智慧型港口全程供应链管理；突破地域限制，跨区协同、港港联动，通过信息化平台建设，实现港口集群业务流程和管理水平的提升；深化网络化的客户服务体系，精准服务对象、细化服务内容、优化服务方式，全面提升港口服务水平。建立科学的数据统计和决策支持体系。通过对物流数据的实时提取、分析，经过人工智能算法的处理，提供基于空间位置的辅助决策功能，得到科学有效的分析结论，为港口决策提供重要的依据；优化集装箱智能管理模式，奠定港口操作无人化的基础；采用物联网技术、大数据技术及地理信息技术，为危险货物作业监管和应急处置提供重要支撑。

（二）推动旅游服务业联动发展

1. 以红色旅游为引领，打造多元主题旅游项目

依托东北海陆大通道，提升红色旅游、文化旅游、养生旅游等品牌影响力。以辽沈战役、抗美援朝为背景，以丹东市抗美援朝纪念馆、鸭绿江断桥，锦州市辽沈战役纪念馆等红色革命遗迹和纪念馆为名牌，大力推广辽宁沿海经济带一站式特色红色旅游项目；以大连金石滩国家旅游度假区、长山群岛国际海岛避暑旅游度假区，丹东大鹿岛、獐岛滨海旅游景区，锦州笔架山风景区，营口鲅鱼圈西部海滨旅游带，盘锦红海滩，葫芦岛为核心打造滨海特色风情带；以大连旅顺近代战争遗址、锦州医巫闾山、东北长城古塞、辽西中华古文明古遗址、大鹿岛甲午海战古战场为核心打造特色文化旅游项目；以营口熊岳温泉、锦州北镇温泉、盘锦红海湿地温泉、葫芦岛兴城温泉为核心打造康养温泉旅游项目；以大连庄河天门山国家森林公园，丹东宽甸生态旅游、大梨树生态休闲游，盘锦黑风关古镇，葫芦岛白狼山为核心打造康养生态游带。积极发展大连国际邮轮旅游市场，鼓励邮轮企业依法丰富和延伸东北亚航线，开辟俄罗斯远东等新市场，建设邮轮旅游岸上国际配送中心。

2. 以政策协同为先导，推动旅游项目协同发展

辽宁沿海经济带旅游管理部门应建立协同管理机构，负责推进辽宁沿海经济带六市专项旅游项目深入合作和持续推进。同时，该机构需要不断收集旅游产业发展信息和数据，协助辽宁沿海城市进行旅游合作项目计划制定和推广。首先，通过构建旅游管理信息共享平台，促进辽宁沿海经济带旅游信息共享和旅游资源整合。以提升旅游项目协同发展的效率和效果；其次，沿海六市在旅游相关管理法规应保持一致，使旅游相关企业在良好的法规环境下良性发展。可以通过协商制定辽宁沿海经济带不同城市旅游资源的合作方式、合作机制、合作内容，以促进旅游项目合作的长期性和稳定性。在有条件情况下，各城市可以出台能够充分发挥旅游产业特点的投融资政策，促进民间资本向旅游业流动。例如，滨海人工旅游项目、水上娱乐项目等；最后，通过政策鼓励作用，促进企业参与多城市旅游项目的协同共建。可以通过减少旅游企业跨市审批程序、提供创业支持、鼓励项目创新等方式吸引企业参与跨城市旅游项目协同。政府还可以推出奖励和激励措施，鼓励跨城市旅游企业合作，鼓励企业在旅游项目协同中发挥积极推进作用。

3. 融入东北海陆大通道，以国际化标准打造智慧旅游平台

辽宁沿海经济带旅游产业发展需要大量的旅游专业人才，旅游管理部门和用人单位除要重视旅游人才价值、提供良好的待遇留住人才之外，还应加强对现有在岗人员培训，增强服务意识，提高旅游人才服务技能。应建立辽宁沿海经济带旅游从业人员的信息管理平台，加强对旅游从业者的质量把控。同时，旅行社、酒店、景区景点应与大通道沿线各大、中专院校的旅游专业加强合作，给在校学生提供实习机会，并且安排专人对实习生进行示范指导。此外，具有旅游专业的院校要聘请业内优秀人才到校交流，促进理论与实际结合。

为了未来能够更好融入东北海陆大通道，提升旅游服务国际化水平，辽宁沿海经济带各市应加强合作，共同设计、构建国际化智慧旅游平台，依托辽宁沿海经济带智慧旅游平台实现跨区域人力资源共享、交通整体优化布局、营销方法创新，促进互联网产业与旅游产业的深度融合，在旅游产品宣传推广、旅游者互动等方面形成辽宁沿海经济带旅游品牌。规范吃、住、行、游、购、娱各个环节。加大网络营销，建立辽宁沿海经济带专业旅游营销团队，通过多种网络营销手段大力推广旅游产品。利用大数据技术和互联网技术，开展网上订购门票、预订酒店、预约导游等服务。同时，加大景区内无线网络覆盖，开发景区专属 App，为游客提供导航、导购、导览等便利，使游客通过软件便可查询演出场次、排队人数，方便其合理规划在景区内，尤其是旅游设施较多的旅游设施内的旅游路线。

（三）支持商贸零售业转型升级

1. 利用科技和信息化手段实现传统零售业数字化转型

东北海陆大通道的建设将促进辽宁沿海经济带商业的繁荣与发展，以线下销售为主的传统商业已经不能满足东北海陆大通道跨区域、跨国商业交往的需求。因此，辽宁沿海经济带传统零售业在融入大通道建设中应充分利用大数据技术，建立大数据商业分析和交易平台，通过人工智能技术和实体商业数据分析了解消费者的需求和购买行为。通过大数据分析帮助辽宁沿海经济带零售企业预测市场趋势和需求变化，加强个性化产品的提供与特色服务的开展。例如，在海陆大通道背景下，葫芦岛泳装行业可以利用大数据分析技术及时掌握泳装行业需求趋势，并根据市场变化打造创新型产品，推广新产品。丹东、盘锦海产品深加工可以利用大数据技术分析消费者对高端海产品需求趋势，迅速调整产品结构，不断提升产品与市场需求契合度。零售业还可以利用人工智能和物联网技术来提升运输企业运营效率和消费者体验。通过引入自动化服务设备和零售业通用机器人，零售商可以减少人力成本和人为服务错误，提升工作效率。辽宁沿海六市可以通过建立统一的互联网销售平台扩大销售渠道。通过建立辽宁沿海经济带特色产品电子商务网站或在第三方电商平台上开设专区，零售商可以将产品推广到更广阔的市场，吸引更多的消费者。

2. 加强地方特色品牌建设和创新来实现产品国际化

东北海陆大通道建设将为辽宁沿海六市特色产品走出国门提供机遇。首先，打造辽宁沿海城市产品特色品牌要从打造特色产品质量入手。在农产品、海产品深加工、汽车零部件、精细化工、精密仪器制造等产品上提升技术含量，与国际先进水平看齐，以国际标准衡量产品质量，从而打造国际一流产品；其次，加强产品创新和品牌创新。品牌形象的建立是打造辽宁沿海经济带特色品牌的重要环节。企业应该通过品牌设计、包装和宣传等手段，塑造一个与产品特点相符合的品牌形象。品牌创新要着眼国际市场，为打造百年品牌打下坚实基础；明确市场定位是打造辽宁沿海经济带特色品牌的另一个主要因素。在东北海陆大通道建成后，沿海六市产品在市场定位方面必须实现全面提升，为产品走进国际市场奠定基础。例如大连、丹东海产品在产品深加工领域继续深耕，在市场定位上要瞄准国际高端海产品市场，为走出国门做好前期准备。此外，市场监管方面要持续提升企业产品的评估标准，从而对标国际市场，并对国际产品市场的准入制度进行研究，促进本地产品标准国际化，为企业进入国际产品市场扫清障碍。

3. 依托东北海陆大通道，促进辽宁沿海经济带跨境电商协同发展

东北海陆大通道的建设在带动沿线地区商业发展同时，也会促进跨境电商的繁荣。因此辽宁沿海经济带六市应在跨境电商领域加强协同，推动交流与协作，共同打造辽宁沿海经济带电子商务产业龙头。首先，辽宁沿海经济带各市政府应该加大对跨境电商产业发展的支持力度。扩大保税仓的建设，在丹东、大连、锦州等主要跨境电商产业集群简化跨境电商的海关手续，专门针对跨境电商协同制定税收政策，为辽宁沿海经济带电商企业提供便利的营商环境。再次，各级政府还应该建立并持续完善跨境电商的监管制度，加强对跨境电商企业和交易平台及交易过程的严格监管，保障跨境电商产业规范化发展。其次，加强辽宁沿海城市跨境电商企业跨城市的横向合作，形成辽宁沿海经济带电商产业链协同发展的格局。以大连和锦州电商基地为引领，建立沿海六市跨境电商企业联盟和跨境电商合作体系，共享国内外市场资源和需求信息，提高辽宁沿海经济带各市跨境电商整体竞争力。同时，沿海六市跨境电商企业还应加强与区域产业链的合作，建立高效的物流和配送体系，提高商品的快速交付能力。最后，重视与推进辽宁沿海经济带跨境电商企业与金融机构的合作。由于跨境电商涉及不同国家和地区的产品交易与支付、结算，金融服务的支持至关重要。跨境电商企业可以与银行和主要支付平台合作，开展跨境支付和结算服务，提供安全、便捷的交易方式。最后，辽宁沿海经济带跨境电商企业还要加强与国内大型电子商务平台的合作，扩大产品的宣传范围。例如与京东商城、淘宝、拼多多等大型电商企业合作建立辽宁沿海经济带产品特色专区。由于电子商务平台作为跨境电商的重要基础设施，具有广泛的市场渠道和用户资源。跨境电商企业可以通过建设多功能电商平台，扩大市场份额，提高品牌知名度。

（四）促进科技、人才、教育共享发展

1. 依托东北海陆大通道产业协同，提升科技成果转换效率

东北海陆大通道建设在促进辽宁沿海经济产业发展同时，也要求科技创新成果能够迅速产品化和产业化，实现科技创新与产业发展同步提升，满足国内外市场需求。

首先，需要加强科技研发与应用的衔接。依托辽宁省高校资源和科技平台资源，促进沿海六市科技研发机构、高等院校和各城市核心企业之间建立紧密的合作交流，以加速实验室科技成果的转化。加强科技研发人员与企业的融合，以企业挂职的模式参与企业实际生产，使科技成果与实际应用相结合，以满足市场需求。同时，辽宁沿海经济带各市政府应加大对科技成果转化的支持力度，提供政策和资金支持，鼓励科技研发机构、高校和企业进行合作，合力推动科技成果的转化。

其次，在东北海陆大通道连接城市与国家中，以辽宁沿海经济带产业联盟形式加强技术推广和市场营销是提升科技成果转换效率的关键。科技成果要想转化为实际应用和商业价值，需要通过技术推广和新产品营销来推动，加强科技成果宣传，使辽宁沿海经济带制造业为更多国家和地区了解，在大通道沿线寻找潜在的用户和合作伙伴。辽宁沿海经济带科技研发机构和企业应加强对技术推广和市场营销的投入，提升企业产品在东北海陆大通道沿线地区的知名度和影响力。

2. 基于东北海陆大通道，实现跨区域人才共享

首先，加强辽宁沿海经济带六市跨城市人才共享。加强人才政策和制度的协同。辽宁沿海经济带各市的人才政策和制度存在差异，通过合作和协调，实现人才政策的互通互认，为人才流动和人才合作提供更好的市场环境。加强对高端人才的保护和激励措施，通过完善知识产权保护制度，加强对创新成果的专利保护，增强科技创新人才的创新动力和积极性。同时，还可以通过提供合理的薪酬机制和晋升制度，激励高端人才在辽宁沿海经济带长期发展和创新。加强教育环境优化，优质教育体系可以为科技创新人才的培养提供良好的基础。辽宁沿海经济带应该加大对教育事业的投入，提高科技创新人才待遇是优化人才发展环境的

关键。科技创新是推动经济发展的重要动力，也是提高创新人才影响力的关键环节。辽宁沿海经济带各级政府应该设立专项科技创新基金，为科技创新提供更多的科研经费和资源，改善科研人员的待遇和福利，激励他们投身科研工作。

其次，发挥东北海陆大通道作用，实现国内沿线城市人才共享。构建东北海陆大通道国内城市人才信息平台，整合东北海陆大通道各个城市的人才市场信息，包括人才需求、人才供给以及薪酬水平等。通过这个平台，东北海陆大通道各地区人才可以方便地了解大通道沿线城市的工作机会，更好地选择适合自己的职业发展路径。同时，辽宁沿海经济带企业也可以通过该平台更有效地寻找合适的人才，提高人才与企业的匹配度。建立跨地区的人才流动机制也是实现东北海陆大通道人才共享的关键，沿海六市政府可以制定相应的政策，鼓励人才在海陆大通道沿线城市之间的流动。

最后，依托东北海陆大通道，促进国际人才共享。辽宁沿海经济带六市协同共建国际人才交流政策和机制，为国际人才的流动提供便利和支持。通过简化签证流程、提供优惠税收政策和设立专门的国际人才交流机构，吸引和留住国际人才。东北海陆大通道建成后，辽宁沿海六市企业应该积极招聘和培养国际人才，并提供良好的工作环境和发展机会。辽宁沿海六市企业还可以通过与国际高水平高校和研究机构合作，开展联合项目研究和人才培养，吸引和留住国际人才。

3. 整合教育资源，推动国内外教育资源共享共建

辽宁沿海经济带高校在东北海陆大通道人才共享方面扮演着重要的角色。

首先，辽宁沿海经济带六市教育资源丰富，基于大通道建设，辽宁沿海经济带各市高校要加强与国际高校和研究机构的合作，开展联合培养项目和学术交流活动。同时可以促进国际学生交流，吸引留学生来华学习和研究。辽宁沿海经济带各市高校还可以为国际人才提供职业培训和发展环境，提高国际人才的专业能力和竞争力。通过人才交流，辽宁沿海经济带高等院校吸引国际人才落户，为辽宁沿海经济带发展提供人才支持。

其次，实现基于东北海陆大通道高校科技平台的国际共享共建，加强国际合作与交流。辽宁沿海经济带高校可以依托东北海陆大通道积极开展国际合作项目和科创平台建设，通过项目合作与科技创新平台共建与国外的科研机构、高校和企业建立创新合作关系，共享科技资源和研究成果。还可以通过组织国际学术会议、研讨会和交流访问等活动，促进科技人才之间的交流与合作，搭建人才合作的国际化科研平台。同时，辽宁沿海经济带各市高校可以引进国外先进的科研设

备和技术，提升高校的科研能力和水平，建立国际化的科研团队，吸引海外优秀科研人才来校工作和研究，推动科研成果转化和应用。

五、加快产业互联互通，构筑黄渤海“数智湾区”

“数智湾区”是数字经济湾区经济形态转型升级的全新趋势，是以信息技术为动力、互联网平台或企业为核心，推动信息、产业、人才、资源等在湾区区域内有序集聚、充分赋能的过程。作为东北海陆大通道重要海陆节点，辽宁沿海经济带是要素集聚度最强、经济活力逐步提升、产业多样性丰富的区域，具备建设黄渤海“数智湾区”基础。黄渤海“数智湾区”建设以大数据中心建设为核心，构建支撑辽宁沿海经济带数字产业化和产业数字化协同发展新型基础设施体系，打造“数智湾区”，是黄渤海“数智湾区”不同于国内外其他技术创新湾区的全新定位，对赋能经济高质量发展、提升东北海陆大通道产业创新链具有重要意义。

（一）打牢数智底座，全面开展数字基础设施建设

1. 坚持黄渤海数据中心协同共建，打牢数据底座

构建“数智湾区”的基础是数据底座，而就数据中心优化发展而言，数据协同是重要趋势。因此，坚持国家、省和市数据协同，一体化推进黄渤海“数智湾区”大数据中心规划建设是“数智湾区”建设的核心和重要基础。辽宁沿海经济带六市政府已经着手建设大数据中心，在数据中心建设中要与省级大数据中心、国家大数据中心形成协同共建。在组织架构上依托东北海陆大通道建设，形成俄罗斯、蒙古国以及我国的辽宁省、河北省、山东省、天津市、北京市，山东环渤海城市、河北环渤海城市、辽宁沿海城市共同协商、筹建黄渤海“数智湾区”大数据中心工程建设，依托大通道建立工作协同机制，推进在黄渤海沿海地区建设大数据中心，并择机设立黄渤海“数智湾区”大数据中心联席会议制度。持续推进国家、省级、市级大数据中心的协同建设工作。在框架设计上，将黄渤海“数智湾区”大数据中心建设作为全省乃至全国的一体化大数据中心重要组成部分，并与东北海陆大通道沿线国家和地区大数据中心数据连通，在数据资源

建设上，依托东北海陆大通道建设，通过辽宁沿海经济带本地存储、数据接口或联合建模等方式对接大通道沿线国家和地区公共信用、公共资源交易、投资项目等国家级平台，逐步推动海陆大通道数据和创新资源落地湾区，在辽宁沿海经济带形成立足湾区发展、服务国家战略、集聚全球资源的数据高地、产业高地、创新高地。

2. 基于东北海陆大通道协同构建智能交通系统

智慧交通是信息通信网络、大数据、物联网、区块链、人工智能等新技术与传统交通系统深度融合的新兴交通形态，是信息技术与交通运输产业融合发展的重要途径，是建设交通强国的重要抓手，是发展数字经济的重要领域，智慧交通的建设代表了科技发展和产业变革互相融合的发展方向。辽宁沿海经济融入东北海陆大通道，成为大通道海陆中转重要节点。因此，建设一体化的智能交通系统不仅为辽宁沿海六市产业协同发展起到重要衔接作用，同时更为东北海陆大通道的数字物流发展提供重要基础保障。

首先，建设智能交通系统需要建立完善基础设施。要求辽宁沿海经济带在智能交通基础设施方面协同共建。这包括道路、交通信号灯、摄像头、传感器等设备的安装和维护。实时监测交通流量、车辆速度以及交通事故等信息，为交通管理部门提供准确的交通数据。建设智能化的停车场和公共交通系统，以便更好地管理和引导车辆流动。

其次，建设智能交通系统需要搭建高效率的信息技术平台。例如，利用物联网技术，将辽宁沿海六市交通设备和车辆连接起来，实现实时数据的传输和交换。通过智能化的交通管理平台，交通管理部门可以及时获取交通状况的信息，并做出相应的调整。同时，充分利用东北海陆大通道大数据分析平台的基础作用，对大通道沿线交通数据进行深入挖掘和分析，为各个地区和城市的交通规划和决策提供科学决策依据。此外，智能交通系统还需要建立起一套与之紧密配合的高效交通管理机制。这要求辽宁沿海经济带六市构建智能交通协同管理机构，这包括建立统一的交通协调部门，制定相应的交通管理政策和法规，加大对交通违法行为的惩治力度。同时，还需要加强与相关部门的合作，共同解决交通问题。

3. 促进城市智慧平台建设，融入东北海陆大通道大数据平台

智慧城市公共平台是数字基础设施建设的核心之一，它集成了各个领域的数据和应用，为城市管理部门提供城市管理和服务的综合解决方案。通过智慧城市平台，城市可以实现信息共享、数据分析和决策支持，提高城市的管理效率和公共服务部门的服务质量。辽宁沿海经济带城市智慧平台需要整合沿海六市各个部门和领域的数据，包括政府部门、环境保护、教育、公共交通、医疗卫生等领域的全部数据。这些数据通过黄渤海“数智湾区”大数据中心进行标准化处理和互联互通，实现辽宁沿海六市数据的共享和交互使用。在此基础上进行辽宁沿海六市大数据分析与挖掘，以获取有价值的信息和洞察。这些信息和洞察可以用于城市规划、交通管理、环境保护、公共安全等方面的决策支持。城市智慧平台还可以为全民提供智能化的公共服务和社区管理，包括智能社区服务、在线办事、应急救援等。通过平台提供便捷的公共服务和高效社区管理，可以提升城市居民的生活质量和幸福感。

（二）推进数字产业高速发展，打造经济新增长点

1. 聚集创新资源和要素，推动数字产业集群建设

以园区为载体集聚创新资源和要素，推动集成电路装备、软件、工业互联网产业集群发展。加大力度创建中国软件名城（大连）、国家级集成电路装备基地（大连），开展省级软件示范城市及园区、数字经济园区等评定。例如，依托东北海陆大通道建设，促进大连软件产业园区升级，加强与大通道国家软件项目合作。对得到各级认定的集成电路基地、软件名城、软件产业园区（基地），获批工业互联网、云计算、大数据等国家新型工业化产业示范基地的产业园区，辽宁沿海经济带各城市应给予奖励。推动辽宁沿海经济带城市数字产业集群产业协会发展，并在东北海陆大通道的连通下，形成沿海六市数字产业联盟，利用该联盟促进与大通道沿线国家和地区数字产业合作。从而促进辽宁沿海经济带数字产业发展。

2. 以大连为龙头，大力促进软件业发展

大连软件产业具有传统优势，在与日韩软件产业合作中积累了经验并取得了一系列重要的成果，拥有一批知名软件企业。在东北海陆大通道建成后，大连软件产业也迎来更大的发展机遇。

首先，建立一套良好的软件产业生态系统是推动大连软件产业发展的关键。大连政府应加大对软件开发企业和具有软件自主创新能力的企业的支持力度，提供税收减免、土地优惠等政策，吸引更多的软件企业落户大连。同时，政府还应

该鼓励企业加强与高校和创新机构的合作，建立产学研一体化的创新平台，为软件产业的发展提供人才和技术支持。

其次，大连需要加强软件人才的培养和引进。软件产业的发展离不开高素质的人才队伍。政府应该鼓励各高校培育专业软件人才，并为人才深造提供专业化的培训课程和实践机会，培养更多的软件专业人才。同时，政府应制定相应的激励政策，吸引国内外优秀的软件人才来大连工作和创业，为大连软件产业的发展注入新鲜血液。

再次，在东北海陆大通道建设中，大连需要加强软件产业的国际合作与交流。软件产业是需要各个领域全球合作的产业，大连需要与国内外的软件企业进行深入合作和交流，借鉴和吸收国际先进的软件开发经验和技术。政府也应该积极组织和推动大连软件企业参与国际性的展会和行业交流活动，拓宽企业的国际视野，提高大连软件产业的国际竞争力。

最后，在推动大连市软件产业发展的同时，也要依靠大连软件产业带动和引领作用，促进软件产业与周边沿海城市的合作与协同，通过与营口、丹东共建产业园区方式实现产业合作，结合营口丹东产业特点，带动营口、丹东软件产业发展，从而打造辽宁沿海经济带软件产业跨城市集群，为东北海陆大通道沿线城市提供优质软件产品和服务。

3. 以东北海陆大通道为载体，推动电子商务产业协同发展

以地方产业为基础，促进辽宁沿海经济带特色电子商务发展，从总体看辽宁出口产品主要以机电产品、集成电路、汽车零配件、电工器材等为主，其次是汽车、纺织服装、钢材等产品，这些产品近年来出口额都有明显上升。进口产品主要有原油、铁矿砂、大豆等产品。东北海陆大通道的建设将极大推动辽宁进出口贸易。从产业基础和物流发展来看，辽宁沿海经济带在特色产品方面具有优势，大连、丹东、锦州新能源汽车；盘锦石油化工产品；丹东、大连特色农产品；锦州机电产品都具有进入国际消费市场潜力。因此，推动辽宁沿海经济带电子商务发展，尤其是跨境电商发展是辽宁沿海经济带融入东北海陆大通道重要的一环。

首先，要加强大型电商平台的引进与合作，推动京东商城、淘宝、拼多多等电商网站开通辽宁沿海经济带专区，加强辽宁沿海经济带产品的宣传与推广。通过开展宣传活动、举办跨境电商展览和论坛等方式，向消费者介绍辽宁沿海经济带跨境电商的优势和便利性，增强企业和消费者对辽宁沿海经济带跨境电商产业的信心和兴趣。

其次，培养和提升电商从业人员的专业素养也是推动辽宁沿海经济带跨境电商发展的重要组成部分。电商行业的发展需要具备跨境贸易、国际物流、国际市场营销等方面的专业知识和技能。因此，依靠辽宁沿海经济带教育资源优势，从高等院校和职业院校中设立电商专业培育专门人才，为未来辽宁沿海经济带电子商务产业发展提供人力支持。

再次，要加强辽宁沿海经济带各市电商的整合与联动。逐步实现大连、营口、丹东、盘锦、锦州电子商务基地的协同共建，并通过行业协会和政府协调等方式实现电商产业的分工细化，避免相互竞争。各地电商基地基于三大区块的产业特点突出特色化发展。同时，在基于东北海陆大通道产品推广领域又要加强彼此协作，通过合力推广辽宁沿海经济带产品进入国内、国际市场，通过电商合作打造辽宁沿海经济带产品品牌。

最后，辽宁沿海经济带各市要加强对跨境电商平台和电商企业的监管和规范。政府和相关部门应该建立健全的监督管理机制，加强对跨境电商平台的注册、备案和经营行为的监管。同时，持续加强对电商企业的信用评估和监督，重点打击假冒伪劣产品和侵权行为，维护好辽宁沿海经济带电子商务品牌，赢得企业和消费者口碑。

4. 依托先进制造业优势，做强半导体及相关制造业

半导体制造及相关产业是近年来我国重点发展产业，由于受到欧美国家的打压，芯片进口和生产受到巨大影响。因此，独立自主发展我国半导体制造产业是打破国外垄断的关键，是解决卡脖子问题的重点。辽宁作为我国制造业强省，有基础、有能力承担半导体制造产业的突破任务。尤其是在东北海陆大通道开通后，辽宁沿海经济带加强与沿线国家和地区的往来，无论是在半导体制造技术的提升还是半导体产品推广方面都迎来前所未有的发展机遇。

首先，辽宁沿海经济带各级政府为半导体企业提供资金和政策支持，鼓励半导体中小企业的创立和技术研发，持续通过金融政策鼓励中小半导体企业进行独立研发，不断提高企业技术创新水平。例如，在大连半导体产业园区设立专业投融资服务组织，为大连市半导体产品研发企业提供发展资金和创新资金。

其次，需要加强人才培养和引进。半导体产业是一个高度技术密集的产业，产业的发展需要大量的专业人才和技术支持。因此，辽宁沿海经济带发展半导体相关产业，就必须注重培养和引进相关专业人才。政府可以通过政策推动辽宁沿海地区高校和专业技术学校开设微电子专业；同时促进企业与高校合作建立半导

体科创平台，企业为专业人才提供实习和就业机会，吸引优秀的人才加入。同时也要利用东北海陆大通道的建设加强与国际相关专业院校和科研机构的合作，大力引进半导体科技人才，通过政策留住人才。

最后，要加强本地企业与行业龙头企业合作，积极引进国内外知名半导体企业落户辽宁沿海经济带，政府在重点项目中给予政策和资金方面支持，并围绕龙头企业规划、设计产业园区，吸引中小企业为其做产业配套，合力培育辽宁沿海经济带半导体产业的振兴。

（三）推动传统产业数字转型，实现产业互联互通

1. 加快工业互联网发展，推进“5G + 工业互联网”建设

辽宁沿海经济带六市要着力设计“5G + 工业互联网”产业发展方向，促进工业互联网建设。辽宁沿海经济带通过工业互联网的应用更加灵活地响应东北海陆大通道沿线市场需求，提高产品和服务的定制化水平，满足市场需求。通过“5G + 工业互联网”的应用，辽宁沿海经济带传统产业可以实现设备互联、数据共享、智能决策等功能，进一步提高企业生产效率和产品质量。例如，在新能源汽车领域，大连、锦州、丹东通过构建跨区域产业链实现产业数据共享，并通过智能决策实现产业链整合。在盘锦石化产业发展中，通过工业互联网技术的实施实现企业生产设备的远程监控和日常运行与维护，提高生产线的稳定性和可靠性；促进丹东海洋牧场“5G + 互联网”建设，通过智能远程监控和智能养殖的应用，实现海洋养殖技术的推广和企业生产效率提升。推广使用这些创新技术将大幅提升辽宁沿海经济带传统产业的竞争力和可持续发展能力。推进“5G + 工业互联网”打破传统产业发展的瓶颈，实现辽宁沿海经济带产业升级。同时，通过工业互联网与东北海陆大通道大数据中心的协同共建，实现产业数据的跨区域、跨国互联，这将为辽宁沿海经济带传统产业发展带来新的机遇。

2. 构建基于东北海陆大通道数字商业平台

辽宁沿海经济带融入东北海陆大通道后，通过数字商业平台的跨区域合作能够更好地促进辽宁沿海经济带与大通道沿线国家和地区的商业信息交流，辽宁沿海经济带各城市根据各自产业优势，推动特色商业平台建设。例如，辽宁沿海经济带新能源汽车零部件交易平台、石化产品及原材料采购平台、特色农产品购销平台、精

密工业零部件产销平台等。在构建平台时，首先，需要明确平台的目标和定位。辽宁沿海各市要确定本市在数字商业平台中的核心业务以及如何与城市现有产业的发展模式和价值链相结合。同时，还需要考虑本地产品在东北海陆大通道沿线国家和地区的受众群体以及他们的需求，以及如何为他们提供更好的产品和服务。其次，企业要与平台合作伙伴建立良好的合作关系。这些合作伙伴可以是供应商、用户或其他相关的企业。通过相互合作，企业可以通过产业链合作共同开发新的产品和服务，提高平台的竞争力和用户体验。最后，辽宁沿海经济带各级政府要积极推动本地重点企业参与数字商业平台的建设和使用，聚集更多企业和用户参与平台商业活动。并能够持续通过政策、资金等政策推动该平台的持续发展。

（四）加强城市数字治理，实现数据管理互联互通

1. 加强医疗卫生领域信息化协同

探索成立沿海六市医疗联合体，建设区域性高水平协同医疗中心，建立跨区域远程医疗平台、同城化应急管理平台，实施医学影像和检查报告互认制度。借助大连医科大学、锦州医科大学的科研教学资源，强化合作交流，在其他沿海城市医院建立专家门诊；建立各市医院协作机制和科学服务体系，重点加强心血管、脑卒中、妇产科、儿科等重点专科领域协同发展，提升相关专业的医疗服务能力。推动医疗信息“一卡通”和医疗费用即时结算。通过东北海陆大通道的建设，构建数字化医疗信息平台，实现辽宁沿海经济带城市与省外、国外医疗机构合作，通过人才交流、设备共享、技术互认等方式进行跨区域合作，从而提升辽宁沿海经济带医疗卫生总体水平。建立东北海陆大通道医疗卫生联盟，联盟医疗机构通过科研项目方式进行合作，并依托辽宁沿海经济带医疗院校的人力资源优势，持续培养医疗科技人才，通过联盟医疗机构附属组织吸收医疗人才，从而为东北海陆大通道提供高水平的医疗服务。

2. 推动教育资源共享

在辽宁沿海经济带各城市之间建立中小学名校名师对口支援、师资培养培训和职业教育结对等教育交流合作机制，鼓励大连理工大学、东北财经大学、大连海事大学等高等教授专家到其他城市高校和企业授课讲学，推动高校之间共建学科和专业，实现优质教育资源共享。在东北海陆大通道建设中，辽宁沿海经济带

各级院校应该加强与区域外教育资源的交流与合作。在基础教育领域，积极推动辽宁沿海经济带基础教育数字化平台建设，通过该平台的建设，引进国内外优质基础教育资源，实现基础教育资源共享，促进辽宁沿海经济带基础教育的国际化建设。在高等教育领域，建立高等学校国内外专家交流机制，推动国内外知名高校与辽宁沿海经济带高校共筹、共建联合学院，设立特色培育方案为东北海陆大通道沿线城市培育专业人才。在职业教育领域，辽宁沿海经济带城市筹划共建产业发展学院，为辽宁沿海经济带重点产业和龙头企业培育应用型专门人才，并通过产业学院与企业共建模式，推进企业吸纳这些专门人才。既为企业提供了适用型的专门人才，又可以促进毕业生的就业。

3. 推进社保等公共服务领域一体化

完善社会保险待遇资格互认互通机制和异地核查互认，共建沿海城市社保卡“一卡通”信息化服务平台，探索提升社保卡“一卡通”服务管理模式，全面实施社保待遇领取资格互认。加大住房公积金“缴存互认、贷款互贷”政策协同及信息互认力度，推动沿海城市缴存职工权益均等化。在企业审批领域，推动辽宁沿海经济带城市一站式协同办理，以相同的政策吸引域外企业参与辽宁沿海经济带建设。此外，推动智慧城市合作，互相开放数据端口，围绕就业、教育、医疗、社保、文体、康养等领域，建设一站式公共服务平台和互联互通的公共应用平台。加强沿海城市在金融领域沟通合作，推动信息共享，共同防范金融风险，引导银行协同开设专项贷款，支持企业开展跨区域合作业务。

（五）加强数字安全体系建设，构建智能“防护网”

1. 协同构建数字安全主责机构

东北海陆大通道大数据平台建设一方面为辽宁沿海经济带城市数字产业发展提供了有利契机，另一方面，也会带来数据网络安全风险。辽宁沿海六市在加强新基建系统建设时，也要切实把网络安全做到实处，这就需要辽宁沿海经济带六市共同筹划、共同组建网络安全防护网。

首先，辽宁沿海经济带六市要协商共建基于东北海陆大通道的数据网络安全管理机构并制定运行机制。该机构成立后围绕新基建的数字安全组织拟订网络安全法规和技术标准并监督实施，指导辽宁沿海经济带各市政府部门、企事业单位、机构的网络安全规划编制并推进落实，指导网络安全监督、事故预防、处置等工作，拟订综合性网络安全应急救援管理保障办法并组织实施。

其次，辽宁作为制造业大省，要特别重视智能制造网络和工业互联网可能出现的安全问题。例如，在工控领域，特别是重点关键信息基础设施建设中，要落实数字安全的主体责任，包括所有数字终端的生产运营者。定期抽查数字安全状况，强化一把手责任，对瞒报、漏报网络安全事故的行为依法追究责任。例如，在辽宁沿海经济带跨境电商网络中，要对境外存在安全风险的账户相关操作给予高度专注，及时控制风险的发生。

2. 民生重点领域、产业数据连通强化协同管理

辽宁沿海经济带在网络安全方面还要加强对民生重点领域以及产业技术数据连通领域监管并制定数据动态清单，在涉及重要安全数据方面形成值得重点关注的“红榜”，并及时对上榜的组织和个人基于高度关注和监控。例如，在涉及公民个人信息及日常行为数据时，要重点防止不法 App 及电脑软件的信息收集。辽宁沿海经济带工业互联网数据连通时，防止外来不法软件和组织对数据进行窃取或篡改；对新出现的技术、产品数据及时更新，形成相应网络安全管理专项方案，纳入重点管理范畴。借助人工智能和机器学习的力量，补充和提升网络安全防御能力。发挥大连数据产业基地大数据技术优势，加快落实关于人工智能和大数据在网络安全方面的应用研究，通过新技术增强打击和防范网络攻击的能力。

3. 加强数字安全教育，树立数据安全意识

加强数字安全教育，是辽宁沿海经济带各城市融入东北海陆大通道保障数据安全的有效措施。随着辽宁沿海经济带各城市跨境贸易的开展并积极与区域外更多企业的贸易合作，数据安全将成为威胁辽宁沿海经济带大数据平台和各城市的产业数字化以及民用数据的主要因素。这要求辽宁沿海经济带六市共同加强数字安全教育，定期开展协同数字安全演练。在数字安全教育方面，从政府到企业都要构建不同层面数字安全演练平台和定期演练机制。构建数字安全教育应用新场景。通过数据安全在现实生产、生活等领域的真实演练场景，把网络拓扑、数据生产、安全防护体系中的要素、部件提取出来，把网络风险隐患的产生机理、内在特征、具体案例演示出来，打通与虚拟世界连接的政企安全场景、社会交往场景等，让数字安全知识人人都清晰明了。针对不同人群、不同岗位设立场景和科目，在演练场景和平台上要“专业”“专用”，把防御、监测、响应、处置等流程集于一体，把各个环节的制度、规范、责任嵌入其中，辽宁沿海经济带六市形成“联合监测—联通研判—联控信息—联动处理”的“闭合回路”。

六、增建高能级开放平台，打造产业发展新引擎

党的二十大报告指出：“推动东北全面振兴取得新突破”“提高中西部和东北地区开放水平”。这为东北地区扩大开放提出了要求、指明了方向。辽宁在东北振兴上展现作为，需要依托大通道畅通供应链、完善产业链、提升价值链，进一步提升对外开放水平。辽宁沿海经济带是东北海陆大通道的陆海前沿，是连接陆上通道与海上通道的重要节点，也是对外开放的主窗口。因此，以辽宁沿海经济带为中心，打造高能级开放平台，是推进辽宁产业发展和振兴的关键，也是东北海陆大通道背景下辽宁沿海经济带六市产业发展的重要抓手。

（一）推动自贸区升级（2.0 版），加快向重点园区复制扩散

2016 年 8 月，中共中央、国务院设立第三批 7 个自由贸易区，由此，辽宁成为东北地区第一个拥有自由贸易区的省份。该自贸区涉及沈阳、大连、营口三座城市。随着东北海陆大通道的建设，辽宁省自由贸易区必将成为东北海陆大通道的经济中心。推进辽宁自贸区的进一步升级是东北海陆大通道建设背景下辽宁沿海经济带产业发展的重要引擎。

1. 依托传统优势打造面向东北海陆大通道开放合作的“桥头堡”

辽宁自由贸易区自设立以来取得了明显成效，在东北海陆大通道建设中，要进一步加强对外交流与合作。沈阳片区在建立东北亚创新中心和人文交流中心基础上重点拓展与蒙古和俄罗斯的经济文化交流，促进韩国与日本产业与东北海陆大通道沿线地区和国家合作；物流领域，大连片区在持续深耕日韩，建设日韩商品集散中心和分拨基地基础之上推进与东北海陆大通道的衔接，构建东北海陆大通道集散中心。营口片区强化建设与日、韩、俄对接合作，积极建设中欧班列回程终点集散地、日韩产品加工贸易区和跨境生鲜国际供应链中心，打造东北海陆大通道跨境商品集散中心。基于东北海陆大通道打造辽宁对外开放“桥头堡”。重点打造自贸区高端产业，在服务领域推进金融服务完善、投资贸易便利、法治

环境规范、监管高效便捷的高水平高标准自由贸易园区。紧紧围绕国家赋予辽宁自贸试验区的战略任务，进一步细化《中国（辽宁）自由贸易试验区改革开放创新2.0版方案》。围绕“4+2+X”的制度创新方向，以企业需求为导向，加大改革创新力度，持续积累创新经验并编制成册。指导各市和自贸试验区协同区加快复制推广自贸试验区改革创新经验。

2. 推动产业园区协同发展，持续优化营商环境

充分发挥辽宁自由贸易区大连片区和营口片区的对外贸易窗口作用，依托辽宁沿海经济带国家级经济技术开发区、国家高新技术产业园区、国家级新区、自贸区片区、港口及机场等重点开发开放平台，面向东北海陆大通道，错位发展，协同互补，构建“三区驱动”的主体支撑。推动大连金普新区，辽宁自贸试验区大连片区和营口片区协同发展，促进高端装备制造、精细化工、海工装备制造等产业合作深耕，并推动大连相关产业链的外向发展；依托大连和营口片区，推动大连大窑湾、大连湾里和营口综合保税区，丹东边境经济合作区协同发展，促进跨境贸易和海产品、农产品、轻工产业集群协同建设，依托大连中欧班列和海陆大通道的枢纽地位，实现产品的国际化推广；依托大连片区和营口片区推进大连、营口和盘锦跨境电子商务综合试验区建设，依托农产品贸易、化工产业、装备制造业的协同发展以及联合科技创新中心的建设。培育壮大特色产业集群，打造若干具有较强竞争力的区域经济增长点。

首先，在政策领域，自由贸易区可以通过建立透明、公正的法规制度来优化营商环境。辽宁自贸区在相关法规制定中要建立政府、企业、产业联盟协商议事制度，在法规制定中充分听取企业意见，详细调查后进行推广。此外，自由贸易区还可以通过建立仲裁机构来解决跨境商业纠纷，确保企业在争议解决过程中得到公正和迅速的处理。辽宁沿海经济带城市可以通过协同管理实施协商仲裁制，避免仲裁的不公正性。

其次，自由贸易区可以通过简化贸易手续和标准化贸易流程来优化营商环境。东北海陆大通道建设中，更多涉及不同地区和国家的贸易政策对接问题，这包括贸易规则、报关手续、通关检验等。通过对这些措施的协同标准化管理，自由贸易区可以降低企业的交易成本，提高对外贸易效率，吸引更多的域外投资和贸易活动。此外，自由贸易区优化营商环境还可以通过建立高效的行政审批制度实现。在简化企业注册、审批和许可程序中建立辽宁沿海六市协同管理机构，实现跨市一站式办理，提高管理部门办事效率，减少不必要的政府干预。

最后，自由贸易区优化营商环境通过加强知识产权保护来实现。知识产权是保障企业创新和竞争力的重要手段，因此，自由贸易区必须加大知识产权的保护和执法力度，打击企业的侵权行为，维护企业在产品和创新领域的合法权益。

3. 促进自贸区产业园区发展模式向重点园区复制扩散

辽宁自由贸易区建设是产业发展的试点，对辽宁沿海经济带产业发展起到重要的示范作用。产业园区建设是支撑自由贸易区发展的重中之重，促进辽宁自贸区建设和管理产业园区建设先进经验复制与推广，是辽宁建设自由贸易区重要示范作用的意义所在。

在自由贸易区产业园区建设模式上，基础设施规划建设，包括道路、供水、供电、通信等方面的设施以及各类公共设施，如学校、医院、商业中心等可以为贸易区外产业园区提供规划参考。在产业结构和发展方面。根据其他园区自身特色，参考自贸区对应建设；在园区管理方面，要鼓励自由贸易区外产业集群与自贸区内重点企业实现产业对接，在制定管理制度方面引进和吸收自贸区管理制度，学习好的经验。实现自贸区重点企业产业链向区外拓展。自贸区以外的产业园区要通过企业合作、零部件配套等方式积极与自贸区内产业园区企业合作，实现自贸区产业向外部延伸，充分发挥自由贸易内产业园区的带动作用，培育和扶持区外企业，为产业发展整体提升提供支撑。

（二）加强保税区建设，发动对外贸易引擎

沈阳综合保税区、营口综合保税区、大连湾里综合保税区、大连大窑湾保税港区是目前辽宁四大综合保税区。地理位置位于辽宁沿海经济带有三个，在东北海陆大通道建设中，加强保税区建设对促进大通道沿线国家商贸活动，使企业在跨国商品流通中降低成本具有重要作用。

1. 基于保税区特色优势，融入东北海陆大通道

发挥营口保税区跨境电商进口保税备货业务优势，促进东北海陆大通道电商保税中心建设，发展以高端装备产能输出及高新技术产品材料引进等为主的双向投资，以供应链管理为主的保税仓储物流等业务。重点培育以离岸金融、研发外包为主的离岸服务业，以安全装备、生物医药等研发转化为主的科技服务业；“委托加工”是大连湾里综合保税区特色，它突破了以往海关特殊监管区域企业

只能承接境外加工业务的传统限制，使得区内企业能够利用剩余产能承接境内区外的委托业务。在东北海陆大通道建设中，突出该保税区在产品加工中的优势，促进其与周边产业园区和周边城市重点产业结合，在东北海陆大通道产品输出方面起到推进作用和辅助作用。大连大窑湾保税港区是更加成熟保税区，大连大窑湾保税港区具备港口、物流和加工三大基本功能。以此为基础上，保税区应充分发挥政策优势，基于东北海陆大通道重点发展港口作业、国际中转、国际配送、国际采购、转口贸易、出口加工、商品展示等七大功能性业务，并拓展金融贸易、信用保险等相关功能。

2. 促进保税区联动发展，整合服务于东北海陆大通道

首先，辽宁沿海经济带各个保税区要建立统一的政策和法规框架，协同一致的法规框架是保税区联动发展的基础。各个保税区协商制定一致的政策和法规确保在保税区联动发展过程中的公平竞争。同时，在保税区发展中辽宁沿海经济带各级政府部门应提供必要的支持和指导，确定城市间宏观政策的合作与协同。

其次，加强各个保税区之间的信息共享和交流是促进辽宁沿海经济带保税区联动发展的关键。通过建立统一的信息平台和交流机制，各个保税区可以及时获取到其他保税区的政策动态、市场需求和投资机会等信息，从而更好地把握市场机遇和发展方向。

再次，在东北海陆大通道建设中，辽宁沿海经济带要加强保税区之间的物流和运输协同。通过建立高效的物流网络和运输体系，促进各个保税区之间货物的快速流通和配送，提高辽宁沿海经济带整体物流效率。此外，推动保税区之间的物流合作还可以降低物流成本，提高贸易便利化水平。

最后，加强保税区所在地区之间的产业协同是辽宁沿海经济带保税区联动发展的核心。各个保税区应当根据自身的发展特点和优势，与辽宁沿海各城市加强产业对接和合作，通过跨境电商形式，形成产业链和价值链的联动。通过共同发展和合作，各个保税区可以实现资源的优化配置和产业的协同发展，提高整体经济效益。

（三）打造电商综合试验平台，发动信息化商业引擎

辽宁沿海经济带城市中，中国（大连）跨境电商综试区高新园区产业园区、营口自贸区跨境电商产业园区、中国大连人力资源服务产业园、盘锦（跨境）数字经济产业园、盘锦跨境电子商务产业园、营口外贸（跨境）综合服务产业

园是电子商务产业发展的龙头，这些电子商务产业园区未来将在东北海陆大通道商品贸易网络建设中起到基础性作用。

1. 加强电商产业集群建设，发力拓展跨境电商产业

依托大连跨境电商综试区、高新产业园区、大连人力资源服务产业园大力拓展东北海陆大通道沿线国家和地区的公共电子商务平台建设，促进商业数据的连通。建立东北海陆大通道电商绿色通道，在物流、商品交易、金融服务方面制定专门政策促进大通道商品贸易的畅通。促进电商综试区与辽宁沿海经济带地方产业联合，促进大连农产品、轻工业产品、海产品等与电商集群协同发展，从销售、包装、物流等方面为产业发展提供一体化服务，推进特色产业与电商融合。整合盘锦（跨境）数字经济产业园、盘锦跨境电子商务产业园，并建立东北海陆大通道电商服务机构，协调园区在大通道商品贸易中的服务地位和作用，促进盘锦大米、河蟹等特色农产品与电商构建专门销售渠道，利用电商促进与海陆大通道沿线地区合作。突出营口外贸（跨境）综合服务产业园在跨境贸易中的作用，并利用原有基础连接大通道贸易节点，开通大通道贸易专区，促进营口地方精细化工、精密仪器等产业与大通道沿线城市对接。

2. 促进综合电商平台建设，促进城市制造业与电商协同发展

整合辽宁沿海经济带六市电商平台资源，推进电商平台一体化发展。依托知名电商平台构建辽宁沿海经济带特色专区，在产品推广和宣传方面打造沿海经济带产品品牌。并采用固定标识准入制，在辽宁沿海经济带特色产品上加盖固定标识，并对该标识加以宣传。在电商平台建立辽宁沿海经济带各城市专区，对各城市特色产品进行周期性推广，并采用直播带货等方式宣传辽宁沿海经济带各城市产品。通过产品推广城市名片，进而推广城市的各个特色产业领域。例如通过农产品推广丹东旅游；通过樱桃推广大连旅游业等。此外，辽宁沿海经济带各城市一把手要积极参与电商平台的推广，可以采用定期轮换机制，各城市市长和主管副市长亲自参与网络直播推广。这种电商推广机制可以激发消费者对辽宁沿海经济带各个城市和城市产品的高度关注。

3. 加强政策监管，推动电商产业良性发展

东北海陆大通道建设中，辽宁沿海经济带各级政府要加强对跨境电子商务进行协同监管，促进跨境贸易的便利化和规范化。加强对跨境电商企业的注册、进

出口手续、海关监管等方面的监管，以确保跨境电商的合法合规运营。建立市场准入和监管机制，对电子商务平台进行审批和监管。这包括对电子商务平台的注册资本、经营范围、技术能力、信用记录等方面的要求，以确保平台的良性运营。针对电子商务平台收集、存储和使用用户个人信息的行为，政府需要建立健全的数据安全管理制度，保护用户的个人隐私权。政府重点对电子商务支付方式进行监管，确保支付环节的安全和可靠性。此外，政府要对电子商务金融活动加强监管，包括对第三方支付机构、电子商务金融平台等进行注册、备案和监督，以防范金融风险。

（四）搭建制造企业国际合作平台，发动国际制造产业链引擎

依托东北海陆大通道连接作用，促进辽宁沿海经济带制造业与国际先进制造业的连通不仅需要企业间的合作，更需要为产业合作搭建平台，依托这些平台的合作与交流实现辽宁沿海经济带各市产业融入国际产业链，发动国际制造产业链引擎。

1. 搭建产业科技平台，促进东北海陆大通道产业技术合作

东北海陆大通道的载体、项目已陆续进入落地运行阶段，大通道沿线成员国产业合作建设意愿强烈。结合海陆大通道各国产业优势，明确辽宁沿海经济带国际产业合作的重点领域。除了在新能源、精细化工等领域进行科技合作外，要拓展与海陆大通道沿线各国全面的技术合作，利用辽宁沿海经济带产业集群优势，搭建国际产业科技合作创新平台，利用产业科技合作创新平台不断拓展科技交流与合作的深度，通过产业技术合作带动产业链延伸。尤其把握海陆大通道沿线各国科技资源现状及各个国家产业相对优势，在海洋科技、石油技术、新能源开发等方面积极探索国际科技交流与合作，将国际科技合作的需求与供给匹配起来。辽宁沿海经济带各城市通过传统产业的技术升级与国际先进制造企业建立合作关系，通过产业配套、产业转移等方式实现与国际产业链对接。

2. 搭建制造业标准合作平台，推动技术标准国际化

搭建制造业标准国际合作平台需要明确目标。产业标准合作平台应该致力于促进全球制造业的合作和共享，推动技术标准的国际化和统一。通过这个平台，东北海陆大通道各个沿线国家制造业可以分享最新的产业技术标准和共建产业技术标准，共同解决制造业技术标准领域面临的挑战。同时，平台通过提供一个标

准交流和合作的机会，促进相关行业技术标准的一致性，降低贸易壁垒，促进全球贸易的繁荣。搭建东北海陆大通道制造业标准国际合作平台需要建立东北海陆大通道制造业标准联盟，通过联盟的推动实现制造业标准的推广。这个平台可以由政府、行业协会、重点企业等各方共同组成，确保平台的代表性和权威性。同时，通过设立专门的工作组和委员会，负责制定和更新产业技术标准，组织国际合作项目和研讨会等活动。此外，产业标准合作平台还应通过建立一个信息共享和交流的机制，使东北海陆大通道沿线各国制造业及时了解最新的技术标准和发展动态。搭建东北海陆大通道制造业标准国际合作平台需要加强东北海陆大通道各国间的合作和交流。这可以通过举办国际性的制造业展览会、研讨会和培训班等活动来实现。这些活动可以为辽宁海陆大通道沿线各国制造业提供一个交流和合作的平台，促进技术标准的国际化和统一。

3. 搭建制造业国际人才合作平台，带动产业链合作

首先，要依托东北海陆大通道信息联通优势建立全面的跨区域产业科技人才数据库，以吸引和管理来自不同国家和地区的专业人才。这个数据库应该吸纳不同领域制造业的专家和技术人员的信息，以及他们的专业能力和优势。通过数据库的建立，大通道沿线制造业企业可以快速找到合适的人才并及时对接，以满足企业的需求。

其次，需要依托人才数据库建立一个国际人才交流机制，促进不同国家和地区之间的人才合作与交流。这个平台可以通过组织国际研讨会、培训课程和交流项目来实现。通过这些人才交流活动，专业技术人才可以相互学习和分享最新的产业发展技术、创新经验，从而提高产业技术发展水平。在此基础上积极引进国际人才，以促进产业链的合作，通过与国外大学和研究机构建立合作关系，吸引更多的专业技术人才。这些人才可以在企业中承担兼职工作，帮助提升辽宁沿海经济带企业技术水平和创新能力。

再次，通过政府协调和企业合作建立国际合作项目，促进产业链技术合作。这些项目可以吸引不同国家和地区的企业共同建设，共同开展研发、生产和销售活动。通过这种项目共建方式，实现资源共享、风险共担和利益共享，从而提高跨国产业链的效益和竞争力。

最后，需要加强国际人才的培养和交流，依托东北海陆大通道与国际知名大学和研究机构合作，开展人才联合培养项目和人才交流项目，为企业发展培养更多具有国际视野的创新人才。

（五）面向大通道，加强中欧班列集结中心建设

着力打造中欧班列东通道（大连）集结中心建设。大连位于东北海陆大通道海陆转运节点，同时又是中欧班列海陆联运中转节点，因此，构建中欧班列东通道（大连）集结中心是衔接东北海陆大通道沿线地区和国家与欧洲国家和地区的关键。

推进外向型产业发展。包括完善集结中心（大连）产业服务能力，提升区域内产业支撑能力，加强丹东、营口、盘锦、锦州、葫芦岛在核心产业发展中对班列货物的支撑。加快重大基础设施建设。包括积极推进中欧班列（大连）集结中心功能完善，尤其是大连海陆联运协同完善。完善省内物流节点网络，依托海陆大通道完善国内、国际集疏运体系。创新优化班列组织模式，包括加大中欧班列组织开行力度，加强与海陆大通道内地省市班列平台的沟通交流和业务合作，加快建设大连口岸集装箱中心。强化班列专业服务平台，包括加快推进中欧班列（大连）集结中心智能场站优化升级；全面推广应用国际贸易“单一窗口”，优化口岸监管、执法、通关流程。拓展对外开放功能平台。加快推进大连自由贸易区建设工作；提升通关便利化水平。包括加快推动与“一带一路”沿线国家以及东北海陆大通道沿线国家在海关、标准等方面的合作与交流；加强与中欧班列沿线国家与东北海陆大通道沿线国家和地区检验检疫国际合作。促进中欧班列沿线国家与东北海陆大通道沿线国家产业协同发展。支持本土企业建设境外园区和境外经贸合作区，推动中欧班列货源在境外经贸合作区、自由港区聚集。推进中欧班列服务业发展。包括完善集结中心产业服务能力，提升辽宁沿海经济带内产业支撑能力。加强“数字口岸”系统建设，进一步实现铁路部门与海关部门信息互联互通、协同作业，提升中欧班列的开行品质，优化口岸营商环境，降低外贸企业物流成本，使进出口岸便利化程度和通关效率迈上新台阶。

七、实施一体化“双碳”方案，激发绿色发展新动能

一体化双碳方案是指在实现碳达峰和碳中和的过程中，通过整合各个领域的政策、技术和措施，全面推进减排和增汇，以实现经济社会的可持续发展。该方案的目标是在合理时间内实现碳排放达到峰值，并通过增加碳汇来达到碳中和的

目标。辽宁沿海经济带各城市融入东北海陆大通道建设，在产业发展发力提速的同时，更应该注重持续推进产业结构和能源结构调整，大力发展可再生能源，努力实现经济发展和绿色转型同步进行。

（一）加强绿色技术研发与推广，推动战略新兴产业发展

1. 共筑六市绿色发展屏障

辽宁沿海六市合力推动环境污染联防联治，建立行政区交接断面水质、水量监测与信息通报机制，强化对陆源入海污染物、区域大气污染的联控联治；沿海城市协同共建污染源管控、生态补偿等长效机制，强化重点海域综合整治。辽宁沿海六市海洋环境管理部门要积极探索协同构建数字化海岸带治理平台，依托大数据平台，利用数据驱动决策，实现环境质量监测数据、污染排放数据、生态修复数据等数据的实时发布，为各地方各部门各单位的信息发布、项目申报、经验推广、实时交流互动等活动提供统一平台，共同维护海岸带生态安全。在推动海洋环境治理领域打破沿海六市行政区域概念，推动相邻城市环境基础设施共建共享，共建污水处理、垃圾填埋与焚烧等基础设施，提升区域废水、固体废弃物处理能力与设备运营效率。强化土壤污染防治协同治理，推动土壤污染防治专家库共享共用。此外，要加强企业监管，对于临海企业实行定期巡查制，建立健全环境全民监督制，对于群众反映大，污染严重企业实行一票否决，坚决守住蓝色海洋底线。

2. 协同制定绿色技术政策，强化绿色技术示范作用

辽宁沿海经济带六市融入东北海陆大通道建设，在推动绿色技术研发与推广领域需要在绿色技术政策制定方面协商并制定一致的激励制度，鼓励制造企业在技术改造与技术升级上重点研发和推广绿色技术相关应用，共同构建绿色发展的生态环境。在绿色技术应用方面，沿海六市政府首先要在税收和财务方面给予传统企业支持，辽宁制造业具有传统优势，但在产业技术转型过程中有部分技术落后企业因资金缺乏未能及时实现转型。因此，在企业绿色转型方面需要政府通过金融财税政策加以支持，切实减轻企业在绿色转型中的负担。例如在制造业新能源应用方面，政府可以通过减免税收方式鼓励使用传统能源企业向绿色能源企业转型。其次，辽宁沿海经济带各级政府要建立绿色技术评价和绿色认证体系，加

强对技术的监管和推广，确保绿色技术的质量和安全性，防止某些企业借融入东北海陆大通道为由以牺牲环境为手段提升经济效益。最后，依托东北海陆大通道进行国际合作是强化绿色技术示范作用的重要途径。大通道沿线各国和地区应协同建立绿色技术合作制度，共同研发和推广绿色技术。辽宁沿海经济带需要协同构建绿色发展框架，并在东北海陆大通道的产业合作中发挥重要作用，在此框架内，产业联盟和各地政府通过提供资金支持和绿色技术转让实现合作。同时，政府也应该加强跨地区企业的信息交流和经验分享，共同解决环境问题和应对气候变化的挑战。

3. 促进产学研合作，加强绿色技术研发

依托辽宁沿海经济带的科技资源，促进绿色技术的研发合作是推进企业使用绿色技术的有效路径。鼓励企业与大学、科研机构联合建立绿色技术研发平台，科研组织通过技术股份参与企业绿色技术的实践推广与应用。在人才领域，鼓励高校人才到企业挂职，参与企业技术绿色改造和升级。政府也应该主动为企业、高校、科研机构搭建绿色技术研发平台，以项目引领推动企业实现绿色技术的应用。此外，辽宁沿海经济带融入东北海陆大通道建设中应该发挥国际合作优势，建立国际产业绿色合作平台，通过产业技术引进和技术合作开发等方式促进辽宁沿海经济带产业绿色技术研发和技术改造。在人才领域，加强辽宁沿海经济带与海陆大通道沿线国家和地区的绿色技术人才共享。通过会议、讲座等方式推进人才交流，并逐步实施域外人才与辽宁沿海经济带产业对接，实现的人才共享。重点建设大连英歌石科学城等创新载体，提升绿色科技资源的利用效率。鼓励校企、校地共建关键共性技术平台、新型研发机构和中试基地，推进绿色技术成果中试、应用验证、技术检测等功能型产业创新平台建设，促进绿色低碳节能技术与产品的示范推广。加强绿色低碳技术和产品知识产权保护。

4. 加强绿色技术推广，推动战略新兴产业发展

打造以大连环保装备制造企业为中心的节能环保装备制造产业集群。强化大连市高效锅炉、大气污染防治、船舶制造、汽车制造等领域的产业优势，促进大连市成为全省节能环保装备制造的中心和装备制造产业基地。打造辽宁沿海经济带节能环保产品生产产业集群。以工业烟气治理和污废水处理产品为重点，依托沈阳、大连、营口等工业废气和汽车有机废气治理优势，打造工业烟气治理产业集群，依托盘锦、沈阳、丹东等含油废水和生活污水治理企业，打造污废水处理产品制造产业集群。推广一批绿色环保先进适用技术产品。以汽车、装修装饰等行业为重点，将全面使用符合国家要求的低VOCs含量原辅材料企业纳入正面清单和政府绿色采购清单。组织开展油漆、涂料产品技术革新，推动产品无害化。通过数字健康工程促进辽宁沿海经济带医疗行业绿色发展，提高医疗组织运作效率。探索人工智能、5G技术、物联网等信息技术在医疗健康领域全平台、全过程运用。全面开展“影像云”，实现技术互认、智能预约就诊、智能导医、电子支付结算等数字健康服务。

（二）运用数字产业化和产业数字化新模式，推进工业低碳转型

进一步强化“5G+互联网”在产业发展中应用，在大连船舶制造、锦州新能源、丹东汽车制造、盘锦化工、营口有色金属产业推进5G全连接工厂、“5G+工业互联网”融合应用先导区建设。重点推进核心企业数码车间、智能工厂工程，推进中小企业“上云用数赋智”，加快“机器换人”，普及应用工业软件，开展数码化、智能化改造。深化“工业互联网+安全生产”。依托东北海陆大通道建设，在5G应用、工业互联网等领域与域外企业深化合作。开展对外交流，分行业组织召开企业数字转型对接交流会等活动，撮合数据服务商与企业深化合作，帮助企业解决数字化转型中的痛点难点。

在制造业低碳转型方面，利用辽宁沿海经济带新能源产业发展优势，依托申华控股、金辰股份、国电电力等重点绿色能源企业，积极推广非电行业烟气超低排放、有机废气治理以及北方地区清洁取暖等技术与装备，鼓励高排污企业研发推广污水处理回用、土壤治理修复、工业固废资源化利用等关键技术与新型装备。引导国泰众鑫、洁花环保、大隆科技等大型节能环保装备制造企业由“生产型”向“服务型”转变。采用技术咨询和服务外包等形式为制造企业节能减排提供技术服务。建设环保装备产业园区和环保服务业集聚区，支持园区聘请“环保管家”“能源管家”，推广节能环保服务。政府通过激励手段促进节能环保企业与传统制造企业对接，通过技术服务、设备租赁、人员常驻等方式帮助传统制造企业实现低碳转型。

在企业产品领域，鼓励企业开展绿色设计、采用绿色材料、实施绿色采购、推行绿色包装、打造绿色制造工艺、开展绿色运输和废弃产品回收处理，实现产品全生命周期绿色环保体系建设。推动制造业加快构建绿色供应链，鼓励行业协会通过制定规范、咨询服务、行业自律等方式提高供应链绿色化水平。首先，遴

选发布一批辽宁沿海经济带绿色供应链管理企业，推荐积极性高、社会影响大、带动作用强的企业开展绿色供应链试点，探索建立绿色供应链制度体系。基于东北海陆大通道的低碳产业链建设需要辽宁沿海六市企业从自身角度出发建立一个明确的绿色供应链策略，并将其纳入企业的战略规划中。这包括设定绿色目标和指标，制定相应的政策和流程，以及建立与供应链伙伴的合作机制。其次，企业需要与东北海陆大通道区域内外供应链伙伴进行紧密合作，共同推动绿色供应链的实施。这包括与供应商进行对话，促使其改善环境绩效，采购环保产品和服务，并与物流服务提供商合作，优化运输和仓储过程，降低能源消耗和排放。此外，企业还应加强对供应链伙伴的监督和评估，确保其符合绿色供应链的要求。

（三）优化交通运输结构，完善绿色物流体系

1. 协同共建交通网络，畅通海陆大通道

积极调整运输结构，推进铁路与水路、公路与铁路、公路与水路等多式联运，发展甩挂运输、共同配送。加快港口岸电设施建设，支持机场开展飞机辅助动力装置替代设备建设和应用。因地因企加快铁路专用线建设。创新多式联运组织模式，培育物流运输全程化经营主体。打造品牌化中欧班列，丰富多样化服务产品。发挥海铁联运、水陆滚装优势，做强“班轮 + 班列”，打造“东亚—大连—中亚”“长春一汽大众—大连—广州”商品车滚装运输等专业化的多式联运品牌线路。同时，要创新以港口为枢纽的“货运一单制、信息一网通”物流服务体系。构建全省口岸物流公共“信息高速公路”，形成端到端的全流程物流供应链数字化解决方案。强化铁路集装箱物流基地、内陆无水港、大型物流园区等协调联动，探索推进“海箱上陆、铁箱下水”，降低空箱调转比例。

在畅通国际通道方面，辽宁应以沿海港口整合为纽带，推进“辽满欧”“辽新欧”“辽蒙欧”“辽海欧”等通达欧洲的贸易物流国际大通道建设，构建国际多式联运物流体系。在释放港口整合效能方面，统筹沿海港口一体化发展，发挥大连“中心港”效应，加快畅通陆海通道，推进智能化港口集疏运体系建设，提升航运服务水平，进一步推动规则、管理、标准等制度型开放，建设智慧、绿色、高效国际性枢纽港。

2. 以物流信息平台为支撑完善绿色物流体系建设

加强物流基础设施和物流信息平台建设。辽宁沿海经济带六市在东北海陆大

通道建设中应促进物流信息平台建设，通过信息整合与共享，实现物流资源优化。通过合理规划物流路线和优化运输计划，可以减少运输距离和时间，从而节约能源和减少排放。依托大连口岸公共信息平台，叠加海运、铁路、公路等物流资源，打造“信息通、物流通、贸易通”的全省口岸物流公共信息平台。推动东北海陆大通道公共信息服务平台整合，强化陆、港、关、船数据资源高效整合与共享，开展物流、贸易、金融、数据分析等专业化服务，提升全过程物流供应链综合服务能力。

依托物流信息平台实现辽宁沿海六市物流信息互动，使产业发展与物流对接，寻找最优物流整合方式，从宏观物流设计方面实现绿色物流发展。例如，依托东北海陆大通道建设实现中欧班列与大通道物流系统的连通，并通过物流信息平台提前规划物流项目的资源整合，实现海、陆、空的多式联运。辽宁沿海经济带各级政府也要切实支持物流信息平台建设，通过政策激励手段使港口物流企业、铁路运输、航空运输信息有效整合，并鼓励物流企业纳入信息平台，通过互联网进行业务拓展与合作。辽宁沿海经济带物流信息平台建设还要基于东北海陆大通道沿线国家与地区的物流信息连通，通过与大通道沿线国家物流信息互联，更加有效地实现物流系统的最优组合，从更高的角度对具体物流项目优化，推进东北海陆大通道的绿色物流体系建设。

基于辽宁沿海经济带物流信息平台，实现东北海陆大通道物流标准连通。首先，基于东北海陆大通道实现物流信息标准统一，从物流信息构成、信息录入、信息传输、信息使用等方面协商建立统一标准，并以标准文档方式加以固定，从而为物流长期发展提供依据。进而对该标准进行推广，在辽宁沿海经济带内部进行标准统一，然后在东北海陆大通道建设中推广到沿线国家和城市，最终实现信息标准的统一。其次，结合东北海陆大通道沿线国家和地区实际情况推动物流管理方式及物流各环节业务的标准化，为东北海陆大通道开通奠定政策基础。最后，要利用国际物流标准规范对辽宁沿海经济带物流企业的基础设施加以规范与改造。促进辽宁沿海经济带物流企业迅速融入东北海陆大通道的物流体系。此外，鼓励城市物流配送、邮政快递等领域优先使用新能源或清洁能源汽车。支持物流企业构建数字化运营平台，并与辽宁沿海经济带物流信息平台有效对接，实现企业信息与公共平台信息互联互通。鼓励发展智慧仓储、智慧运输，推动建立标准化托盘循环共用制度。积极推动标准化托盘、标准物流周转箱（筐）在集装箱运输和多式联运中的应用。支持叉车、货架、月台、运输车辆等上下游物流设备设施标准化改造。鼓励企事业单位积极开展智慧港口、智能船舶、智能机车等技术装备研发和新型冷藏集装箱、商品车转运架等装备研制、改进。

（四）构建沿海经济带统一“双碳”政策体系，建设一体化碳交易中心

1. 建立制度健全、管理规范、运作良好的碳排放权交易市场体系

辽宁沿海经济带各城市协商共建重点单位碳排放报送制度，制定《重点企业温室气体排放报告管理办法》，扎实推进重点单位碳排放报告工作，例如大连船舶制造、盘锦石化企业在企业内部建立健全碳排放定期报告制度等。同时，要建立第三方机构备案制度，开展碳排放报告核查，确保重点单位碳排放数据的质量，为支撑东北海陆大通道沿线国家和地区碳排放配额总量设定及配额分配奠定基础。加强重点单位碳排放报告的管理和督查，定期发布辽宁沿海经济带各城市及重点单位报送工作的完成情况。建立监测计划备案制度和碳排放量上报流程管理制度，确保重点单位按照国家要求监测核算和报告碳排放量。列入碳排放权交易范围的重点单位要依据行业核算和报告指南，编制年度监测计划。并严格按照监测计划实施监测活动及按规定核算年度碳排放量，鼓励有条件的企业开展温室气体在线监测。明确配额分配管理机制，根据《碳交易办法》及国家发展改革委关于重点行业企业温室气体排放核算方法与报告指南，制定总量设计、配额分配、清缴机制、第三方核查等方面的指南或细则，研究纳入碳排放权交易范围的行业覆盖范围及门槛，配额分配方法和标准等。

建立重点单位碳排放盘查和核查管理机制，实施评估与核查。辽宁沿海经济带各市发展改革委员会要对辖区内重点单位报送的碳排放数据予以确认，对报告情况开展集中评估和一定比例的核查，就辖区内的报告统计汇总情况说明、重点单位报告及时上报省发展改革委。省发展改革委组织开展重点单位碳排放报告复查工作，确保数据质量。对重点单位碳排放历史数据开展初始盘查，为碳排放权交易配额总量设定、配额分配做好准备。建立盘核查机构、盘核查员管理制度，进行盘核查机构、盘核查员资质备案，对盘核查工作进行监控及准确评估。

2. 协同共建东北海陆大通道一体化碳交易中心

辽宁沿海经济带各市组建碳交易中心工作组，共同筹建东北海陆大通道一体

化碳交易中心（大连）。积极引进辽宁沿海经济带制造企业和东北海陆大通道沿线国家和地区企业作为参股单位，组建大连一体化碳交易中心，共同筹建线上碳交易数据平台。该平台集成交易账户管理，配额、核证自愿减排量等交易品种、资金结算清算、信息披露等功能于一体，并能够与企业注册登记系统等信息平台联网，实现企业注册、税收、监管等信息互联互通。并根据辽宁沿海经济产业发展情况以及东北海陆大通道沿线国家和地区产业发展实际，确定大连碳交易市场的具体规模及位置。同时，充分发挥碳排放交易市场的聚集效应，聚集碳资产管理，碳服务等相关企业建立碳交易产业链，逐步形成大连碳市场产业集群，并向周边营口市和丹东市辐射，形成辽宁沿海经济带碳排放交易服务产业链。建立配额注册登记制，建立碳排放权注册登记簿系统，对配额初期免费发放、持有、转让、注销和结转等进行统一管理，并做好相关服务工作，实现数据系统与国家信息平台的无缝对接。培育省市两级碳交易咨询、碳资产委托管理、第三方核查及相关的碳金融等服务机构，为辽宁省碳市场建设工作提供支撑，同时带动碳市场服务业的发展。依托大连碳交易中心建立人才队伍。依托辽宁沿海经济带高等教育资源，鼓励各个高校筹备建立碳排放交易专业管理人才，通过引进和培养等方式组建一支专业碳排放交易管理专业队伍。重点培养核算报告员、第三方核查员（盘查员）、碳交易员等碳排放权交易专业技术人才。

（五）协同推动循环经济助力降碳

在东北海陆大通道建设中，辽宁沿海经济带各城市要大力发展循环经济，着力提高资源利用效率，充分发挥减少资源消耗和降低碳排放的协同作用。

1. 推进园区循环化发展

在大连船舶配套产业园、盘锦石化及精细化工产业园、营口大石桥有色金属产业园等园区推动企业循环式生产、产业循环式组合，按照“一园一策”原则，大力推进辽宁沿海经济带省级以上产业园区循环化改造，优化产业布局，延伸产业链条，促进基础设施低碳改造。组织园区企业实施清洁生产改造，促进废物综合利用、能量梯级利用、水资源循环使用，推进工业余压余热、废气废液废渣的资源化利用，积极推广集中供气供热。推进营口大石桥有色金属产业园尾矿、冶炼渣、煤矸石、粉煤灰、废石等辽宁典型大宗固废在建材生产、筑路回填和采空区充填等方面的大掺量、规模化、高值化利用，鼓励应用于替代原生非金属矿、砂石等资源。

2. 建立健全辽宁沿海经济带资源循环利用体系

推动建立完善的废旧物资回收网络，推行“互联网＋”回收模式，加快推进废旧物资循环利用体系建设。辽宁沿海经济带六市共同制定再生资源强制回收制度，采用市场和行政两种手段加强再生资源回收。在耗能大的重点行业利用行业规范管理，提升行业规范化发展水平，积极推进新能源的使用，降低传统能源比例。在东北海陆大通道建设中，发挥辽宁装备制造业优势，有序开展保税再制造业，延伸制造产业链条。推动大连、营口自贸试验区内企业按照综合保税区维修产品目录开展“两头在外”的保税维修业务。布局建设废动力电池、退役光伏组件、风电装置等新兴产业固废循环利用项目。企业还可以通过采用引进先进的技术和企业自主技术创新来实现资源循环利用。例如，盘锦、营口的精细化工企业研发和应用新型的废物处理技术，如生物降解技术、化学回收技术和能源回收技术。这些技术可以将废物转化为有价值的产品或能源，并减少对有限资源的依赖。

3. 政策协同，推进垃圾减量化资源化利用

推进辽宁沿海经济带六市协同建立垃圾减量化资源化利用方案，从城市发展的细节入手提升城市垃圾的再利用效率。首先，辽宁沿海经济带各级政府加强垃圾分类管理。垃圾分类是垃圾减量化资源化利用的基础，也是实现循环经济的关键环节。联合出台相关法规，明确生活垃圾和工业垃圾分类的要求，并加强对垃圾分类的宣传教育工作。此外，还需要建立一系列垃圾分类处理设施，提供便利的分类投放条件，为居民提供了方便。其次，政府鼓励企业参与垃圾减量化资源化利用。在生产企业政府出台一系列激励政策，如减免企业税收、提供财政补贴等，以鼓励企业投资建设垃圾减量化资源化利用项目。政府还要加强对企业的监管，确保企业按照规定进行垃圾减量化资源化利用，提高资源利用效率。最后，各级政府还要加强科技创新，推动垃圾减量化资源化利用技术的发展。政府鼓励科研机构和企业加大研发投入，提高垃圾减量化资源化利用技术的水平。加强技术交流和合作，引进国外先进技术，促进垃圾减量化资源化利用技术的引进和应用。建立举报机制，鼓励公众参与监督。政府加强对垃圾处理企业的监管，确保垃圾减量化资源化利用工作的顺利进行。

八、强化组织和政策支撑，探索产业协同新机制

（一）建立协商机制，统筹制定产业政策

根据辽宁沿海经济带融入东北海陆大通道的新格局，加强三条主线的政府协商机制，基于大通道建立跨市的协同部门。协商共建产业协同发展规划。在产业园区发展、园区共建、产业链合作、工业互联网数据互联互通，港口物流及电子商务领域推进协商共建，避免城市间产业恶性竞争。在资源要素配置方面，通过协商机制推进辽宁沿海经济带产业错位发展，充分发挥辽宁沿海经济带各城市产业特色与优势，重点围绕核心产业进行资源规划，各市共建有效的资源规划和管理系统。通过这个系统全面了解企业的资源需求和供应情况，并能够将资源分配到最需要的地方。通过建立有效的信息沟通渠道和企业资源共享平台，可以确保辽宁沿海经济带各个企业之间能够及时交流资源需求和供应情况，并能够相互协调和支持。在利益共享方面，辽宁沿海经济带融入东北海陆大通道后，各市要把重点放在产业链合作与域外延伸领域，促进城市特色产业发展走出去，融入国际市场。提升辽宁沿海经济带产业总体发展能力。在产业协同方面，通过沿海经济带各市产业链的延伸与跨区域协作，实现利益分享。同时要通过产业协同机制构建，避免城市间产业地方保护，争夺发展资源。

（二）建立一体化投资机制，设立产业协同发展基金

筑建产业生态，优化资源配置，辽宁沿海经济带各市政府通过建立政府、金融组织、民间资本一体化产业基金撬动社会资金和人力来支持辽宁沿海经济带完成区域协同发展的大目标，基金的使用关键要紧密结合各地资源禀赋和区域特点，紧密契合当地产业发展规划，求真务实，有效形成“以引促投、以投促产”。对辽宁沿海经济带城市来说，政府产业基金的设立，不仅为区域内产业提供直接资金支持，更重要的是能引入社会资本，放大支持效应。海陆大通道的开通使沿线各个城市产业关联更加紧密，产业合作也日益密切。在构建辽宁沿海经济带一体化投资基金基础方面，未来要推动东北海陆大通道沿线国家和城市建立一体化投资机制，促进社会资本向跨区域产业流动，使民间资本有更广阔的投资渠道。

辽宁沿海经济带一体化投资可以采用股权投资和债券两种主要方式。在一体化投资中，企业的股权投资可以通过购买不同企业的股票来实现资产的分散，降低投资者的风险。此外，股权投资还可以通过参与企业在发展过程中的决策和管理，实现对投资的主动控制。对于中大型企业可以采用此种方式，例如大连船舶制造、盘锦油田相关企业等。

债券投资也是一种常见的一体化投资方式。债券投资是指投资者购买公司或政府发行的债券，以获取固定的利息收入和本金回报。在辽宁沿海经济带一体化投资中，债券投资可以通过购买不同公司或政府发行的债券来实现资产的分散，降低风险。此外，债券投资还可以通过选择不同信用评级的债券来实现风险的控制。此种方式更适合一部分增长能力强、技术含量高、有很好发展前景的中小企业。例如，丹东海洋牧场、锦州滨海体育旅游等大型项目建设，通过大型项目风险投资债券方式进行民间融资，同时政府要在此过程中建立有效机制，提供融资的安全保障。

（三）建立产业市场合作机制，促进市场开发与拓展

1. 依托东北海陆大通道，促进产业链一体化推广

东北海陆大通道的建设极大促进了沿线各个国家和地区市场的融合与开拓。辽宁沿海经济带地处东北海陆大通道的入海口，具有得天独厚的地理优势和市场优势。因此，抓住市场机遇，促进辽宁沿海经济带产业走出去，获得产业发展新突破势在必行。依托海陆大通道进行产业的市场推广需要打破原有各个城市单打独斗的模式，建立沿海经济带产业一体化的市场推广模式。通过政策协同，促进产业发展与电商推广相结合，围绕辽宁沿海经济带促进城市品牌建设。通过各个城市市场管理协同、信息协同，从单一推广某个企业、行业发展至推广产业链，打造产业链的整体竞争优势，从而获得更多的市场机会。例如，在推广大连造船行业同时借助影响力推广其上游的智能制造、下游的船舶相关服务业；借助大连旅游业的影响力推广旅游相关产品的制造，如服装制造业、特色餐饮业。

2. 建立产业市场合作平台，推动市场协同开发

根据辽宁沿海经济带各市产业特色建立产业联盟和协会，产业联盟和协会作为促进辽宁沿海经济带各市产业间市场合作的重要平台在企业产品市场化推广方

面起到促进作用。通过产业联盟和协会的推动作用，辽宁沿海经济带各城市产业可以通过产品合作推广和差异化建设等方式加强协同。不同产业可以共同研究和解决共性问题，分享市场信息和经验，开展技术合作和研发合作，实现资源共享和优势互补。基于东北海陆大通道，辽宁各市通过跨行业的市场合作，实现大通道沿线市场的协同开发与拓展。政府通过鼓励和支持产业联盟和协会的建立，为其提供必要的资源和政策支持，从政策角度促进企业资源整合。例如大连会展产业与旅游业共同开发旅游产品推广平台，实现产业融合。

3. 加强市场信息交流和共享

信息是产业间市场合作的基础和动力。通过建立信息平台和共享机制，可以实现产业链上下游企业之间的信息交流和共享。依托东北海陆大通道，辽宁沿海经济带建立公共市场信息交流与共享平台，信息平台可以提供市场信息、技术信息和政策信息等，帮助企业了解市场需求和行业动态，为企业的合作决策提供参考。同时，还可以通过信息平台建立起企业之间的信任和合作关系，促进合作的顺利进行。在未来市场信息共享平台发展中，逐步引进大通道沿线产业信息和市场需求信息，为辽宁沿海经济带产业发展提供更加广阔的市场发展前景。通过市场信息平台建设还可以促进跨区域企业间的交流与合作，为企业融入国际产业链提供信息和契机。

4. 加强国际市场合作和交流，共同开拓国际市场

在东北海陆大通道的建设背景下，加强国际合作和交流对于建立产业间市场合作机制至关重要。政府可以积极参与国际合作和交流活动，加强与其他国家和地区的合作，并推动产业间的国际合作和交流。通过国际合作和交流，不仅可以拓宽市场和资源的边界，还可以加强技术创新和知识共享，提高产业的国际竞争力。加强企业间的合作也是开拓国际市场的关键。企业可以通过与国际合作伙伴建立战略联盟或合资企业，分享资源和市场渠道。企业还可以通过开展技术合作和研发合作，提高产品和服务的质量和竞争力。加强信息共享和技术创新也是开拓国际市场的重要手段。通过建立国际市场信息平台和数据共享机制，企业可以及时获取市场动态和竞争情报，做出更明智的决策。此外，通过加强科技创新和研发投入，企业可以提高产品和服务的创新能力，满足国际市场的需求。

(四)建立产业协同创新机制，完善产业创新体系

1. 联合开展基础科学研究

发挥大连的科技创新资源优势，以现有省级以上重点实验室、工程（技术）研究中心、协同创新中心等科技平台为支撑，推动沿海城市加强科技创新前瞻布局和资源共享，围绕区域产业布局和科技发展趋势强化基础研究，联手营造有利于提升自主创新能力的创新生态，打造支撑辽宁全面振兴的原始创新高地。重点推动大连英歌石科学城建设纳入国家相关计划和国家创新体系建设规划，支持其成为国家级综合性科学中心，布局科技重大基础设施和国家实验室，在洁净能源、信息技术、智能制造、生命健康等方面开创“前沿引领、协同创新、创产融合、多方推动”的良好局面。设立辽宁省自然科学基金等各类基金项目专项，支撑辽宁沿海经济带科技创新一体化发展。

2. 共建产业创新大平台

集聚创新要素和资源，围绕沿海城市布局石化及精细化工、汽车及零部件、冶金、造船与海工装备制造、海洋水产品精深加工、农产品加工等领域，由行业龙头企业牵头，高校和研究机构参与，共建产业协同创新平台。以财政资金为引导，推动产学研主体多元投入，共同治理，围绕产业共性技术和关键技术制定技术路线图，确立中长期和年度任务，开展协同攻关，合力打造辽宁沿海经济带产业科技创新共同体。对现有产学研技术创新联盟进行评价，对实质运行的联盟给予资金支持。学习长三角G60科创走廊建设经验，建议在辽宁沿海经济带依托各市国家高新技术产业开发区、经济技术开发区及各市高校、科研院所资源，实施资源整合和布局优化，在每个沿海城市至少重点建设一个产业协同创新平台，以此拉动各市创新主体协同互动、创新要素高效配置，打造辽宁沿海经济带产业协同创新走廊。

3. 协同推进科技成果转移转化

构建辽宁沿海经济带技术交易市场联盟，推动企业技术交易市场的互联互通，沿海六市共建区域创新成果集散中心。大力发展科技服务业，建设区域技术转移服务平台，促进科技创新成果在辽宁沿海经济带转移转化，实现技术创新成

果转化项目资金共同投入、利益共同分享，技术协同转化。基于整个沿海经济带构建和完善成果供给、企业需求、中介转化服务、政策支撑的企业创新科技成果转化体系。创立辽宁沿海经济带行业创新创业大赛，由沿海城市轮流承办。加强沿海六市科技创新成果的评估和筛选，通过筛选促进科技成果在企业中的转移转化。建立一套科学、客观的评估体系，并结合市场需求和产业发展的趋势，对科技成果进行全面分析和评估。通过政府出台政策激励促进企业科技成果的市场化推广。科技成果的转移转化需要将企业和科研机构的科技成果转化为市场化的产品或服务，并将这些创新产品和服务推向市场。这需要通过市场调研和市场营销等手段，了解市场需求和竞争情况，并制定相应的推广策略和计划。

4. 完善协同创新政策支撑

加大政策支持力度，强化协同创新合力。建立一体化高技术人才管理体制机制，推动辽宁沿海城市人才资源共享。加强辽宁沿海经济带知识产权联合保护，探索建立区域创新收益共享机制，引进和引导设立产业投资、创业投资、股权投资、科技创新、科技成果转化等引导基金。强化大连股权交易中心功能，支持辽宁沿海经济带科技型企业上市融资。促进沿海城市之间资金、技术和人才等要素资源合理流动。

5. 建立产学研协作机制，发挥人才作用助力产业发展

人才是实现辽宁沿海经济带一体化发展的关键。只有人才充分流动起来，才能让创新创业活起来。一是统一人才评价机制。在资质类评价事项上探索实现标准统一、信息共享和资质互认；在水平类评价事项上推动人才能力评价互认；探索建立跨区域人事争议仲裁机制。二是加强人才数据协同和资源共享。构建辽宁沿海经济带人才数字化信息平台，把高校、科研院所及企业的高端人才信息统一录入，查询功能向社会开放，消除用人单位和人才之间的信息不对称，实现人才需求信息的互联互通和实时查询。三是实施高校学科专业共建工程，鼓励高校之间、高校与企业之间开展实质合作，通过共享资源提高人才培养质量。用好大连高校多、实力强的优势，助力全区域协同发展。推动大连理工大学、大连海事大学等高校到其他沿海城市合作创办科技平台，建设实习创业基地。四是以合作对接拓宽就业渠道。推动招聘信息区域全覆盖，搭建区域性人才线上市场，协同建立人才引进工作机制，按产业链联合组织招才引智。重点做好高校毕业生的区域性就业工作。建议沿海各市出台政策，支持区域内高校毕业生到产业园区企业工

作，政府部门协助企业提供交通、住宿、餐饮、保险等政策配套。尤其是对于到县域产业园区就业的毕业生，为其日后参加考研、公务员考试等复试面试设定优先参考条件。

通过以上措施，逐步实现辽宁沿海经济带各市人才政策协调、制度衔接和服务贯通，建立人才区域合作和流通体系，实现优势互补，打造人才高地，支撑辽宁沿海经济带高质量发展。

渤海大学辽宁沿海经济带发展研究院简介

渤海大学辽宁沿海经济带发展研究院成立于 2012 年 7 月 1 日，是专门从事辽宁沿海经济带开发开放研究的专业智库，获评锦州市重点新型智库、辽宁省科技创新智库研究基地和辽宁省高等学校新型智库。

组织模式： 以渤海大学管理学院为主体，经济学院、旅游学院等相关学院参与，设置若干研究中心，采用矩阵制组织形式，通过独立研究、牵头研究、参与研究等多种方式开展研究活动。

人员构成： 邀请国内知名专家作为学术顾问，渤海大学相关学院的教授、博士以及辽宁省政府、沿海各市政府相关部门、兄弟院校的研究人员组成研究团队。

功能定位：（1）服务地方经济社会发展。 积极探索经济社会发展的全局性、前瞻性理论问题，跟踪研究辽宁沿海经济带发展的重点、难点和热点问题，推动沿海城市经济转型升级，加速辽宁全面振兴新突破，打造区域特色智库。**（2）服务渤海大学学科建设。** 根据学校、学院学科建设要求，打造跨学科、高水平、有特色的学科科研平台；加强对外合作，定期召开论坛，打造学术交流平台；组织师生参与辽宁沿海经济带发展社会实践，打造创新创业的教育教学平台。

研究领域： 经济发展评价、现代化经济体系构建、高质量发展、产业园区与产业集群、中小企业发展、科技创新、对外开放与贸易、海洋经济、乡村振兴、区域旅游、港口物流、环境保护与生态治理、沿海区域发展比较等理论和实践问题。

研究任务： 每年出版《辽宁沿海经济带发展研究报告》；每年召开发展论坛；开展纵向课题研究；接受政府委托完成专题研究报告、制定产业发展规划；向有关领导和部门提交咨政建议；提供企业管理诊断与咨询服务。

研究院网址：https：//yhyjy. bhu. edu. cn/

办公地址：辽宁省锦州市松山新区科技路 19 号渤海大学院内

办公电话：0416－3402067、3400067　　传真：0416－3402067

电子邮箱：yanjiuyuan99@ 163. com

联 系 人：李庆满